*AS VERDADES
QUE NOS MOVEM*

# KAMALA HARRIS

## *AS VERDADES QUE NOS MOVEM*

Tradução de Ana Rodrigues, Cássia Zanon,
Maria de Fátima Oliva Do Coutto e Regiane Winarski

Copyright © 2019 by Kamala D. Harris
Todos os direitos reservados, inclusive o direito de reprodução integral ou parcial sob quaisquer meios.
Publicado mediante acordo com a Penguin Press, um selo da Peguin Publishing Group, divisão da Penguin Random House LLC.
As informações contidas nesta edição estão de acordo com os acontecimentos ocorridos até o final de 2018, quando foi concluído o processo de escrita deste livro.

TÍTULO ORIGINAL
The Truths We Hold

PREPARAÇÃO
Anna Beatriz Seilhe
Carolina Vaz
Cristiane Pacanowski
Stella Carneiro

REVISÃO
Daiane Cardoso
Eduardo Carneiro

DIAGRAMAÇÃO
Ilustrarte Design e Produção Editorial

FOTOS DE MIOLO
Segundo encarte, página 2, primeira e última imagens, e página 3, embaixo: Justin Sullivan via Getty Images; página 3, em cima: Bethany Mollenkof via Getty Images; página 10, em cima: Aaron P. Bernstein via Getty Images; página 13, embaixo: Alex Wong via Getty Images; Página 16, embaixo: Zoe Ghertner. Todas as outras imagens: cortesia da autora.

DESIGN DE CAPA
Darren Haggar

ADAPTAÇÃO DE CAPA
Henrique Diniz

FOTO DE CAPA
Rainer Hosch

FOTO DE QUARTA CAPA
Cortesia da autora

CIP-BRASIL. CATALOGAÇÃO NA PUBLICAÇÃO
SINDICATO NACIONAL DOS EDITORES DE LIVROS, RJ

H26v

    Harris, Kamala, 1964-
        As verdades que nos movem / Kamala Harris ; tradução Ana Rodrigues ... [et al.]. - 1. ed. - Rio de Janeiro : Intrínseca, 2021.
        320 p. ; 23 cm.

        Tradução de: The truths we hold
        Inclui índice
        ISBN 978-65-5560-095-7

        1. Harris, Kamala, 1964-. 2. Harris, Kamala, 1964- - Visões políticas e sociais. 3. Estados Unidos. Congresso - Senado - Biografia. 4. Legisladores - Estados Unidos - Biografia. 5. Estados Unidos - Política e governo - Filosofia. I. Rodrigues, Ana. II. Título.

21-70344                                                   CDD: 328.73092
                                                             CDU: 929:328.34(73)

Camila Donis Hartmann - Bibliotecária - CRB-7/6472

[2021]
*Todos os direitos desta edição reservados à*
EDITORA INTRÍNSECA LTDA.
Rua Marquês de São Vicente, 99, 3º andar
22451-041 — Gávea
Rio de Janeiro — RJ
Tel./Fax: (21) 3206-7400
www.intrinseca.com.br

*Ao meu querido marido:*
*Obrigada por ser sempre paciente, amoroso, encorajador e calmo.*
*E, mais do que tudo, pela sua acepção de "engraçado".*

# Sumário

| | |
|---|---|
| PREFÁCIO | 9 |
| CAPÍTULO UM: *Em nome do povo* | 15 |
| CAPÍTULO DOIS: *Uma voz pela justiça* | 49 |
| CAPÍTULO TRÊS: *Afundar de vez* | 81 |
| CAPÍTULO QUATRO: *Sinos de casamento* | 115 |
| CAPÍTULO CINCO: *Vamos lutar* | 145 |
| CAPÍTULO SEIS: *Somos melhores do que isso* | 163 |
| CAPÍTULO SETE: *Todo corpo* | 185 |
| CAPÍTULO OITO: *Custo de vida* | 213 |
| CAPÍTULO NOVE: *Inteligência na segurança* | 229 |
| CAPÍTULO DEZ: *O que aprendi* | 249 |
| AGRADECIMENTOS | 277 |
| NOTAS | 281 |
| ÍNDICE | 303 |

# Prefácio

Quase todas as manhãs, Doug, meu marido, acorda antes de mim e lê o jornal na cama. Se o ouço fazendo ruídos — um suspiro, um lamento, uma inspiração de surpresa —, sei que tipo de dia vem pela frente.

O dia 8 de novembro de 2016 começou bem: era o último da minha campanha para o Senado americano. Passei o dia encontrando o máximo de eleitores que pude e, claro, fui votar em uma escola do bairro, perto da nossa casa. Estávamos otimistas. Tínhamos alugado um salão enorme para a minha festa da Noite de Eleição, com chuva de balões e tudo. Mas, primeiro, eu ia jantar com a minha família e alguns amigos íntimos — uma tradição que existia desde a minha primeira campanha. Teve gente que cruzou o país, e até quem tenha vindo de outros países, para estar conosco — minhas tias e meus primos, meus sogros, os sogros da minha irmã, todos reunidos para o que esperávamos que fosse uma noite muito especial.

Eu estava olhando pela janela do carro, refletindo sobre o longo caminho que tínhamos percorrido, quando ouvi um dos lamentos típicos de Doug.

"Você tem que ver isto", disse ele, me entregando o celular. Os primeiros resultados da eleição presidencial estavam chegando. Alguma coisa estava acontecendo... uma coisa ruim. Quando chegamos ao restaurante, a diferença entre os dois candidatos tinha diminuído consideravelmente e eu também lamentava em pensamento. As estimativas atualizadas do *The New York Times* sugeriam que aquela seria uma noite longa e sombria.

Fomos jantar em uma salinha adjacente ao salão principal do restaurante. As emoções e a adrenalina corriam soltas, mas não pelos motivos que esperávamos. Por um lado, embora a votação não tivesse terminado na Califórnia, estávamos otimistas de que eu venceria. Mas, ao mesmo tempo que nos preparávamos para comemorar a vitória árdua e merecida, todos os olhares estavam grudados nas telas enquanto os números de cada estado eram revelados, contando uma história perturbadora.

Em determinado momento, Alexander, meu afilhado de nove anos, se aproximou de mim com lágrimas nos olhos. Supus que uma das outras crianças do grupo o tivesse chateado de alguma forma.

"Vem aqui, garotão. O que houve?"

Alexander me encarou. Sua voz saiu trêmula.

"Tia Kamala, aquele homem não pode ganhar. Ele não vai ganhar, né?"

A preocupação de Alexander partiu meu coração. Eu não queria que ninguém fizesse uma criança sentir aquilo. Oito anos antes, muitos de nós tínhamos chorado de felicidade quando Barack Obama foi eleito presidente. E naquele momento ver o medo daquela criança...

Eu e o pai dele, Reggie, levamos Alexander para fora e tentamos consolá-lo.

"Alexander, sabe quando os super-heróis enfrentam um desafio enorme porque um vilão está indo atrás deles? O que eles fazem quando isso acontece?"

"Eles lutam", disse ele, fungando.

"Isso mesmo. E lutam com emoção, porque todos os melhores super-heróis sentem muitas coisas, como você. Mas eles sempre lutam, não é? E é isso que nós vamos fazer."

Pouco tempo depois, a Associated Press declarou minha vitória.[1] Nós ainda estávamos no restaurante.

"Não sei como agradecer por vocês estarem ao meu lado a cada passo dessa jornada", falei para a minha família e os meus amigos, que sempre me apoiaram e me trataram com muito carinho. "Isso significa muito para mim."

Eu estava explodindo de gratidão, tanto pelas pessoas presentes quanto por aquelas que perdi no caminho, sobretudo minha mãe. Tentei saborear o momento, e consegui, ainda que brevemente. Mas, da mesma forma que todo mundo, logo voltei o olhar para a TV.

Depois do jantar, fomos para o salão em que seria realizada a festa da Noite de Eleição, onde mais de mil pessoas tinham se reunido. Eu não era mais candidata. Era uma senadora eleita dos Estados Unidos, a primeira mulher negra do meu estado e a segunda na história do país a conquistar essa posição. Eu tinha sido eleita para representar mais de 39 milhões de pessoas, aproximadamente um a cada oito americanos, com todos os tipos de história e de vivência. Era, e ainda é, uma honra extraordinária que me enche de humildade.

Minha equipe aplaudiu e comemorou quando cheguei à área atrás do palco. Tudo ainda parecia um tanto surreal. Nenhum de nós tinha assimilado completamente o que estava acontecendo. Eles formaram um círculo ao meu redor, e agradeci por tudo que fizeram. Éramos uma família e tínhamos passado por uma incrível jornada juntos. Algumas das pessoas naquele local estavam comigo desde minha primeira campanha, para promotora distrital. Mas agora, quase dois anos depois do começo da nossa campanha, tínhamos um novo obstáculo a enfrentar.

Eu tinha escrito um discurso com a certeza de que Hillary Clinton se tornaria a primeira mulher eleita presidente dos Estados Unidos. Quando subi no palco para cumprimentar meus apoiadores, abandonei o rascunho. Olhei para o salão. Estava lotado, da pista de dança até o balcão. Muitas daquelas pessoas estavam em choque com os resultados nacionais.

Para o grupo reunido ali, falei que tínhamos uma grande tarefa pela frente e que havia muita coisa em jogo. Precisávamos nos comprometer com a união do país e fazer o que fosse necessário para proteger nossos valores e ideais fundamentais. Pensei em Alexander e em todas as crianças quando fiz uma pergunta:

"Vamos recuar ou vamos lutar? Por mim, vamos lutar. E eu pretendo lutar!"

Fui para casa naquela noite com meus familiares, muitos deles hospedados conosco. Cada um foi para seu quarto trocar de roupa, e em seguida nos reunimos na sala. Alguns estavam sentados em sofás. Outros, no chão. Ligamos a TV.

Ninguém sabia direito o que dizer nem o que fazer. Cada um tentava à sua maneira lidar com a situação. Eu me sentei no sofá com Doug e comi um pacote tamanho família de Doritos. Não dividi com ninguém.

De uma coisa eu sabia: uma campanha tinha acabado, mas outra estava prestes a começar. Uma campanha que convocava a participação de todos nós. Dessa vez, seria uma batalha pela alma da nossa nação.

Desde esse dia, vimos o presidente se alinhar com supremacistas brancos de nosso país e se aproximar de ditadores de outras nações; arrancar bebês dos braços das mães numa violação grotesca de seus direitos humanos; dar a corporações e aos ricos reduções enormes em impostos ao mesmo tempo que ignora a classe média; atrapalhar nossa luta contra as mudanças climáticas; sabotar o serviço de saúde e pôr em risco o direito das mulheres de controlar o próprio corpo; tudo isso enquanto ataca a tudo e a todos, inclusive a própria ideia de imprensa livre e independente.

Nós somos melhores do que isso. Os americanos sabem que somos melhores do que isso. Mas vamos ter de provar. Vamos ter de lutar por isso.

No dia 4 de julho de 1992, um dos meus heróis e das minhas maiores inspirações, Thurgood Marshall, fez um discurso que continua muito atual:

"Não podemos bancar o avestruz", disse ele.² "A democracia não consegue prosperar em meio ao medo. A liberdade não consegue florescer em meio ao ódio. A justiça não consegue se firmar em meio à fúria. Os americanos precisam começar a se mexer... Nós temos de nos livrar da indiferença. Temos de nos livrar da apatia. Temos de nos livrar do medo, do ódio e da desconfiança."

Este livro nasceu desse chamado à ação e da minha crença de que nossa luta precisa começar e terminar com a verdade.

Acredito que não exista antídoto mais importante e eficaz para o atual momento do que uma relação recíproca de confiança. Uma relação em que damos e recebemos confiança. E um dos ingredientes mais importantes nesse tipo de relacionamento é falarmos a verdade. O que dizemos importa. O que queremos dizer. O valor que botamos nas nossas palavras — e o que elas valem para os outros.

Não podemos resolver nossos problemas mais complexos se não formos sinceros sobre que problemas são esses, se não estivermos dispostos a ter conversas difíceis e aceitar o que os fatos deixam nítido.

Temos de falar a verdade: o racismo, o machismo, a homofobia, a transfobia e o antissemitismo são reais nos Estados Unidos e devem ser combatidos. Temos de falar a verdade: com a exceção dos nativos americanos, todos nós descendemos de pessoas que não nasceram em nosso território — quer nossos ancestrais tenham vindo para os Estados Unidos por vontade própria, com esperanças de um futuro próspero, quer à força, em um navio negreiro, quer em desespero, para fugir de um passado horrível.

Não podemos construir uma economia que dê dignidade e decência aos trabalhadores americanos se não falarmos a verdade primeiro; que estamos pedindo que as pessoas façam mais com menos dinheiro e que vivam mais com menos segurança. Os salários não sobem há quarenta anos, enquanto os custos de saúde, educação e moradia dispararam. A classe média vive do contracheque de cada mês.

Temos de falar a verdade sobre a crise do encarceramento em massa — que botamos mais gente na prisão do que qualquer outro país do planeta, sem nenhum bom motivo. Temos de falar a verdade sobre a brutalidade policial, sobre o preconceito racial, sobre o assassinato de homens negros desarmados. Temos de falar a verdade sobre indústrias farmacêuticas que levam a comunidades desavisadas opioides que causam dependência, e sobre empresas de crédito consignado e faculdades particulares que se aproveitam dos americanos vulneráveis e os enchem de dívidas. Temos de falar a verdade sobre corporações gananciosas e predatórias que transformam a desregulamentação, a especulação financeira e o negacionismo climático em uma crença. E pretendo fazer exatamente isso.

Este livro não tem a intenção de ser uma plataforma política, muito menos um plano de cinquenta etapas. Na verdade, é um apanhado de ideias e pontos de vista, além de histórias, da minha vida e da vida das muitas pessoas que conheci ao longo do caminho.

Só preciso mencionar mais duas coisas antes de começarmos:

Primeiro, a pronúncia do meu nome em inglês é "comma-la". Significa "flor de lótus", um símbolo de muita importância na cultura indiana. Um lótus cresce debaixo da água e a flor sobe até a superfície, enquanto as raízes estão firmes no fundo do rio.

Segundo, quero que vocês saibam como isso é pessoal para mim. Esta é a história da minha família. É a história da minha infância. É a história da vida que construí desde então. Vocês vão conhecer meus familiares e meus amigos, meus colegas e minha equipe. Espero que os apreciem tanto quanto eu e que, ao lerem minha história, vejam que eu não teria conquistado nada do que possuo hoje se estivesse sozinha.

*Kamala, 2018*

## CAPÍTULO UM

# Em nome do povo

Ainda me lembro da primeira vez que entrei no Tribunal Superior do condado de Alameda, em Oakland, Califórnia, como funcionária. Foi em 1988, no último verão na faculdade de direito, e eu, com mais nove pessoas, recebemos uma proposta de estágio de verão na promotoria. Eu achava que queria ser promotora de justiça, estar na linha de frente da reforma da justiça criminal, proteger os vulneráveis. Mas, como eu nunca tinha visto de perto alguém na função, ainda não havia tomado a decisão.

O sol brilhava forte no fórum. O prédio se destacava junto ao lago Merritt, mais alto e majestoso do que os edifícios ao redor. De certos ângulos, parecia uma maravilha arquitetônica de uma capital estrangeira, com a base de granito e a torre de concreto subindo até o telhado dourado. Se bem que, de outros ângulos, tinha uma perturbadora semelhança com um bolo de casamento *art déco*.

A Promotoria de Justiça do condado de Alameda é uma lenda por si só. Earl Warren foi promotor lá antes de se tornar procurador-geral de justiça da Califórnia e, mais tarde, um dos juízes mais influentes da Suprema Corte dos Estados Unidos. Ele estava na minha cabeça naquela manhã, quando passei pelos mosaicos lindíssimos no saguão, que exibem a história dos primórdios do estado. As palavras de Warren — proclamando que a segregação era "inerentemente desigual" — levaram quinze longos anos para chegar a Berkeley, na Califórnia. E sou muito grata por terem vindo a tempo para mim: minha turma de ensino fundamental foi só a segunda da minha cidade a não ter mais segregação nos ônibus escolares.

Fui a primeira a chegar à reunião de orientação. Em poucos minutos, o restante dos meus colegas chegou. Só havia uma mulher entre eles, Amy Resner. Assim que a reunião acabou, fui até ela e pedi seu número de telefone. Naquele ambiente dominado por homens, era revigorante ter pelo menos uma colega mulher. Ela continua sendo uma das minhas melhores amigas até hoje e sou madrinha dos filhos dela.

Como estagiários de verão, era compreensível que tivéssemos bem pouco poder e influência. Nosso trabalho era basicamente o de aprender e observar e, ao mesmo tempo, ajudar no que fosse possível. Era uma oportunidade de ter a experiência de ver como o sistema de justiça criminal funcionava por dentro, como era quando a justiça acontecia — e quando não acontecia. Fomos alocados com promotores que estavam trabalhando em vários tipos de caso, desde embriaguez ao volante até homicídios, e tivemos oportunidade de estar presentes e de ser parte do processo de montar um caso.

Nunca vou esquecer a ocasião em que meu supervisor estava trabalhando em um caso que envolvia uma apreensão de drogas. A polícia prendeu vários indivíduos na batida, inclusive uma transeunte inocente: uma mulher que estava no lugar errado na hora errada e acabou se envolvendo. Eu não a tinha visto. Não sabia quem ela era nem como era sua aparência. Não tinha nenhuma ligação com ela além do relatório que eu estava revisando. Mas algo ali chamou minha atenção.

Era fim de tarde de uma sexta-feira e a maioria das pessoas já tinha ido para casa. Era provável que um juiz só fosse vê-la na segunda-feira. Isso significava que a mulher teria que passar o fim de semana na cadeia.

*Ela trabalha nos fins de semana? Vai ter que explicar ao empregador onde estava? Vai ser demitida?*

E, mais importante ainda, eu sabia que ela tinha filhos pequenos em casa. *Eles sabem que ela está presa? Devem achar que a mãe fez alguma coisa errada. Quem está cuidando deles agora? Tem alguém que possa fazer isso? Podem acabar chamando o Serviço de Proteção à Criança. Meu Deus, ela poderia perder os filhos.*

Tudo estava em jogo para aquela mulher: a família, o sustento, sua posição na comunidade, sua dignidade, sua liberdade. E ela não tinha feito nada de errado.

Corri até o escrevente do tribunal e pedi que o caso fosse julgado naquele mesmo dia. Eu implorei. Supliquei. Se o juiz pudesse voltar ao plenário por cinco minutinhos, poderíamos providenciar a liberação dela. Eu só conseguia pensar na família e nos filhos assustados daquela mulher. Por fim, conforme os minutos iam se esgotando, o juiz voltou. Eu o vi e ouvi revisar o caso e esperei que ele desse a ordem. E então, com uma batida do martelo, de repente, ela estava livre. Poderia voltar para casa, para os filhos, a tempo de preparar o jantar. Nunca tive a chance de conhecê-la, mas jamais vou me esquecer dela.

Esse foi um momento decisivo na minha vida. Foi a cristalização de como, mesmo nas margens do sistema de justiça criminal, tudo que estava envolvido era importante e intensamente humano. Foi a percepção de que, mesmo com a autoridade limitada de uma estagiária, as pessoas que se importavam podiam fazer justiça. Foi revelador, um momento que mostrou a importância de ter pessoas compassivas trabalhando como promotoras. Anos antes de eu ser eleita para liderar uma promotoria importante, aquela foi uma das vitórias mais significativas para mim. Eu sabia que ela estava indo para casa.

E sabia que tipo de trabalho queria fazer e a quem eu queria servir.

O fórum não ficava muito longe de onde eu cresci. Nasci em Oakland, na Califórnia, em 1964, e passei os anos da minha infância entre Oakland e Berkeley.

Meu pai, Donald Harris, nasceu na Jamaica em 1938. Ele foi um aluno brilhante e imigrou para os Estados Unidos depois de ser aceito na Universidade da Califórnia em Berkeley. Meu pai foi estudar economia e se tornaria professor em Stanford, onde continua sendo professor emérito.

A vida da minha mãe começou milhares de quilômetros ao leste, no sul da Índia. Shyamala Gopalan era a mais velha de quatro irmãos — três meninas e um menino. Como meu pai, era uma aluna talentosa, e quando demonstrou paixão pela ciência seus pais a incentivaram e apoiaram.

Ela se formou na Universidade de Délhi aos dezenove anos. E não parou por aí. Inscreveu-se para um programa de pós-graduação em Berkeley, uma universidade que ela nunca vira, em um país que nunca visitara. Mal consigo imaginar como deve ter sido difícil para os pais dela a deixarem ir. A aviação comercial estava começando a se espalhar pelo mundo. Não seria simples manter contato. Mas quando minha mãe pediu permissão para ir morar na Califórnia, meus avós não se opuseram. Ela era adolescente quando saiu de casa para estudar em Berkeley em 1958, com a intenção de obter um doutorado em nutrição e endocrinologia, para realizar seus planos de se tornar pesquisadora sobre câncer de mama.

A expectativa era de que minha mãe voltasse para a Índia depois que terminasse os estudos. O casamento dos pais dela fora arranjado. Imaginava-se que minha mãe seguiria um caminho similar. Mas o destino tinha outros planos. Ela e meu pai se conheceram e se apaixonaram em Berkeley enquanto participavam do movimento pelos direitos civis. O casamento dela e sua decisão de permanecer nos Estados Unidos foram seus derradeiros atos de autonomia e amor.

Meus pais tiveram duas filhas. Minha mãe conquistou o ph.D. aos 25 anos, no ano em que nasci. Minha amada irmã, Maya, veio ao mundo dois anos depois. Dizem na família que, durante as duas gestações, minha mãe continuou trabalhando até o momento do parto — em uma das ocasiões, a bolsa se rompeu quando ela estava no laboratório e, na outra, quando estava fazendo *strudel* de maçã. (Nos dois casos, como conheço minha mãe, sei que ela deve ter insistido em terminar suas tarefas antes de ir para o hospital.)

Aqueles foram dias felizes e sem preocupações. Eu amava estar ao ar livre e lembro que, quando era bem pequena, meu pai queria que eu tivesse liberdade para correr. Ele se virava para a minha mãe e dizia: "Deixe a menina correr, Shyamala." Então se virava para mim e dizia: "Corra, Kamala. O mais rápido que conseguir. Corra!" Eu saía correndo, o vento no rosto, com a sensação de que era capaz de fazer qualquer coisa. (Não é surpreendente que eu também tenha tantas lembranças da minha mãe botando curativos nos meus joelhos ralados.)

Nossa casa era cheia de música. Minha mãe adorava música gospel — do trabalho inicial de Aretha Franklin a Edwin Hawkins Singers — e costumava cantar junto. Ela já havia ganhado um prêmio de canto na Índia, e eu amava ouvir sua voz. Meu pai gostava de música tanto quanto minha mãe. Ele possuía uma grande coleção de discos de jazz, tantos que ocupavam todas as prateleiras de uma parede. Todas as noites, eu pegava no sono ouvindo Thelonious Monk, John Coltrane ou Miles Davis.

Mas a harmonia entre meus pais não durou muito. Com o tempo, as coisas ficaram mais difíceis. Eles pararam de ser gentis um com o outro. Eu sabia que eles se amavam muito, mas parecia que tinham se tornado como óleo e água. Quando eu tinha cinco anos, o laço entre os dois já tinha afrouxado sob o peso da incompatibilidade. Eles se separaram pouco depois que meu pai assumiu um emprego na Universidade de Wisconsin e formalizaram o divórcio alguns anos depois. Eles não brigaram por dinheiro. O único motivo de discussão foi quem ficaria com os livros.

Já pensei muitas vezes que, se eles fossem um pouco mais velhos, mais emocionalmente maduros, talvez o casamento pudesse ter sobrevivido. Mas eram jovens demais. Meu pai foi o primeiro namorado da minha mãe.

Foi difícil para os dois. Acho que, para minha mãe, o divórcio representou uma espécie de fracasso que ela nunca havia considerado. Seu casamento foi tanto um ato de rebeldia quanto de amor. Explicá-lo para os pais dela foi bem difícil. Imagino que explicar o divórcio tenha sido ainda mais. Duvido que eles tenham dito "Eu avisei", mas mesmo assim acho que as palavras ecoaram na mente dela.

Maya ainda era um bebê na época da separação, pequena demais para entender o que estava acontecendo, para sentir a dificuldade de tudo. Muitas vezes, sinto certa culpa por causa de uma coisa que Maya não chegou a vivenciar: eu vi nossos pais felizes juntos. Maya, não.

Meu pai continuou fazendo parte de nossa vida. Nós o víamos nos fins de semana e passávamos o verão com ele em Palo Alto. Mas foi minha mãe que se encarregou da nossa criação. Ela foi a maior responsável por nos tornarmos as mulheres que somos hoje.

E foi uma mulher extraordinária. Minha mãe tinha 1,55 metro, mas parecia ter 1,90. Era inteligente e rigorosa, intensa e protetora. Generosa, leal e engraçada. Só tinha dois objetivos na vida: criar as filhas e contribuir para a cura do câncer de mama. Ela nos cobrou muito e tinha altas expectativas, ao mesmo tempo que nos estimulava. E, o tempo todo, fez com que Maya e eu nos sentíssemos especiais, capazes de fazer tudo que quiséssemos se nos dedicássemos.

Minha mãe foi criada em um lar em que o ativismo político e a liderança civil aconteceram naturalmente. A mãe dela, minha avó, Rajam Gopalan, não frequentou o ensino médio, mas era uma organizadora comunitária habilidosa. Ela acolhia mulheres que sofriam abuso dos maridos, ligava para os maridos e dizia que eles tinham de tomar jeito, senão ela daria um jeito neles. Ela reunia as mulheres do vilarejo e lhes ensinava sobre contracepção. Meu avô, P. V. Gopalan, participou do movimento de independência da Índia. Como diplomata sênior do governo indiano, acabou passando um tempo morando na Zâmbia com a minha avó depois da independência do país, para ajudar refugiados. Ele brincava que o ativismo da minha avó um dia o levaria a ter problemas. Mas ele sabia que nunca a impediria. Com eles, minha mãe aprendeu que era o serviço aos outros que enchia a vida de propósito e sentido. E, com a minha mãe, Maya e eu aprendemos o mesmo.

Minha mãe herdou a força e a coragem da minha avó. As pessoas que as conheciam sabiam que não deviam mexer com elas. E, por causa dos pais dela, minha mãe desenvolveu uma consciência política apurada. Ela possuía consciência da história, das lutas, das desigualdades. Nasceu com uma noção de justiça marcada na alma.

Meus pais muitas vezes me levavam no carrinho quando iam a manifestações pelos direitos civis. Tenho lembranças antigas de um mar de pernas se movendo ao meu redor, da energia, dos gritos e dos cantos. A justiça social foi parte central das discussões de família. Minha mãe ria quando contava uma história que amava, da época que comecei a andar. "O que você quer?", perguntava ela, tentando me acalmar. "*Libedade!*", respondia eu.

Minha mãe se cercou de amigas próximas que eram mais como irmãs. Minha madrinha, uma colega de Berkeley que eu conhecia como "tia Mary", era uma delas. Elas se conheceram no movimento pelos direitos civis que ganhava forma no começo dos anos 1960 e estava sendo debatido e defendido desde as ruas de Oakland até os palanques improvisados com caixas no Sproul Plaza, em Berkeley. Enquanto os alunos negros se pronunciavam contra a injustiça, um grupo de rapazes e moças apaixonados, com inteligência aguçada e engajamento político, se encontrou, e entre eles minha mãe e tia Mary.

Elas foram a protestos pacíficos em que foram atacadas com jatos d'água por policiais. Marcharam contra a Guerra do Vietnã e a favor dos direitos civis e de voto. Foram juntas ver Martin Luther King Jr. falar em Berkeley, e minha mãe teve a oportunidade de conhecê-lo. Ela me contou que, em um protesto contra a guerra, os manifestantes foram confrontados pelos Hell's Angels. E contou que, em outro, ela e as amigas foram obrigadas a fugir para se protegerem, comigo no carrinho, quando a violência contra os manifestantes irrompeu.

Mas meus pais e seus amigos eram mais do que apenas manifestantes. Eram pensadores, elaboravam grandes ideias e organizavam a comunidade. Tia Mary, o irmão dela (tio Freddy), minha mãe e meu pai e outros dez ou doze alunos organizaram um grupo de estudos para ler os escritores negros que a universidade ignorava. Eles se encontravam aos domingos na casa da tia Mary e do tio Freddy na Harmon Street, onde devoraram Ralph Ellison, discutiram Carter G. Woodson, debateram W.E.B. Du Bois.[1] Eles conversavam sobre o apartheid, a descolonização africana, os movimentos de libertação no mundo em desenvolvimento, a história do racismo nos Estados Unidos. Mas não era só conversa. Havia uma urgência para lutar. Eles também receberam convidados proeminentes, inclusive líderes intelectuais e de direitos civis, de LeRoi Jones a Fannie Lou Hamer.

Depois de Berkeley, tia Mary foi trabalhar como professora na Universidade Estadual de São Francisco [SFSU, na sigla em inglês], onde continuou a celebrar e enaltecer a experiência negra. A SFSU tinha uma faculdade experimental gerenciada por alunos, e, em 1966, outro amigo querido da minha mãe, que eu conhecia como tio Aubrey, deu o primeiro curso de estudos negros da faculdade.[2] O campus foi um local de testes para redefinir o significado e a essência de uma educação maior.

Esses eram os amigos da minha mãe. Em um país em que ela não tinha família, eles eram sua família — e ela era a deles. Desde praticamente o momento em que chegou da Índia, ela escolheu e foi acolhida e absorvida pela comunidade negra. Foi a base da sua nova vida americana.

Junto com tia Mary, tia Lenore era a maior confidente da minha mãe. Também tenho boas lembranças de um dos professores da minha mãe, Howard, um endocrinologista brilhante que a adotou como pupila. Quando eu era pequena, ele me deu um colar de pérolas que tinha trazido de uma viagem ao Japão. (Desde então, as pérolas sempre foram as minhas joias favoritas!)

Também fui muito próxima do irmão da minha mãe, Balu, e das irmãs dela, Sarala e Chinni (que eu chamava de Chitti, que significa "mãe mais nova"). Eles moravam a milhares de quilômetros e nós raramente nos víamos. Mesmo assim, por meio de muitas ligações internacionais, visitas periódicas à Índia e cartas e cartões escritos entre nós, nosso sentimento de família — de proximidade, reconforto e confiança — pôde resistir à distância. Foi como aprendi que é possível ter um relacionamento muito íntimo com as pessoas, mesmo que não façam parte da rotina diária. Estávamos sempre presentes uns para os outros, da forma que fosse.

Minha mãe, meus avós, minhas tias e meu tio despertaram em nós o orgulho por nossas raízes sul-asiáticas. Nossos nomes indianos clássicos remetem a nossa herança, e fomos criadas com uma forte percepção e apreciação pela cultura indiana. Todas as palavras de afeto e de frustração da minha mãe vinham no idioma dela — o que me parece bem adequado, pois a pureza daquelas emoções é o que mais associo a ela.

Minha mãe entendia muito bem que estava criando duas filhas negras. Ela sabia que Maya e eu seríamos lidas como negras pelo país que ela adotou e estava determinada a garantir que nos transformássemos em mulheres negras confiantes e orgulhosas.

Um ano após o divórcio, nós nos mudamos para o andar de cima de uma casa de dois apartamentos na Bancroft Way, em uma parte de Berkeley conhecida como "Flatlands". Era um bairro unido com famílias da classe trabalhadora concentradas em fazer o melhor possível, pagar as contas e se ajudar. Era uma comunidade dedicada às crianças, um lugar onde as pessoas acreditavam no princípio mais básico do Sonho Americano: que, se você trabalha arduamente e faz a coisa certa no mundo, seus filhos terão um futuro melhor do que o seu. Não éramos ricas em termos financeiros, mas os valores que internalizamos ofereciam um tipo diferente de riqueza.

Minha mãe nos arrumava todas as manhãs antes de ir trabalhar no laboratório de pesquisa. Geralmente, preparava uma xícara de leite com achocolatado. Nós podíamos escolher se queríamos o sabor chocolate, morango ou baunilha. Em ocasiões especiais, comíamos

Pop-Tart. Pela perspectiva dela, o café da manhã não era hora de se perder tempo.

Ela me dava um beijo de despedida e eu andava até a esquina, a fim de pegar o ônibus para a Thousand Oaks Elementary School. Eu só soube depois que éramos parte de um experimento nacional de dessegregação, com filhos negros da classe trabalhadora enviados de ônibus de uma direção e as crianças brancas das áreas mais ricas de Berkeley enviadas de ônibus a partir de outras. Na ocasião, eu só sabia que precisava do ônibus amarelo para chegar à escola.

Olhar para a foto da minha turma do primeiro ano me lembra como foi maravilhoso crescer em um ambiente com tanta diversidade. Como os alunos vinham de toda a região, éramos um grupo bem variado; alguns moravam em conjuntos habitacionais e outros eram filhos de professores universitários. Lembro-me de comemorar datas culturais diversas na escola e de aprender a contar até dez em vários idiomas. Lembro-me de pais, inclusive a minha mãe, se voluntariando na sala de aula para fazer projetos de ciências e de artes com as crianças. A sra. Frances Wilson, minha professora do primeiro ano, era muito comprometida com os alunos. Na verdade, quando me formei na University of California Hastings College of the Law, lá estava a sra. Wilson, sentada na plateia, comemorando meu sucesso.

Quando Maya e eu voltávamos da escola, nossa mãe em geral ainda estava no trabalho, então íamos para a casa dos Sheltons, que minha mãe conhecia por intermédio do tio Aubrey e com quem tivemos um relacionamento duradouro de amor, cuidado e conexão.

Regina Shelton, vinda da Louisiana, era tia de Aubrey; ela e o marido, Arthur, originário do Arkansas, tinham uma creche — primeiro localizada no porão da casa deles e depois embaixo do nosso apartamento. Os Sheltons se dedicavam a promover o melhor começo possível de vida para as crianças do bairro. O espaço deles era pequeno e acolhedor, com pôsteres de líderes como Frederick Douglass, Sojourner Truth e Harriet Tubman na parede. O primeiro George Washington sobre quem Maya e eu aprendemos quando éramos pequenas foi George Washington Carver. Ainda rimos da primeira vez que Maya ouviu um professor falar sobre o presidente George Washington e pensou com orgulho: "Eu sei quem é! É o homem do amendoim!"

A creche dos Sheltons também funcionava depois do horário da escola, e era lá que Maya e eu passávamos nossas tardes. Dizíamos simplesmente que íamos para "a casa". Sempre havia crianças correndo para todo lado; muitas risadas e brincadeiras alegres. Maya e eu fomos ficando cada vez mais próximas da filha da sra. Shelton e das crianças órfãs que ela acolhia; fingíamos que íamos nos casar com os Jackson Five — Maya com Michael e eu com Tito. (Te amo, Tito!)

A sra. Shelton logo se tornou uma segunda mãe para nós duas. Elegante e calorosa em medidas iguais, ela misturava o estilo sulista tradicional com sua graça e hospitalidade — sem mencionar o bolo e os biscoitos maravilhosos que fazia. Também era muito atenciosa e prestativa — excepcionalmente inteligente e com uma generosidade rara.

Nunca vou esquecer quando fiz balinhas de limão para todo mundo. Eu tinha passado uma tarde preparando uma receita que encontrei em um dos cadernos da minha mãe. Ficaram lindas e eu estava empolgada para exibi-las. Coloquei-as em um prato, cobri-as com plástico filme e fui até a casa da sra. Shelton, onde ela estava sentada à mesa da cozinha, tomando chá e rindo com a irmã, tia Bea, e com a minha mãe. Mostrei minha criação para elas com orgulho, e a sra. Shelton deu uma grande mordida. No entanto, eu tinha usado sal em vez de açúcar, mas, como não havia experimentado, não sabia.

"Ah, querida...", respondeu a sra. Shelton com seu lindo sotaque sulista, os lábios repuxados por causa do gosto. "Estão deliciosas... talvez um pouco carregadas no sal... mas deliciosas mesmo assim."

Não saí dali me achando um fracasso. Saí achando que tinha feito um ótimo trabalho, mas cometido um pequeno erro. Foram momentos assim que me ajudaram a desenvolver um sentimento natural de confiança. Eu acreditava que era capaz de fazer qualquer coisa.

A sra. Shelton me ensinou muito. Ela sempre procurava mães que precisavam de orientação e apoio, ou mesmo só de um abraço, porque isso é a coisa certa a se fazer. Acolhia mais crianças do que consigo lembrar em sua casa e adotou uma garota chamada Sandy, que se tornaria minha melhor amiga. Ela sempre via o potencial das pessoas. Eu amava isso em sua personalidade. Ela amparava as crianças do bairro que tinham tropeçado nos obstáculos da vida e fazia isso com a expectativa de que esses garotos e garotas com dificuldades pudessem se destacar. Mas nunca falava sobre isso. Para ela, aqueles feitos não eram extraordinários; eram apenas uma extensão dos seus valores.

Quando eu voltava para casa, vinda da casa dos Sheltons, encontrava minha mãe lendo, trabalhando ou se preparando para fazer o jantar. Fora o café da manhã, ela adorava cozinhar, e eu adorava me sentar com ela na cozinha, assistir aos preparos, sentir os aromas e comer. Em nossa casa havia um cutelo enorme em estilo chinês, com o qual ela picava os alimentos, e um armário cheio de temperos. Eu amava saber que quiabo podia ser uma comida típica afro-americana ou indiana, dependendo do tempero escolhido; ela acrescentava camarão seco e linguiça para preparar como um *gumbo* ou fritava com açafrão e sementes de mostarda.

Minha mãe cozinhava como uma cientista. Estava sempre fazendo experiências — uma carne na chapa com molho de ostra um dia, *latkes* de batata no outro. Até meu almoço se tornou um laboratório das criações dela: no ônibus, meus amigos, com seus sanduíches de mortadela e de pasta de amendoim com geleia, perguntavam com empolgação: "Kamala, o que você trouxe?" Eu abria o saco de papel pardo, que minha mãe sempre decorava com uma carinha sorridente ou um outro desenho. "Cream cheese com azeitona no pão preto!" Admito que nem todos os experimentos eram bem-sucedidos — ao menos não para meu paladar infantil. Mas, de qualquer modo, sempre era diferente, e isso tornava meus almoços especiais, da mesma forma que a minha mãe.

Enquanto cozinhava, ela colocava Aretha Franklin no toca-discos e eu dançava e cantava na sala, como se estivesse em um palco. Ouvíamos a versão dela de "To Be Young, Gifted and Black" o tempo todo, um hino do orgulho negro cantado primeiro por Nina Simone.

A maioria das nossas conversas acontecia na cozinha. Cozinhar e comer eram algumas das coisas que nossa família mais fazia junto. Quando Maya e eu éramos crianças, nossa mãe às vezes servia o que chamava de "smorgasbord". Ela usava um cortador de biscoitos para fazer formatos em pedaços de pão e os colocava numa bandeja com maionese, picles e palitos de dentes decorados. Entre as fatias de pão, colocávamos as sobras dos jantares anteriores que estavam na geladeira. Levei anos para perceber que o "smorgasbord" era nada mais, nada menos que as sobras. Minha mãe tinha um jeito de fazer até o comum parecer emocionante.

Havia muitas risadas também. Minha mãe gostava muito de um programa de marionetes chamado *Punch and Judy*, no qual Judy corria atrás de Punch com um rolo de abrir massas. Ela ria muito quando fingia correr atrás de nós pela cozinha com o rolo dela.

Mas nem tudo era risada, claro. Os sábados eram "dias de tarefa", e cada uma de nós tinha a sua. Minha mãe sabia ser rigorosa e tinha pouca paciência para comodismo. Minha irmã e eu raramente ganhávamos elogios por comportamentos ou realizações que eram esperadas de nós. "Por que eu aplaudiria uma coisa que você tinha mesmo que fazer?", dizia ela se eu tentasse pescar uns elogios. E, se eu voltasse para casa e relatasse meu mais recente drama em busca de um ombro solidário, minha mãe nem queria saber. Sua primeira reação era "Bom, e o que *você* fez?". Em retrospecto, vejo que ela estava tentando me ensinar que eu tinha poder e meios de agir. E isso é ótimo, mas mesmo assim me deixava louca.

Esse rigor, no entanto, sempre era acompanhado de um amor incondicional, de lealdade e de apoio. Se Maya ou eu estivéssemos tendo um dia ruim ou se o tempo ficasse nublado e deprimente por muito tempo, ela fazia o que gostava de chamar de "festa de desaniversário", com um bolo e presentes de desaniversário. Em outras ocasiões, preparava algumas das nossas comidas favoritas — panquecas com gotas de chocolate ou os biscoitos de cereal que ela chamava de "K Especial" ("K" de Kamala). Muitas vezes, ia para a máquina de costura e fazia roupas para nós ou para nossas Barbies. Ela até deixou que Maya e eu escolhêssemos a cor do carro da família, um Dodge Dart que ela usava para ir a tudo que era lugar. Nós escolhemos amarelo — nossa cor favorita na época —, e, se ela se arrependeu de ter nos dado o poder dessa decisão, nunca deixou transparecer. (O lado bom é que era fácil encontrar nosso carro no estacionamento.)

Três vezes por semana, eu subia a rua até a casa da sra. Jones. Ela era pianista de formação clássica, mas não havia muitas opções nesse ramo para uma mulher negra, então se tornou professora de piano. E ela era rigorosa e séria. Toda vez que eu olhava para o relógio e via quanto tempo faltava para a aula acabar, ela batia nos meus dedos com uma régua. Certas noites, eu ia à casa da tia Mary e jogava xadrez com o tio Sherman. Ele era um ótimo jogador e adorava falar comigo sobre as implicações maiores do jogo: da ideia de usar estratégia, de ter um plano, de pensar nas jogadas vários lances à frente, de prever as ações do seu oponente e de ajustar as suas para superá-lo. De vez em quando, ele me deixava ganhar.

Aos domingos, nossa mãe nos enviava para a 23rd Avenue Church of God junto com as outras crianças na perua da sra. Shelton. Minhas lembranças mais antigas dos ensinamentos da Bíblia são de um Deus amoroso, um Deus que nos pedia que "falássemos por aqueles que não podem falar por si mesmos" e "defendêssemos os direitos dos pobres e necessitados". Foi lá que aprendi que "fé" é um verbo; acredito que temos de viver nossa fé e demonstrá-la nas ações.

Maya e eu cantávamos no coral da igreja, e meu hino favorito era "Fill My Cup, Lord". Lembro-me de um Dia das Mães em que recitamos uma ode a elas. Cada uma de nós representou uma das letras da palavra *mother*, mãe em inglês. Eu fui a letra T e assumi minha posição com orgulho, os braços abertos. "T é de todos os momentos em que ela se preocupa comigo e me ama de todas as formas."

Minha noite favorita durante a semana era a de quinta-feira. Às quintas, sempre dava para nos encontrarmos em um prédio bege despretensioso na esquina das antigas Grove e Derby Street. O prédio que eu conhecia, que já havia sido uma funerária, fervilhava de vida, pois abrigava um centro cultural negro pioneiro: Rainbow Sign.

O Rainbow Sign era um espaço de apresentações, cinema, galeria de arte, estúdio de dança e muito mais. Tinha um restaurante com uma cozinha enorme e alguém sempre estava preparando alguma coisa deliciosa — frango frito, almôndegas com molho, batata-doce caramelizada, bolo de milho, torta de pêssego. Durante o dia, era possível frequentar aulas de danças e de idiomas estrangeiros ou fazer oficinas de teatro e arte. À noite, havia exibição de filmes, palestras e apresentações de pensadores negros proeminentes e de líderes da época — músicos, pintores, poetas, escritores, cineastas, acadêmicos, dançarinos e políticos —, homens e mulheres na vanguarda da cultura americana e do pensamento crítico.

O Rainbow Sign foi criação da visionária promotora de concertos Mary Ann Pollar, que abriu o centro com outras dez mulheres negras em setembro de 1971. O nome foi inspirado em um verso da canção espiritual negra "Mary Don't You Weep"; o trecho "God gave Noah the rainbow sign; no more water, the fire next time" ["Deus deu a Noé o sinal do arco-íris; não mais a água, da próxima vez, o fogo"] estava impresso no livreto dos membros. James Baldwin, claro, usou de forma memorável o mesmo verso para o seu livro *Da próxima vez, o fogo*. Baldwin era amigo íntimo de Pollar e frequentador assíduo do local.

Minha mãe, Maya e eu íamos ao Rainbow Sign com frequência. Todo mundo no bairro nos conhecia como "Shyamala e as meninas". Nós éramos uma unidade, uma equipe. E, quando aparecíamos, sempre éramos recebidas com sorrisos largos e abraços calorosos. O Rainbow Sign tinha uma orientação comunitária e uma energia inclusiva. Era um lugar feito para espalhar conhecimento, conscientização e poder. Seu lema informal era "Pelo amor às pessoas". Famílias com crianças eram especialmente bem-vindas — uma abordagem que refletia tanto os valores quanto a visão das mulheres no comando.

Pollar disse a um jornalista uma vez: "Escondida por baixo de tudo que fazemos, dos melhores entretenimentos que organizamos, sempre há uma mensagem: 'Olhe ao redor. Pense nisso.'"[3] O centro tinha um programa específico para crianças até o ensino médio, que incluía não só educação artística, mas também uma versão paralela do programa para os adultos, no qual os jovens podiam conhecer e interagir diretamente com os convidados e artistas do centro.

A área da baía de São Francisco foi lar de muitos líderes negros extraordinários e estava fervilhando de orgulho negro em alguns lugares. As pessoas tinham migrado para lá vindas de todo o país. Isso significava que crianças como eu, que passavam um tempo no Rainbow Sign, estavam expostas a dezenas de homens e mulheres extraordinários que nos mostravam o que podíamos nos tornar. Em 1971, a congressista Shirley Chrisholm visitou o local enquanto considerava a possibilidade de concorrer à Presidência. Que força! "Nem comprada nem comandada", como seu slogan de campanha prometia. Alice Walker, que acabou ganhando o prêmio Pulitzer por *A cor púrpura*, fez uma leitura no Rainbow Sign. E também Maya Angelou, a primeira autora negra cuja autobiografia, *Eu sei por que o pássaro canta na gaiola*, se tornou um best-seller. Nina Simone cantou no Rainbow Sign quando eu tinha sete anos. Mais tarde, eu descobriria que Warren Widener, o primeiro prefeito negro de Berkeley, declarou o dia 31 de março de 1972 o Dia de Nina Simone, para comemorar seus dois dias de apresentação.

Eu amava a atmosfera eletrizante do Rainbow Sign — as risadas, a comida, a energia. Amava as orações poderosas que vinham do palco e os comentários brincalhões, espirituosos e às vezes rebeldes da plateia. Lá pude aprender que expressão artística, ambição e inteligência eram coisas legais. Lá pude entender que não tem jeito melhor de alimentar o cérebro de alguém do que reunindo comida, poesia, política, música, dança e arte.

Também foi onde constatei a extensão lógica das lições diárias da minha mãe, onde pude começar a imaginar o que meu futuro poderia me oferecer. Minha mãe estava nos criando para acreditar que "É difícil demais!" não era uma desculpa aceitável; que ser uma pessoa boa significa defender uma coisa maior do que você; que o sucesso é medido em parte pelo que você ajuda os outros a alcançar e a realizar. Ela nos dizia: "Lutem com os sistemas de uma forma que os faça serem mais justos e não se limitem pelas coisas como sempre foram." No Rainbow Sign, eu via esses valores em ação, esses princípios materializados. Foi uma criação de cidadã, o único tipo que conheci e me fez supor que todas as outras pessoas também vivenciavam.

Eu estava feliz onde morava. Mas, ainda no ensino fundamental, tivemos de ir embora. Minha mãe recebeu uma proposta irrecusável para dar aulas em Montreal, na McGill University, e conduzir uma pesquisa no Jewish General Hospital. Foi um passo incrível para a carreira dela.

Mas não pareceu tão incrível para mim. Eu tinha doze anos, e a ideia de me mudar da ensolarada Califórnia em fevereiro, no meio do ano letivo, para uma cidade estrangeira onde se falava francês e que estava coberta de 3,5 metros de neve, era no mínimo perturbadora. Minha mãe tentou fazer parecer que era uma aventura, nos levou para comprar nossos primeiros casacos acolchoados e luvas térmicas, como se fôssemos nos tornar exploradoras do grande inverno do Norte. Mas tive dificuldade de encarar dessa forma. Ficou pior quando minha mãe nos disse que queria que aprendêssemos o idioma e que, por isso, ia nos matricular em uma escola do bairro para falantes nativos de francês, a Notre-Dame-des-Neiges, ou Nossa Senhora das Neves.

Foi uma transição difícil, porque eu só sabia o francês das aulas de balé, em que madame Bovie, a professora, gritava *"Demi-plié* e para cima!"*. Eu brincava que me sentia um pato, porque o dia todo na escola nova eu ficava dizendo *"Quoi? Quoi? Quoi?"* ("O quê? O quê? O quê?").

Tive o cuidado de levar minha educação comigo para Montreal. Um dia, Maya e eu fizemos um protesto na frente do prédio para reclamar que as crianças não podiam jogar futebol no gramado. Fico feliz de contar que nossos pedidos foram atendidos.

Acabei convencendo minha mãe a me matricular em uma boa escola de arte, onde experimentei violino, trompa e tímpano junto com os estudos de história e matemática. Houve um ano em que tocamos "Free to Be... You and Me" do começo ao fim.

Quando cheguei ao ensino médio, já tinha me ajustado ao novo ambiente. Ainda sentia falta de casa, dos meus amigos e da minha família, e sempre ficava feliz de voltar no verão e nos feriados, quando ficávamos com meu pai ou com a sra. Shelton. Mas eu já tinha me acostumado com quase tudo. Só não tinha me acostumado com a saudade do meu país. E tinha um desejo constante de voltar para casa. Não havia dúvida na minha cabeça de que eu faria faculdade nos Estados Unidos.

Convidei meu pai e minha mãe para irem à minha formatura, mesmo sabendo que eles não se falariam. Mas queria que os dois estivessem lá comigo. Nunca vou me esquecer de me sentar em uma das duas fileiras da frente do auditório e olhar para a plateia. Minha mãe não estava em lugar nenhum. *Onde ela está?*, pensei. *Será que não apareceu porque meu pai veio?* Nós já íamos começar. E então, de repente, a porta dos fundos do auditório se abriu e minha mãe — que quase sempre usava calça jeans e tênis para ir ao laboratório — entrou usando um vestido vermelho vibrante e sapatos de salto. Ela nunca se deixou abater por qualquer situação que fosse.

Durante o ensino médio, comecei a pensar de forma mais concreta sobre meu futuro, tanto a faculdade quanto o que viria depois. Sempre achei que teria uma carreira; eu já tinha visto a satisfação que meus pais tiravam do trabalho. Também tinha visto uma série de mulheres extraordinárias — tia Mary, a sra. Wilson, a sra. Shelton e, mais do que todas, minha mãe — liderando nos respectivos campos de estudo e a diferença que estavam fazendo na vida de outras pessoas.

Embora a semente tivesse sido plantada bem cedo, não sei bem quando, decidi que queria ser advogada. Alguns dos meus maiores heróis eram advogados: Thurgood Marshall, Charles Hamilton Houston, Constance Baker Motley — gigantes do movimento pelos direitos civis. Eu me importava muito com justiça e via a lei como uma ferramenta para ajudar a fazer a vida mais justa. Mas acho que o que mais me atraiu para a profissão foi a forma como as pessoas ao meu redor confiavam e contavam com advogados. Tio Sherman e nosso amigo Henry eram advogados, e sempre que alguém tinha um problema, fosse na família, fosse no bairro, a primeira coisa que ouvíamos era "Ligue para o Henry. Ligue para o Sherman. Eles vão saber o que fazer. Vão saber como resolver isso". Eu queria poder fazer o mesmo. Queria poder ser a pessoa com a qual podiam contar. Queria ser a pessoa capaz de ajudar.

Portanto, quando chegou a hora de escolher uma faculdade, quis começar com o pé direito. E que lugar melhor para fazer isso, pensei, do que na *alma mater* de Thurgood Marshall?

Eu ouvia muitas histórias que diziam que a Universidade Howard era um lugar maravilhoso, principalmente contadas pela tia Chris, que tinha estudado lá. A Howard é uma instituição com um legado extraordinário, um legado que resistiu e prosperou desde sua fundação, dois anos depois da Guerra de Secessão. Resistiu quando as portas do ensino superior se fecharam para os estudantes negros. Resistiu quando a segregação e a discriminação eram a lei. Resistiu quando poucos reconheciam o potencial de liderança e a capacidade de rapazes e moças negros. Gerações de alunos foram cultivadas e instruídas na Howard, equipadas com a confiança para sonhar alto e com as ferramentas para chegar aonde desejassem. Eu queria ser um deles — e, no outono de 1982, mudei-me para Eton Towers, meu primeiro alojamento de faculdade.

Sempre vou me lembrar de quando entrei no Cramton Auditorium para meu primeiro dia de orientação de caloura. O salão estava lotado. Fiquei parada nos fundos, olhei ao redor e pensei: *Aqui é o paraíso!*

Havia centenas de pessoas e todo mundo se parecia comigo. Alguns eram filhos de alunos da Howard; outros eram os primeiros de sua família a frequentar a faculdade. Alguns estudaram em escolas predominantemente negras a vida toda; outros eram, havia tempo, os únicos estudantes não brancos nas salas de aula ou nos bairros onde moravam. Alguns eram de cidades, alguns de comunidades rurais e alguns de países africanos, do Caribe e de toda a diáspora africana.

Como era o caso para a maioria dos alunos da Howard, meu lugar favorito era uma área que chamávamos de Yard, um espaço gramado do tamanho de um quarteirão, no coração do campus. Em qualquer dia, dava para parar no meio do Yard e ver, à direita, jovens dançarinos praticando uma coreografia ou músicos tocando seus instrumentos, e, à esquerda, alunos carregando pastas saindo da faculdade de administração ou alunos de medicina com jalecos brancos voltando para o laboratório. Os grupos de alunos podiam estar gargalhando ou absortos em discussões profundas. Um colunista do *Hilltop*, o jornal da faculdade, com o astro do time de futebol americano. Um cantor de coral gospel com o presidente do clube de matemática.

Essa era a beleza da Howard. Tudo ali dizia aos alunos que podíamos ser qualquer coisa — que éramos jovens, talentosos e negros e que não devíamos deixar nada atrapalhar nosso sucesso. O campus era um lugar onde não precisávamos ficar presos às escolhas de outras pessoas. Na Howard, podíamos chegar sendo nós mesmos e sair sendo quem queríamos ser. Não havia escolhas falsas.

Não só ouvíamos que tínhamos a capacidade de sermos grandiosos, mas também éramos desafiados a alcançar esse potencial. Havia uma expectativa de que fôssemos cultivar e usar nossos talentos para assumir papéis de liderança e ter um impacto na vida de outras pessoas, no nosso país e, talvez, até no mundo.

Mergulhei de cabeça. No primeiro ano, concorri na minha primeira eleição: representante dos calouros do Liberal Arts Student Council. Foi minha primeira campanha. Nenhum oponente que enfrentei depois disso foi tão difícil quanto Shelley Young, de Nova Jersey, e isso diz muito vindo de uma garota de Oakland.

Fui presidente da sociedade de economia e competi na equipe de debate. Entrei para uma sororidade, minha amada Alpha Kappa Alpha, fundada por nove mulheres da Howard mais de um século atrás. Às sextas-feiras, minhas amigas e eu colocávamos nossas melhores roupas e desfilávamos pelo Yard. Nos fins de semana, íamos ao National Mall protestar contra o apartheid na África do Sul.

Enquanto estava na Howard, além de ser aluna, tive muitos empregos. Fui estagiária na Federal Trade Commission, onde fui responsável pelo *clipping*, que significa reunir todos os jornais matinais, recortar qualquer artigo que mencionasse a agência, colar em folhas de papel, fotocopiar e distribuir para a equipe sênior. Também fiz pesquisas nos Arquivos Nacionais e fui guia de turismo no U.S. Bureau of Engraving and Printing. Meus colegas guias de turismo e eu recebíamos walkie-talkies e números de identificação; eu era "TG-10", um codinome que me fazia me sentir uma agente do Serviço Secreto. Uma vez, saí do meu turno de trabalho e encontrei Ruby Dee e Ossie Davis na área principal, esperando um passeio VIP depois do horário regular. Eles projetavam uma aura, como os astros que eram, mas fizeram questão de me envolver numa conversa e dizer que sentiam orgulho de ver uma jovem negra trabalhando no serviço público. Nunca esqueci o que senti ao ver que aqueles dois ícones, dois gigantes, tirarem um tempo para demonstrar interesse em mim.

No verão do meu segundo ano, consegui um estágio com o senador Alan Cranston, da Califórnia. Quem poderia adivinhar que trinta anos depois eu seria eleita para o mesmo cargo no Senado? (Ainda tenho emoldurada a carta de agradecimento do chefe de gabinete dele, que fica pendurada na minha sala no Senado, perto de onde meu estagiário se senta. Quando pego o metrô do Senado com meus estagiários, muitas vezes digo: "Vocês estão olhando seu futuro!") Eu adorava ir ao Capitólio todos os dias daquele verão para trabalhar. Parecia o epicentro da mudança — e mesmo sendo a estagiária que separava a correspondência, ficava emocionada de fazer parte daquilo. Mas ficava ainda mais encantada com o Edifício da Suprema Corte, do outro lado da rua. Eu atravessava a rua no verão quente e úmido, quando dava para cortar o ar com uma faca, só para poder olhar com assombro a magnificência da construção e ler as palavras entalhadas no mármore acima da entrada: EQUAL JUSTICE UNDER LAW [IGUALDADE DE JUSTIÇA PERANTE A LEI]. Eu imaginava um mundo onde isso poderia ser verdade.

Depois da Howard, voltei para casa, em Oakland, e me matriculei na UC Hastings College of the Law. Fui eleita presidente da Black Law Students Association (BLSA) [Associação Nacional de Estudantes de Direito Negros] no meu segundo ano da faculdade. Na época, alunos negros estavam tendo mais dificuldade de encontrar empregos do que os alunos brancos, e eu queria mudar isso. Como presidente da BLSA, liguei para os sócios que gerenciavam todas as grandes firmas de advogados e pedi que enviassem representantes para uma feira de empregos que faríamos num hotel.

Quando percebi que queria trabalhar na promotoria — que tinha encontrado minha vocação —, fiquei animada para contar a decisão aos amigos e à família. E não fiquei surpresa de ver a incredulidade deles. Tive de defender minhas escolhas como se fosse uma tese.

Os Estados Unidos têm uma história profunda e sombria de pessoas que usam o poder do promotor como um instrumento de injustiça. Eu conhecia bem essa história — de homens inocentes incriminados, de acusações contra quem não era branco sem evidências suficientes, de promotores escondendo informações que absolveriam réus, de aplicação desproporcional da lei. Cresci com essas histórias — e por isso entendi a cautela da minha comunidade. Mas também conhecia outra linha narrativa.

Eu conhecia a história de promotores corajosos que enfrentaram a Ku Klux Klan no sul do país. Conhecia as histórias de promotores que perseguiram políticos corruptos e empresas que poluíam o meio ambiente. Conhecia o legado de Robert Kennedy, que, como procurador-geral dos Estados Unidos, enviou representantes do Departamento de Justiça para proteger os Viajantes da Liberdade em 1961 e mandou oficiais de justiça para proteger James Meredith quando ele se matriculou na Ole Miss [Universidade do Mississippi] no ano seguinte.

Eu sabia bem que a justiça igualitária era uma aspiração. Sabia que a força da lei era aplicada de forma desigual, às vezes de propósito. Mas também sabia que o que havia de errado no sistema não precisava ser um fato imutável. E queria fazer parte dessa mudança.

Um dos ditos favoritos da minha mãe era "Não deixe que ninguém diga quem você é. É você quem diz para as pessoas quem você é". E foi o que fiz. Sabia que parte dessa mudança era o que eu tinha visto durante toda a minha vida, cercada de adultos gritando, se manifestando e exigindo justiça do lado de fora do sistema. Mas também sabia que havia um papel importante a se fazer lá dentro, sentada a uma mesa onde as decisões estavam sendo tomadas. Quando os ativistas aparecessem se manifestando e batendo nas portas, eu queria estar do outro lado para deixá-los entrar.

Eu seria promotora do meu próprio jeito. Faria o trabalho pela lente das minhas experiências e perspectivas, a partir da sabedoria obtida no colo da minha mãe, no salão do Rainbow Sign e no Yard da Howard.

Uma parte importante do que aquela sabedoria me disse foi que, quando o assunto era justiça criminal, nos pediam que aceitássemos escolhas falsas. Por tempo demais, nos disseram que só havia duas opções: tratar o crime com rigor ou com leniência — uma simplificação exagerada que ignorava as realidades da segurança pública. Podemos querer que a polícia acabe com os crimes no bairro e também que pare de usar força excessiva. Podemos querer que ela vá atrás de um assassino nas nossas ruas e também que pare de seguir perfilamento racial. Podemos acreditar na necessidade de consequência e de responsabilidade, principalmente no caso de crimes mais sérios, e também nos opor ao encarceramento injusto. Eu acreditava que era essencial tecer todos esses fios variados para uni-los.

No fim do meu estágio de verão, fiquei muito feliz em aceitar uma vaga de promotora distrital assistente. Eu só precisava concluir o curso e fazer o exame da Ordem dos Advogados para começar minha carreira nos tribunais.

Terminei a faculdade de direito na primavera de 1989 e fiz o exame em julho. Nas semanas de fim de verão, meu futuro parecia nítido, brilhante. A contagem regressiva para a vida que eu tinha imaginado já estava em andamento.

Só que, de repente, minha trajetória foi interrompida. Em novembro, a unidade estadual da Ordem enviou as cartas com o resultado do exame, e, para meu desespero, não passei. Não consegui entender. Foi tão intenso que quase não fui capaz de suportar. Minha mãe sempre me disse "Não faça nada mais ou menos", e sempre levei isso muito a sério. Eu era dedicada. Perfeccionista. Uma pessoa que não encarava nada de forma leviana. Mas lá estava eu, carta na mão, me dando conta de que, ao estudar para o exame, tive o desempenho mais medíocre da minha vida.

Por sorte, eu ainda tinha um emprego na promotoria distrital. Seria mantida na função de escrevente e teria tempo para estudar e refazer o exame em fevereiro. Fiquei grata por isso, mas era difícil entrar na promotoria me sentindo inadequada e incompetente. Praticamente todo mundo que foi contratado comigo passou e aquelas pessoas seguiriam com o treinamento sem mim. Eu me lembro de passar pela sala de uma pessoa e ouvi-la dizer para outra: "Mas ela é tão inteligente. Como pôde não passar?" Eu me senti infeliz e constrangida. Fiquei me questionando se as pessoas me achavam uma fraude. Mas mantive a cabeça erguida e continuei indo trabalhar todos os dias — e passei na segunda tentativa. Senti muito orgulho e honra no dia em que fiz o juramento de funcionária da corte e apareci no fórum pronta para começar a trabalhar. Mas, no fim das contas, nem a faculdade de direito nem o exame da Ordem dos Advogados ensina o que fazer num tribunal, e, nos primeiros dias, pode parecer que caímos em outro planeta, onde todo mundo fala o idioma, menos nós. Como escrevente, você pode representar as pessoas no tribunal sob supervisão. Mas aquela era a primeira vez que eu entraria num julgamento sozinha.

Eu tinha me preparado, tinha repassado os fatos do caso uma dezena de vezes. Tinha ensaiado as perguntas que queria fazer; internalizado o texto exato das minhas petições. Tinha pesquisado e ensaiado todas as práticas e todos os costumes — desde o terninho com saia que era o padrão para as promotoras na época, antes de as mulheres receberem permissão para usar calça no tribunal. Eu tinha feito tudo que podia. Mas o que estava em jogo era tão importante que nunca parecia suficiente.

Entrei no tribunal, segui pelo corredor e passei pelos bancos até a divisória que separa as autoridades do tribunal de réus, famílias, testemunhas e outros espectadores. Havia cadeiras arrumadas na frente da divisória para os advogados que estavam esperando seus casos serem chamados, e me sentei com eles. O nervosismo, a emoção e a adrenalina brigavam por espaço na minha mente. Mais do que tudo, porém, eu me sentia honrada e estava ciente da responsabilidade imensa que tinha — o dever de proteger os que estavam entre os membros mais vulneráveis e sem voz da nossa sociedade. Quando chegou minha vez, levantei-me da cadeira atrás da mesa da promotoria e me aproximei do púlpito, dizendo as palavras que todos os promotores dizem:

"Kamala Harris, em nome do povo."

O motivo para termos promotorias públicas nos Estados Unidos é que, no nosso país, um crime contra um de nós é considerado um crime contra todos nós. Quase por definição, nosso sistema de justiça criminal envolve questões nas quais os poderosos fizeram mal a quem tem menos poder, e não esperamos que o lado mais fraco obtenha justiça sozinho; nós tornamos isso uma empreitada coletiva. É por isso que os promotores não representam a vítima; eles representam "o povo" — a sociedade em geral.

Mantive esse princípio como foco principal enquanto trabalhava com as vítimas, cuja dignidade e segurança sempre foram soberanas para mim. É preciso ter uma coragem enorme para uma pessoa compartilhar sua história e aguentar um interrogatório, sabendo que sua credibilidade pode estar em jogo e detalhes pessoais da sua vida podem vir à tona. Mas, quando essas pessoas vão para o banco das testemunhas, elas fazem isso por todos nós — a fim de que haja consequência e responsabilidade para aqueles que violam a lei.

"Em nome do povo" era minha bússola — e não havia nada que eu levasse mais a sério do que o poder que me era concedido. Como promotora, possuía a autoridade de decidir se devia oferecer denúncia e, em caso positivo, quais e quantas acusações fazer. Podia negociar transações penais e oferecer recomendações de pena e de fiança no tribunal. Eu estava só começando como promotora, mas já tinha o poder de tirar a liberdade de uma pessoa com uma canetada.

Quando chegou a hora dos argumentos finais, eu me aproximei dos jurados. Decidi fazer isso sem anotações, para não ter que ficar olhando um pedaço de papel e ler meus melhores argumentos explicando por que o réu devia ser condenado. Eu queria encarar os jurados. Achava que devia conhecer meu caso tão bem a ponto de poder fechar os olhos e ver todo o incidente em 360 graus.

Quando terminei e voltei para a mesa da promotoria, dei uma olhada rápida na plateia. Amy Resner, minha amiga do primeiro dia de orientação, estava sentada lá com um sorriso enorme, torcendo por mim. Agora, nós duas estávamos seguindo nosso caminho.

O trabalho diário era intenso. A qualquer momento, um promotor podia estar fazendo malabarismo com mais de cem casos. Nós começamos com trabalhos mais básicos: apresentar audiências preliminares, cuidar de julgamentos por contravenção que cobriam coisas como embriaguez ao volante e furtos. Com o passar dos anos, fui acumulando mais e mais julgamentos e subi na hierarquia da promotoria. Com o tempo, começaria a trabalhar com crimes violentos, o que levou o trabalho a um novo nível.

Eu passava horas lendo relatórios policiais e entrevistando testemunhas. Fazia reuniões com o legista e repassava as fotografias da autópsia, sempre ciente de que estava olhando para alguém que tinha pais ou filhos. Quando a polícia prendia uma pessoa suspeita, eu ia até a delegacia e ficava do outro lado de um espelho de duas vias trocando bilhetes com os investigadores que estivessem conduzindo a entrevista.

Quando comecei a trabalhar com denúncias de crimes, fui designada para a seção de homicídios. Recebia uma pasta numa tarde de sexta-feira com um pager (alta tecnologia para o começo dos anos 1990), uma caneta e um bloco, um exemplar do Código Penal e uma lista com números de telefone importantes. Durante a semana seguinte, sempre que o pager tocava, era porque havia ocorrido um homicídio e eu tinha de comparecer à cena do crime. Normalmente, isso queria dizer pular da cama entre a meia-noite e as seis da manhã. Meu papel era cuidar para que as provas fossem coletadas do jeito certo, com todas as proteções constitucionais adequadas intactas, de modo que fossem aceitas no tribunal. Muitas vezes, eu tinha de explicar para as vítimas e suas famílias que havia uma diferença entre saber o que tinha acontecido e provar o que tinha acontecido. Existe um abismo gigante entre condenação e prisão, e, se quisermos ir de uma coisa para a outra, precisamos de provas obtidas legalmente.

Eu me sentia em casa dentro de um tribunal. Entendia o ritmo. Ficava à vontade com suas idiossincrasias. Com o tempo, fui transferida para uma unidade que trabalhava com denúncias de crimes sexuais — meu dever era botar estupradores e molestadores de crianças atrás das grades. Era um trabalho difícil, perturbador e muito importante. Conheci muitas meninas, e às vezes meninos, que tinham sofrido abuso, agressão, negligência, muitas vezes cometidos por pessoas em quem confiavam.

O que torna esses casos difíceis é justamente o necessário para obter uma condenação: que a vítima testemunhe. Passei muitos daqueles dias me encontrando com sobreviventes no Highland General Hospital, em Oakland, explicando a eles como seria a experiência de testemunhar.

Para alguns sobreviventes, era simplesmente inimaginável sentar no banco das testemunhas e falar publicamente sobre algo que eles não queriam mencionar nem de forma particular. Há muita dor e muito sofrimento associados à violência sexual. Superar esse tipo de trauma emocional para testemunhar requer uma quantidade extraordinária de coragem e de força, principalmente quando o abusador está presente, quando o abusador pode ser alguém da família ou um amigo, sabendo que você será interrogado pela defesa, cujo trabalho é convencer os jurados de que você não está falando a verdade. Nunca julguei os que não conseguiam fazer isso.

Muitas vezes, como nos casos de crianças muito novas, o desafio para conseguir uma condenação vinha não só da capacidade, mas também da disposição de testemunhar. Esses eram os casos que mais me assombravam. Nunca vou me esquecer de uma menininha calada de seis anos que estava sendo molestada pelo irmão de dezesseis. Era meu trabalho me sentar com aquela garotinha fofa para ver se conseguiria que ela me contasse sua história — e se ela conseguiria contá-la de novo na frente de um júri. Passei muito tempo com ela, com brinquedos e jogos, para tentar construir um relacionamento de confiança. Mas, por mais que eu tentasse, eu sabia, simplesmente sabia, que não havia como ela articular para um júri o que tinha sofrido. Lembro-me de sair da sala, entrar no banheiro e cair no choro. Eu não teria provas suficientes para denunciar o irmão. Sem o testemunho dela, jamais conseguiria provar as alegações. Apesar de todo o poder de promotora, acho que nunca me senti tão impotente.

Esses eram apenas alguns dos desafios de defender crianças de predadores sexuais. Também havia o próprio júri, que às vezes parecia mais inclinado a acreditar nos adultos do que nas crianças. Isso acontecia muito com jovens explorados sexualmente. Sempre penso em um caso em que trabalhei, envolvendo uma garota de catorze anos que fugiu do lar adotivo com um grupo de jovens do bairro. Em vez de serem seus aliados e protetores, eles a levaram para um apartamento vazio e a estupraram. Percebi que ela havia aprendido desde cedo a não confiar em adultos; ela revelava uma atitude hostil, que servia de armadura. Eu me compadeci por aquela pobre garota e pela infância horrível que a levou àquele momento. Mas também estava ciente da percepção que ela causaria nos jurados assim que entrasse no tribunal, mascando chiclete, com a atitude de quem quase despreza o processo.

Minha preocupação: ela seria vista como a criança que era, como uma vítima inocente de abuso em série? Ou seria rotulada como uma pessoa vestida de forma "inadequada" que mereceu o que aconteceu?

Os jurados são seres humanos, com respostas e reações humanas. Eu sabia que tinha de atingi-los nisso se quisesse ter alguma chance de comovê-los a ponto de fazerem uma interpretação mais justa dos fatos.

Percebi que eles não estavam reagindo bem. Não pareciam gostar dela. "O Código Penal não foi criado para proteger apenas alguns de nós",[4] lembrei aos jurados. "É para todos. Essa garota é uma criança. Precisa ser protegida de predadores. E um dos motivos para os réus a terem escolhido como vítima foi que acharam que vocês não se importariam com ela a ponto de acreditar na sua história." No fim, conseguimos a condenação, mas não sei se o veredito teve muita importância para a garota. Ela sumiu depois do julgamento. Pedi ajuda a alguns investigadores para tentar encontrá-la, mas, embora tivéssemos ouvido um relato duvidoso de que ela estava sendo vítima de tráfico sexual nas ruas de São Francisco, não conseguimos confirmar. Nunca mais a vi.

Era difícil não sentir o peso dos problemas sistêmicos contra os quais lutávamos. Botar os abusadores daquela garota na prisão significava que eles não poderiam fazer mal a outras crianças. Mas e todas aquelas que já tinham sofrido nas mãos deles? Como nosso sistema as ajudou? Uma condenação nunca repararia os danos causados a ela, nem era suficiente para tirá-la do ciclo de violência do qual ela era vítima. Essa realidade e o que fazer quanto a ela estavam constantemente na minha cabeça — às vezes no fundo da mente, às vezes com mais evidência. Mas demoraria alguns anos para eu conseguir encará-la.

Em 1998, depois de nove anos na promotoria do condado de Alameda, fui recrutada para o outro lado da baía, para a promotoria de São Francisco. Fui contratada para chefiar a unidade criminal, com foco em criminosos violentos e seriais. No começo, hesitei em aceitar, e não só porque amava trabalhar no fórum do condado de Alameda. Na ocasião, a promotoria de São Francisco tinha uma reputação duvidosa.

Eu estava preocupada com as histórias de disfunções na promotoria. Ao mesmo tempo, era uma promoção: eu chefiaria uma unidade e supervisionaria uma equipe de promotores. Era uma oportunidade de carreira. Além do mais, meu amigo e mentor Dick Iglehart, que era o chefe dos promotores-assistentes, estava me encorajando a ir. Com certa hesitação, aceitei a proposta — e descobri em pouco tempo que minhas preocupações não eram infundadas.

A promotoria estava uma confusão só. Havia apenas um computador para cada dois advogados, não havia sistema de arquivamento nem base de dados para o acompanhamento de casos. Diziam que, quando os promotores terminavam um caso, os arquivos eram jogados no lixo. Era fim dos anos 1990 e a promotoria sequer tinha e-mail.

Havia também um acúmulo enorme de casos que estavam esperando, sem serem investigados nem levados adiante. Os advogados estavam frustrados com a polícia por não investigar os casos. A polícia estava frustrada porque a promotoria não conseguia obter condenações. As decisões tomadas pelo alto escalão pareciam arbitrárias e aleatórias, e o ânimo da equipe estava no chão. Aquele ambiente tóxico só piorou após uma série de demissões. Numa sexta-feira, catorze advogados voltaram do almoço e encontraram cartas de demissão nas suas mesas. Foi arrasador. As pessoas choraram e gritaram, e em pouco tempo seus medos viraram paranoia. Os advogados tinham medo uns dos outros — medo de serem traídos por colegas tentando proteger o próprio emprego. Algumas pessoas começaram a evitar as festas de despedida dos colegas demitidos, com medo de que a simples presença pudesse marcá-las como futuros alvos de demissão.

Foi muito frustrante, e não só em relação ao cotidiano no trabalho. Eu acreditava que o promotor distrital estava minimizando a ideia do que um promotor progressista podia ser. Minha visão de promotor progressista era de alguém que usava o poder da promotoria com senso de justiça, perspectiva e experiência, alguém ciente da necessidade de responsabilizar criminosos de alta periculosidade e que entendia que a melhor maneira de criar comunidades seguras era impedir que os crimes acontecessem. Para fazer essas coisas de forma eficiente, também era preciso ter uma operação profissional.

Depois de dezoito meses, encontrei minha salvação. A promotora da cidade de São Francisco, Louise Renne, me ligou com uma proposta de emprego. Louise foi a primeira mulher a assumir aquele cargo. Ela foi uma desbravadora e foi destemida ao enfrentar os interesses estabelecidos que iam de fabricantes de armas e empresas de cigarro a clubes só para homens.[5] Houve uma operação que levou à divisão da promotoria que lidava com questões de infância e família; ela quis saber se eu estava interessada. Falei que aceitaria o cargo, mas que não queria ser uma advogada lidando com casos individuais; eu queria trabalhar em políticas que pudessem melhorar o sistema como um todo. Era bastante comum que jovens em lares adotivos fossem parar em centros de detenção juvenil e depois no sistema prisional quando adultos. Eu queria trabalhar em políticas que interrompessem esse ciclo de destruição.

Louise foi a favor.

Passei dois anos na promotoria municipal. Comecei colaborando com a criação de uma força-tarefa para estudar a questão da juventude explorada sexualmente. Montei um grupo de especialistas, de sobreviventes e de membros da comunidade para ajudarem a orientar o trabalho — uma série de recomendações que apresentaríamos para a Junta de Supervisores de São Francisco.

Norma Hotaling foi minha parceira nesse trabalho. Ela dispunha de experiência direta com os desafios que tínhamos de enfrentar. Sofrera abuso quando criança e acabou parando nas ruas, viciada em heroína. Foi presa por prostituição mais de trinta vezes. Mas a história dela era uma das poucas do tipo com final feliz. Norma se livrou do vício. Fez faculdade. Conquistou um diploma de educação em saúde. E, assim que se formou, botou o conhecimento em uso e criou um programa para resgatar mulheres da prostituição, ainda replicado amplamente. Não consegui pensar em uma pessoa melhor com quem trabalhar, e a admiro por ter a coragem de contar sua história e aplicar sua experiência em benefício de tanta gente.

Uma das nossas prioridades foi criar um local seguro para jovens prostituídos receberem amor, apoio e tratamento. Eu sabia pelos meus anos de experiência que os sobreviventes que tentávamos ajudar geralmente não tinham para onde ir. Na maioria dos casos, os pais não queriam se envolver. Muitos tinham fugido de lares adotivos. As pessoas viviam questionando por que crianças exploradas recolhidas pela polícia voltavam para os cafetões ou para as prostitutas mais velhas que "cuidavam delas". Não me parecia estranho: aonde mais aquelas crianças podiam ir?

Nossa força-tarefa se propôs a estabelecer uma casa segura para jovens explorados sexualmente — um santuário que oferecesse tratamento psicológico e para abuso de drogas; os recursos necessários para que esses jovens voltassem a frequentar a escola; e uma rede de apoio que permitisse que jovens vulneráveis ficassem protegidos, saudáveis e em pleno desenvolvimento. Lutamos por fundos para criar a casa, assim como para fazer uma campanha de educação pública. Colocamos pôsteres em banheiros públicos e em ônibus, onde jovens em situação de risco poderiam obter as informações de que precisavam sem que o cafetão ficasse sabendo.

Também acreditávamos que era importante romper a rede de bordéis disfarçados de casas de massagem, em que tantas pessoas eram exploradas sexualmente, e pedimos à junta de supervisores que direcionasse as forças da lei para investigá-los com prioridade.

Para nossa felicidade, a junta de supervisores adotou e custeou nossas recomendações. Conseguimos resgatar dezenas de jovens nos primeiros dois anos. Enquanto isso, a polícia fechou mais de trinta bordéis da cidade.

O trabalho era importante, empoderador e prova de que eu podia fazer um trabalho sério de mudança política sem ser legisladora. Também fiquei mais confiante porque, quando via problemas, podia ser a pessoa que ajudava a elaborar a solução. Todas as vezes que minha mãe me pressionou — "Bom, e o que *você* fez?" — de repente fizeram bem mais sentido. Percebi que eu não precisava esperar outra pessoa assumir a liderança; eu podia começar a fazer as coisas acontecerem sozinha.

Acho que foi essa percepção que me fez começar a considerar os cargos eletivos. De todos os problemas que eu via na minha frente, poucos eram mais urgentes do que ajeitar a promotoria distrital. Enquanto estávamos fazendo avanços importantes na promotoria municipal, a distrital se autodestruía. Promotores talentosos estavam vendo seus esforços sendo minados e se sentiam frustrados no trabalho vital ao qual tinham dedicado a vida. Ao mesmo tempo, criminosos violentos estavam livres. Eu sabia disso. Nós todos sabíamos. Mas, de repente, não era só um problema importante a ser resolvido. Era um problema importante que *eu* podia resolver.

Eu queria honrar, apoiar e dar poder à promotoria como um todo. Mas, para poder comandar a promotoria, teria de *concorrer* à promotoria. Uma campanha política seria um feito enorme, no qual eu não podia embarcar de forma leviana. Entrei em contato com meus amigos, minha família, meus colegas, meus mentores. Fizemos debates longos e animados (outra tese a defender). Pesamos os prós e os contras, depois pesamos tudo de novo.

As pessoas apoiaram a ideia de modo geral, mas também ficaram preocupadas. Meu possível oponente e antigo chefe já era um nome conhecido. Também tinha reputação de lutador; na verdade, seu apelido era Kayo [por causa de K.O., a abreviatura de nocaute, em inglês] — um tributo aos muitos nocautes que ele obteve na juventude, como boxeador. Uma campanha não seria só marcante, seria também cara, e eu não tinha experiência alguma em arrecadação de fundos.

Era mesmo a hora de concorrer? Eu não tinha como saber. Mas estava sentindo cada vez mais que "esperar para ver" não era uma opção. Pensei em James Baldwin, cujas palavras definiram tanto a luta pelos direitos civis. "Não existe um momento no futuro no qual vamos resolver nossa salvação", escreveu ele. "O desafio está no momento; a hora é sempre agora."

CAPÍTULO DOIS

# Uma voz pela justiça

"Kamala, vamos. Anda logo, vamos nos atrasar." Minha mãe estava perdendo a paciência.

"Só um segundo, mamãe", respondi. (Sim, minha mãe foi e sempre vai ser "mamãe" para mim.) Estávamos indo para a sede da campanha, onde voluntários estavam se reunindo. Minha mãe costumava chefiar a operação voluntária e não enrolava. Todo mundo sabia que, quando Shyamala falava, era para ouvir.

Fomos de carro do meu apartamento, perto da Market Street, passando pela riqueza e pelas atrações do centro de São Francisco, até um bairro predominantemente negro na parte sudeste da cidade conhecida como Bayview-Hunters Point. Em Bayview ficava o estaleiro naval Hunters Point, que ajudou a construir a frota de guerra dos Estados Unidos em meados do século XX. Nos anos 1940, a perspectiva de bons empregos e de moradia acessível perto do estaleiro atraiu milhares de afro-americanos que estavam procurando oportunidades e alívio da dor e da injustiça causadas pela segregação. Esses homens trabalhavam com o aço e soldavam as placas que ajudaram nossa nação a vencer a Segunda Guerra Mundial.

Mas, como aconteceu com muitos bairros em todo o país, Bayview ficou para trás depois da guerra. Quando o estaleiro foi fechado, nada ocupou seu lugar. Janelas de lindas casas antigas foram tapadas com placas de madeira; o lixo tóxico poluía o solo,[1] a água e o ar; as drogas e a violência envenenavam as ruas; e a miséria se instalou e não foi mais embora. Era uma comunidade representada de forma desproporcional no sistema de justiça criminal, assolada por crimes não resolvidos. As famílias daquele bairro, muitas delas em São Francisco havia gerações, foram isoladas — de forma literal e figurada — da promessa da cidade próspera que chamavam de lar. Bayview era o tipo de lugar que as pessoas da cidade só conheciam se fizessem questão de ir até lá. Nenhuma via expressa passava pelo bairro. De formas profundamente trágicas, era invisível para o mundo. Eu queria ajudar a mudar isso. Por isso, estabeleci meu local de campanha na esquina da 3rd Avenue com a Galvez, bem no coração de Bayview.

Os consultores políticos acharam que eu estava maluca. Disseram que nenhum voluntário de outras partes da cidade iria para lá. Mas foram lugares como Bayview que me inspiraram a concorrer ao cargo. Eu não estava concorrendo para ter uma sala chique no centro, mas pela oportunidade de representar pessoas cujas vozes não estavam sendo ouvidas e para levar a promessa de segurança pública a todos os bairros, não só para alguns. Além do mais, eu não acreditava que as pessoas deixariam de ir a Bayview. E estava certa: elas foram. Às dezenas.

São Francisco, como nosso país de modo geral, é diversa, mas também profundamente segregada — mais um mosaico do que um caldeirão de culturas. Nossa campanha, no entanto, atraiu pessoas que representavam toda a energia da comunidade. Os voluntários e apoiadores vieram de Chinatown, Castro, Pacific Heights, Mission District: pessoas brancas, negras, asiáticas e latinas; pessoas ricas e da classe trabalhadora; homens e mulheres; velhos e jovens; gays e héteros. Um grupo de grafiteiros adolescentes decorou a parede dos fundos da sede de campanha com a palavra JUSTIÇA pintada com tinta spray em letras enormes. O local vivia repleto de voluntários, alguns ligando para eleitores, outros sentados juntos em volta de uma mesa enchendo envelopes, outros pegando pranchetas para ir de porta em porta falar com as pessoas da comunidade sobre o que tentávamos fazer.

Chegamos na hora marcada à porta da sede. Encostei para minha mãe sair do carro.

"Está com a tábua de passar roupa?", perguntou ela.

"Claro, está no banco de trás."

"Que bom. Te amo", disse ela ao fechar a porta do carro.

Quando saí com o carro, a ouvi gritar:

"Kamala, e a fita adesiva?"

Eu estava com a fita adesiva.

Voltei para a rua e fui na direção do supermercado mais próximo. Era uma manhã de sábado, o equivalente à hora do *rush* nos corredores do mercado. Parei no estacionamento, em uma das poucas vagas disponíveis, e peguei a tábua de passar, a fita e um cartaz de campanha que parecia meio gasto de tanto ser colocado e tirado do carro.

Se acham que concorrer a um cargo público é glamoroso, eu gostaria que me vissem andando pelo estacionamento com uma tábua de passar roupa debaixo do braço. Lembro-me das crianças que olhavam com curiosidade, apontando na minha direção, e das mães que as afastavam de mim depressa. Não as culpo. Devo ter parecido deslocada — isso se não tiver parecido totalmente louca.

Mas uma tábua de passar roupa é uma mesa perfeita para se usar de pé. Eu a montei na frente da entrada do supermercado, um pouco para o lado, perto dos carrinhos, e pendurei um cartaz que dizia KAMALA HARRIS, UMA VOZ PELA JUSTIÇA. Quando a campanha estava só começando, minha amiga Andrea Dew Steele e eu criamos o primeiro texto: uma biografia bem básica com resumo da minha experiência, de uma página, em preto e branco. Andrea depois fundaria o Emerge America, uma organização que recruta e treina mulheres democratas para concorrer a cargos em todo o país. Botei várias pilhas do meu folheto na tábua de passar e, ao lado, uma prancheta com uma lista de assinaturas. E comecei a trabalhar.

As pessoas saíam pelas portas automáticas com seus carrinhos, apertando os olhos por causa do sol, tentando lembrar onde tinham parado o carro. E do lado esquerdo delas:

"Oi! Sou Kamala Harris. Estou concorrendo ao cargo de promotora distrital e espero obter seu apoio."

Na verdade, eu aceitaria se ao menos lembrassem meu nome. No começo da campanha, fizemos uma pesquisa para ver quantas pessoas no condado de São Francisco tinham ouvido falar de mim. A resposta foram colossais 6%. Isso significava que seis a cada cem pessoas tinha ouvido falar a meu respeito. Não pude deixar de imaginar: será que tinham ligado aleatoriamente para a minha mãe?

Mas eu não achava que seria fácil. Sabia que teria de me esforçar muito para me apresentar e mostrar o que eu defendia para um monte de gente que não tinha ideia de quem eu era.

Para alguns candidatos de primeira viagem, interagir com estranhos pode ser esquisito — e isso é compreensível. Não é simples iniciar uma conversa com alguém que está passando na rua, nem tentar criar uma conexão no ponto de ônibus quando as pessoas estão voltando do trabalho, ou entrar no estabelecimento de alguém e tentar se comunicar com o dono. Recebi minha cota de rejeições educadas — e às vezes nem tão educadas assim —, como um profissional de telemarketing que liga durante o jantar. Mas era mais comum encontrar pessoas receptivas, abertas e ansiosas para falar das questões que afetavam suas vidas diárias e suas esperanças para a família e a comunidade — quer significasse diminuir a violência doméstica, quer criar melhores opções para crianças em situação de risco. Anos depois, ainda encontro pessoas que se lembram das nossas conversas nos pontos de ônibus.

Pode parecer estranho, mas o que isso mais me fazia lembrar era a seleção de jurados. Quando trabalhava como promotora, passava muito tempo no tribunal, conversando com pessoas chamadas para cumprir a função de jurado, vindas de todas as partes da comunidade. Meu trabalho era fazer perguntas ao longo de uns poucos minutos e, com base nisso, tentar entender suas prioridades e perspectivas. Fazer campanha era um pouco assim, mas sem a oposição tentando me atrapalhar. Eu amava poder me envolver. Às vezes, uma mãe saía do mercado com uma criança pequena no carrinho e passávamos uns vinte minutos falando sobre sua vida, suas dificuldades e a fantasia de Halloween da filha. Antes de nos despedirmos, eu a encarava e dizia: "Espero poder contar com seu apoio." É impressionante a quantidade de vezes que as pessoas me diziam que ninguém tinha pedido isso diretamente antes.

Ainda assim, esse processo não veio naturalmente para mim. Eu sempre ficava muito feliz de falar sobre o trabalho a ser feito. Mas os eleitores não queriam ouvir só sobre política. Queriam saber sobre mim pessoalmente — quem eu era, como minha vida tinha sido, as experiências que me moldaram. Queriam entender quem eu era em um nível bem fundamental. Mas eu tinha sido criada para não falar sobre mim mesma. Tinha sido educada com a crença de que era narcisismo fazer isso. Vaidade. E, apesar de entender o que motivava as perguntas, demorei um tempo para me acostumar.

Eram vários candidatos na minha primeira campanha para a promotoria e um segundo turno era inevitável. Mas nossa pesquisa (que melhorou muito com o tempo) indicou que, se conseguíssemos chegar ao segundo turno, poderíamos vencer cinco semanas depois.

Passei o dia da eleição nas ruas apertando mãos, desde o amanhecer até as urnas serem fechadas. Chrisette, uma das minhas melhores amigas, viajou para me ajudar com a arrancada final da campanha. Pareceu mesmo o *sprint* no fim de uma maratona — emocionante de um jeito único. Minha família, meus amigos, membros antigos do comitê de campanha e eu fomos jantar quando os resultados começaram a ser apurados. Meu gerente de campanha, Jim Stearns, foi acompanhar a apuração e nos comunicar os números. Durante o jantar, meu querido amigo Mark Leno, que era membro da Assembleia Legislativa da Califórnia, acompanhou a apuração com Maya, meu consultor de campanha, Jim Rivaldo, e meu amigo Matthew Rothschild. A cada seção apurada e entre garfadas de massa, eles atualizavam a contagem na toalha de mesa de papel.

As campanhas modernas se apoiam em *big data*, *analytics* e modelos sofisticados de comparecimento de eleitores às urnas. Mas, pela minha experiência, descobri que um amigo, uma caneta e um prato de espaguete também são muito eficientes.

Estávamos nos preparando para ir embora quando Maya segurou meu braço. Uma nova atualização tinha chegado.

"Ah, meu Deus, você conseguiu!", exclamou ela. "Você entrou no segundo turno!" Fiz as contas para confirmar se ela estava certa. Lembro-me de que olhei para Maya, ela olhou para mim e nós duas dissemos: "Dá para acreditar? A gente conseguiu mesmo!"

O segundo turno aconteceu cinco semanas depois. Choveu, e passei o dia encharcada enquanto apertava a mão dos eleitores nos pontos de ônibus. Naquela noite, como eu esperava, tivemos uma vitória decisiva.

Fizemos uma festa na sede da campanha e saí para discursar enquanto "We Are the Champions" tocava na sala. Ao olhar para o grupo — amigos, familiares, mentores, voluntários de campanha —, vi uma comunidade. Havia pessoas dos bairros mais pobres e dos mais ricos. Policiais ao lado de defensores da reforma policial. Jovens comemorando com cidadãos idosos. Foi um reflexo do que sempre acreditei ser verdade: quando se trata das coisas que mais importam, temos muito mais em comum do que o que nos separa.

Enquanto escrevo isto, quase quinze anos se passaram desde o dia em que assumi o cargo de promotora distrital. Passei quase todos os dias trabalhando de alguma maneira na reforma do sistema de justiça criminal. Passei dois mandatos nesse cargo com esse objetivo e quase dois mandatos como procuradora-geral, e apresentei a legislação para a reforma da justiça criminal[2] nas minhas seis primeiras semanas como senadora dos Estados Unidos. Apesar de entender integralmente naquela manhã de posse de 2004 quanto as questões eram importantes para mim, eu jamais poderia ter imaginado que me levariam de São Francisco a Sacramento e a Washington, D.C.

Minha cerimônia de posse como promotora distrital aconteceu no Herbst Theatre, no San Francisco War Memorial and Performing Arts Center — o mesmo palco em que a Carta das Nações Unidas foi assinada em 1945. Agora, estávamos fazendo um tipo diferente de história, mas a unidade ainda era a mensagem fundamental. Minha mãe ficou entre mim e o republicano Ronald George, juiz presidente da Suprema Corte da Califórnia, que escolhi para conduzir meu juramento. Minha lembrança mais intensa é de olhar para ela e ver orgulho em seu rosto.

O auditório estava lotado, com centenas de pessoas de todos os cantos da cidade. Tambores foram tocados. Um coral jovem cantou. Um dos pastores da congregação que eu frequentava fez uma linda oração. Um dragão chinês percorreu os corredores. O San Francisco Gay Men's Chorus cantou lindamente. Foi um evento multicultural, multirracial e um tanto frenético de todas as melhores e mais lindas formas.

Jerry Brown, prefeito de Oakland, estava sentado na primeira fila. Ele me disse que seu pai tinha feito o mesmo juramento para aquele cargo sessenta anos antes, no mesmo dia. E com Gavin Newson tomando posse como prefeito no mesmo dia que eu, havia uma sensação palpável na cidade de que um novo capítulo estava se abrindo na política de São Francisco — e o que seria possível para todos nós.

Andei em meio à multidão, apertando mãos, sendo abraçada e absorvendo toda a alegria. Quando o fim das festividades se aproximou, um homem me abordou com as duas filhas pequenas.

"Eu as trouxe aqui hoje", disse ele, "para que pudessem ver como era alguém que elas podem vir a ser no futuro".

Depois da posse, fui ver minha nova sala. Queria saber qual seria a sensação de me sentar na cadeira. Minha diretora de comunicação, Debbie Mesloh, e eu fomos até o Hall of Justice. Bem ao lado da via expressa, o "850", como era conhecido (por causa do endereço, Bryant

Street, 850), era um edifício cinza, solene e imponente. Eu brincava dizendo que era um lugar "horrivelmente lindo" de se trabalhar. Além da promotoria distrital, o prédio abrigava o departamento de polícia, a vara criminal, o órgão responsável por reboques, a cadeia pública e o legista. Não havia dúvida de que era um lugar onde a vida das pessoas era mudada, às vezes para sempre.

"Ah, uau." Olhei a minha sala. Ou, mais precisamente, olhei a sala vazia. Quase tudo tinha sido removido como parte da transição. Havia um armário de metal junto a uma parede com um computador Wang dos anos 1980 em cima (estávamos em 2004). Não era admirável que o órgão não tivesse e-mail ainda. Havia uma cesta de lixo forrada de plástico no canto, alguns fios soltos saíam do chão. Pela janela da sala nova, dava para ver uma série de empresas que financiavam dinheiro para os pagamentos de fiança — um lembrete diário das formas como o sistema de justiça criminal é mais punitivo com os pobres. Não havia escrivaninha na sala, só uma cadeira onde antes ficava a escrivaninha. Mas tudo bem. Eu tinha ido até lá por causa da cadeira. Sentei-me.

O local estava silencioso. E, pela primeira vez desde que o dia começou, fiquei sozinha com meus pensamentos, absorvendo tudo, contemplando o surreal.

Concorri porque sabia que podia fazer o trabalho — e acreditava que podia fazer melhor do que tinham feito até então. Ainda assim, sabia que representava uma coisa muito maior do que a minha própria experiência. Na ocasião, não havia muitos promotores distritais com a minha aparência nem com o mesmo tipo de passado que eu. Ainda não há. Um relatório em 2015 descobriu que 95% dos promotores eleitos do país eram brancos e 79% eram homens brancos.[3]

Nenhuma parte de mim poderia contribuir mais para a minha perspectiva do que a década que passei nas linhas de frente do sistema de justiça criminal como promotora de tribunal. Eu conhecia a função de trás para a frente. Pelo que era, pelo que não era e pelo que podia ser. O tribunal deveria ser o epicentro da justiça; mas, muitas vezes, era o epicentro da injustiça. Eu sabia que as duas coisas eram verdade.

Eu passara tempo suficiente no tribunal para ver as vítimas da violência aparecerem anos depois como praticantes de violência. Trabalhei com crianças que cresceram em bairros tão assolados pelo crime que tinham níveis de distúrbio de estresse pós-traumático tão altos quanto os das que passavam a infância em zonas de guerra. Trabalhei com crianças em lares de acolhimento que mudaram de casa seis vezes antes dos dezoito anos. Eu as vi fugir de uma circunstância ruim para outra, até serem pegas pelas engrenagens do sistema, sem perspectiva de se libertarem. Vi crianças fadadas a um futuro desolador só por causa das circunstâncias de nascimento e dos locais onde moravam. Como promotora distrital assistente, meu trabalho foi levar à justiça aqueles que violavam a lei. Mas o sistema não devia justiça a eles e suas comunidades também?

O sistema oferece nada mais do que uma era de encarceramento em massa que destrói ainda mais comunidades já em desvantagem. Os Estados Unidos botam mais gente na prisão do que qualquer outro país do mundo. No total, tínhamos mais de 2,1 milhões de pessoas em prisões estaduais e federais em 2018.[4] Colocando em perspectiva: há quinze estados norte-americanos com populações abaixo dessa cifra. A guerra contra as drogas puxou muita gente para o sistema — transformou o sistema de justiça criminal numa linha de produção. Vi isso de perto.

No começo da minha carreira, fui designada para um setor da promotoria do condado de Alameda conhecida como ponte, onde, em salinhas pequenas, os advogados cuidavam de centenas de casos de drogas. Havia gente culpada aos montes, claro, muitos traficantes que vendiam drogas para crianças ou que as obrigavam a vendê-las para eles. Mas muitos arquivos de casos contavam uma história diferente: um homem preso pela simples posse de algumas pedras de crack, uma mulher presa por estar sentada à porta de casa sob o efeito de drogas.

Os casos eram tão fáceis de provar quanto eram trágicos de levar adiante. Na pressa para limpar as ruas, estávamos criminalizando uma crise de saúde pública. E, sem um foco em tratamento e prevenção, a disseminação de crack se espalhou como um vírus mortal, queimando cidade após cidade até ter roubado uma geração de pessoas.

Enquanto estava sentada sozinha na minha nova sala, lembrei-me de uma época, quando era uma jovem promotora, em que ouvi alguns colegas conversando no corredor.

"Devemos acrescentar participação em gangue?", perguntou um deles.

"É possível mostrar que ele era de uma gangue?", perguntou outro.

"Você viu o que ele estava vestindo, viu a esquina em que foi preso. O cara tem a fita daquele rapper, qual é mesmo o nome dele?"

Fui até o corredor e os interrompi:

"Ei, pessoal, só para vocês saberem: tenho familiares que moram nesse bairro. Tenho amigos que se vestem desse jeito. E tenho uma fita desse rapper no meu carro."

Refleti sobre tudo: sobre meu motivo para concorrer ao cargo, quem queria ajudar e a diferença entre acumular fichas sujas e ter a consciência limpa. No fim das contas, eu soube que estava lá pelas vítimas. Tanto as vítimas dos crimes cometidos quanto as vítimas de um sistema de justiça criminal falho.

Para mim, ser uma promotora progressista é entender e agir nessa dicotomia. É entender que, quando uma pessoa tira a vida de outra, uma criança é molestada ou uma mulher é estuprada, os criminosos merecem consequências severas. Isso é um imperativo da justiça. Mas também é entender que a justiça está em falta em um sistema que deveria garanti-la. O trabalho de uma promotora progressista é cuidar dos negligenciados, falar pelas pessoas cujas vozes não estão sendo ouvidas, ver e trabalhar nas causas dos crimes e não só nas consequências e chamar atenção para a desigualdade e o tratamento diferenciado que levam à injustiça. É reconhecer que nem todo mundo precisa de punição, que muitos precisam simplesmente de ajuda.

Houve uma batida na porta. Era Debbie. "Está pronta?", perguntou ela, sorrindo.

"Saio em um segundo", disse. Aproveitei o silêncio por mais um momento. Depois, peguei uma caneta e um bloquinho amarelo na pasta e comecei a fazer uma lista.

Eu tinha acabado de me sentar à minha escrivaninha quando meu assistente administrativo entrou.

"Chefe, tem outra mãe lá fora."

"Obrigada, já vou lá."

Segui pelo corredor até o saguão para cumprimentá-la. Eu estava no cargo havia poucas semanas, mas não era a primeira vez que percorria aquele caminho. Não era a primeira vez que uma mulher aparecia e dizia "Quero falar com a Kamala. Só aceito falar com a Kamala". Eu sabia exatamente por que ela estava lá. Ela era a mãe de uma criança assassinada.

A mulher quase desabou nos meus braços. Seu desespero era visceral. Ela sofria e estava exausta. Mas a presença dela ali era um testemunho de sua força. Ela estava lá pelo filho, o filho que perdeu, um jovem morto durante um tiroteio nas ruas ocorrido meses antes, mas o assassino ainda estava livre. O caso era um dos mais de setenta homicídios sem solução parados no departamento de polícia de São Francisco quando tomei posse.

Eu conhecia algumas daquelas mães — e conheci outras durante a campanha. Eram quase todas negras ou latinas de bairros com taxas altas de criminalidade, e todas amavam profundamente os filhos. Elas tinham se juntado para formar um grupo, as Mães de Vítimas de Homicídio. Era em parte grupo de apoio, em parte organização de defesa. Elas se apoiavam umas nas outras para suportar a dor. E se organizavam a fim de pedir justiça para os filhos.

Elas não sabiam se eu poderia ajudá-las, mas tinham certeza de que eu ao menos as veria. Veria essas mulheres de maneira empática. Veria sua dor, sua angústia, suas almas — que estavam sangrando. Antes de qualquer coisa, elas sabiam que eu as veria como mães amorosas que estavam sofrendo.

Isso é parte da tragédia. Quando as pessoas ficam sabendo que uma mãe perdeu um filho para um câncer ou em um acidente de carro ou na guerra, a reação natural é de solidariedade coletiva e preocupação. Mas, quando uma mulher perde o filho por causa da violência nas ruas, a reação do público costuma ser diferente, quase um descaso coletivo, como se fosse uma possibilidade esperada. Não a horrível tragédia de perder um filho, mas só uma estatística. Como se as circunstâncias da morte do filho dela definissem o valor da vida dele. Como se a perda que ela sofreu fosse menos válida, menos dolorosa, menos digna de compaixão.

Levei-a até minha sala para conversar com mais privacidade. Ela me contou que o filho tinha sido morto por um tiro, que ninguém foi preso, que ninguém parecia se importar. Descreveu o dia em que teve de ir até o necrotério identificar o corpo — ela não conseguia tirar aquela imagem da cabeça: o corpo dele sem vida em um lugar tão frio. Tinha deixado recados para o inspetor de homicídios, disse ela, dando possíveis pistas, mas nunca recebeu resposta. Nada aconteceu, nada parecia estar acontecendo, e ela não conseguia entender o motivo. Ela segurou minha mão e me encarou. "Ele importava", disse ela. "Ele ainda importa para mim."

"Ele importa para mim também", garanti a ela. A vida dele deveria ter importado para todo mundo. Falei para minha equipe reunir todo o grupo de inspetores de homicídios na minha sala de reuniões o mais rápido possível. Eu queria saber o que estava acontecendo com todos aqueles casos.

Os inspetores de homicídios apareceram sem saber o que os aguardava. Na ocasião, eu não sabia que era incomum uma promotora distrital convocá-los para uma reunião. Um a um, pedi que eles me contassem a situação dos casos de homicídio não resolvidos e os pressionei em busca de detalhes sobre o que eles fariam para nos ajudar a conseguir justiça para aquelas famílias. Eu tinha perguntas bem diretas e os pressionei muito — mais do que eles esperavam, como descobri depois. Isso incomodou algumas pessoas. Mas foi a coisa certa a fazer e precisava ser feita — sem importar o que já tinha sido feito antes.

Eles levaram meu pedido de ação a sério. Um mês depois da reunião, o departamento de polícia lançou uma campanha nova para tentar encorajar testemunhas a se apresentarem. E, com o tempo, pudemos reduzir o acúmulo de homicídios sem solução em 25%. Nem todos os casos podiam ser resolvidos, mas fizemos questão de trabalhar arduamente para garantir que resolveríamos todos que fossem possíveis.

Algumas pessoas se surpreenderam por eu ser tão incansável. E sei que outras questionaram como eu, uma mulher negra, podia tolerar ser parte da "máquina" que botava mais homens jovens não brancos atrás das grades. Não há dúvida de que o sistema de justiça criminal tem falhas profundas, de que está abalado de formas fundamentais. E temos de resolver isso. Mas não podemos negligenciar ou ignorar a dor de uma mãe, a morte de uma criança, um assassino que está solto nas ruas. Acredito que precisa haver consequências sérias para as pessoas que cometem crimes sérios.

Já cuidei de casos envolvendo todos os tipos de crime imagináveis — inclusive um homem que literalmente escalpelou a namorada durante uma briga. Levei a julgamento criminosos sádicos que cometeram atos hediondos e indescritíveis contra outras pessoas. Estive em cenas de homicídio e consegui veredictos de culpado para quem cometeu o assassinato. Estive diante de assassinos de sangue frio no tribunal enquanto o juiz dava a sentença de prisão perpétua. E não me esquivei de pedir sentenças mais duras em certos casos. Em 2004, por exemplo, consegui a aprovação de um projeto de lei na Califórnia para aumentar as sentenças de homens que pagavam para fazer sexo com meninas menores de idade.[5] Eu acreditava que isso devia ser tratado como abuso sexual infantil.

Mas tenhamos consciência: a situação não é a mesma — nem deve ser — quando o assunto são crimes menos sérios. Lembro-me da primeira vez que visitei a cadeia do condado. Tantos jovens, a maioria negra ou não branca ou pobre. Muitos estavam lá por causa de vício, desespero e pobreza. Eram pais que sentiam falta dos filhos. Eram jovens adultos, muitos atraídos para gangues por não terem escolha. A maioria não estava lá por crimes violentos, mas tinham se tornado gotas no mar dos que eram levados em uma onda de encarceramento em massa. Eram pessoas cujas vidas tinham sido destruídas, junto com suas famílias e comunidades. Eles representavam um monumento vivo ao potencial perdido, e eu queria destruir esse monumento.

Em 1977, no coração do bairro de São Francisco conhecido como Western Addition, minha amiga Lateefah Simon nasceu. Ela cresceu no que já fora um bairro de classe média enquanto a disseminação de crack começava a se espalhar. Ela viu de perto o que isso estava fazendo na comunidade dela — o vício autodestrutivo que alimentava, o fardo colocado nos ombros de famílias que já estavam lutando para sobreviver com uma parca rede de segurança, o jeito como fazia pais desaparecerem e corroía até o instinto mais profundo de uma mãe de cuidar do filho. Quando Lateefah era pequena, seu desejo era de ajudar pessoas, mas, conforme cresceu, ela se tornou uma das muitas que precisavam de ajuda. Ela acabou em condicional por furto em uma loja. E abandonou o ensino médio.

Mas alguém interveio. Lateefah era adolescente e trabalhava oito horas por dia no Taco Bell quando um assistente social falou com ela sobre uma oportunidade.[6] Havia uma organização em São Francisco, o Center for Young Women's Development, que oferecia serviço social, inclusive capacitação profissional, para garotas e jovens mulheres que estivessem nas ruas ou passando por problemas. O centro estava recrutando gente nova para trabalhar lá. Lateefah viu uma tábua de salvação e a agarrou.

Ela começou a trabalhar no centro quando adolescente e estava criando uma filha. Em pouco tempo, tornou-se imbatível. Ela estava em toda parte: em reuniões do governo local, pedindo mudanças para ajudar garotas vítimas de tráfico; nas ruas de bairros pobres distribuindo preservativos e barras de chocolate, junto com informações de como conseguir ajuda; e no próprio centro, trabalhando com garotas vulneráveis do bairro onde morava. "Eu vi resiliência naquelas jovens",[7] relembrou ela. "Havia gente que não tinha nada, mas conseguia chegar ao fim do dia. E do seguinte. E do outro."

Os membros do comitê do centro ficaram tão impressionados com a tenacidade, as habilidades e a liderança dela que lhe ofereceram o cargo de diretora-executiva quando Lateefah tinha apenas dezenove anos. Ela disse sim — e foi nessa época que a conheci.

Na procuradoria municipal, eu vinha trabalhando com a mesma comunidade de mulheres que Lateefah. Vinha fazendo reuniões com a temática "conheça seus direitos" para mulheres vulneráveis de toda a cidade e pedi a Lateefah que se juntasse a nós. Vi que ela era um gênio, e, no fim das contas, não fui a única a achar isso. Em 2003, ela se tornou a mulher mais jovem a vencer o prestigioso prêmio MacArthur "Genius" (só com um diploma equivalente ao ensino médio).

Quando me tornei promotora distrital, muitas vezes pensava: *E se Lateefah tivesse sido presa por portar um saco de maconha em vez de furto? E se tivesse sido sentenciada à prisão em vez de condicional?* Eu sabia o que significava uma condenação por um crime. Não era só o tempo na prisão, mas o que acontece depois. Como país, somos especialistas em liberar detentos em situações de desespero e sem perspectiva. Damos um pouco de dinheiro e uma passagem de ônibus e os soltamos com uma condenação na ficha de antecedentes criminais — não o tipo de experiência que a maioria dos empregadores está procurando. Em muitos casos, ao serem rejeitados nos processos seletivos, eles ficam sem ter como ganhar dinheiro. Assim que saem, essas pessoas já estão correndo o risco de voltar. Acabam no mesmo bairro, com as mesmas pessoas, na mesma esquina — a única diferença é que agora cumpriram uma sentença. A prisão tem uma atração gravitacional própria, muitas vezes inescapável. Das centenas de milhares de prisioneiros que libertamos em todo o país todos os anos, quase 70% cometem um crime em três anos.[8] As coisas como são não estão funcionando.

Reuni um pequeno grupo de conselheiros de confiança, incluindo meu ousado e brilhante chefe de políticas, Tim Silard, e fiz uma pergunta: o que seria necessário para montar um programa de reintegração que realmente funcionasse? Dizendo de outra forma, se a melhor maneira de oferecer segurança pública é impedir que crimes aconteçam, o que podemos fazer para impedir que as pessoas reincidissem nos crimes?

E se pudéssemos mesmo ajudá-las a retomar a vida?

Essa pergunta se tornou o nome do programa que Tim e eu desenvolvemos juntos: Back on Track [De volta aos eixos]. No cerne do programa estava minha crença no poder da redenção. A redenção é um conceito antigo enraizado em muitas religiões. É um conceito que pressupõe que todos nós vamos cometer erros e que para alguns um desses erros vai chegar ao nível de ser um crime. Sim, precisa haver consequências e responsabilização. Mas, depois que a dívida com a sociedade foi paga, não é sinal de uma sociedade civil permitirmos que todas as pessoas conquistem o caminho de volta?

A reação foi enorme no começo. Na ocasião, a política de justiça criminal ainda estava tendendo a coisas como sentenças mais pesadas e militarização da polícia. A crença principal entre muitas pessoas era de que o sistema de justiça criminal não punia o bastante. Mais de uma década depois, a atitude, felizmente, evoluiu e abriu espaço para uma abordagem mais equilibrada. Programas de reintegração como o Back on Track agora são parte da discussão na sociedade. Mas, naquela época, sofri reações intensas, inclusive de pessoas com quem eu trabalhava regularmente. Elas achavam que o trabalho de uma promotora era botar as pessoas na prisão, não se concentrar no que acontece quando elas saem. Isso era problema de outra pessoa. Fui acusada de desperdiçar tempo e recursos preciosos. As pessoas me diziam: "Você devia estar trancando essa gente em vez de soltando."

Mas nós perseveramos. Foi uma das coisas que valorizei ao chefiar a promotoria. No fim, dependia de mim se daríamos continuidade à iniciativa. Eu ouvia as críticas, mas não me sentia constrangida por elas. Eu queria fazer diferença. Queria provar que dava para ser feito.

Então, Tim e eu começamos a trabalhar. Queríamos criar oportunidades fazendo os participantes passarem por um programa rigoroso que eu comparava com um treinamento militar. Incluía capacitação profissional, cursos de equivalência escolar, serviço comunitário, aulas sobre criação de filhos e organização financeira básica, além de testagem de drogas e terapia. A promotoria fazia a acusação, mas recrutávamos uma série de parceiros cruciais — da Goodwill Industries, que supervisionava o serviço comunitário e o treinamento profissional, até a Câmara de Comércio de São Francisco e suas empresas integrantes, que ajudavam a encontrar empregos para os participantes do programa, e a sindicatos, que ofereciam oportunidades valiosas na posição de aprendiz.

Embora tivesse uma abordagem compassiva, o Back on Track era intenso por natureza. Não era um programa de assistência social, mas de aplicação da lei. Todos os participantes da leva inicial eram criminosos primários e não violentos que começaram seu trajeto pelo sistema judiciário na traseira de uma viatura. Os participantes tinham de se declarar culpados primeiro e aceitar a responsabilidade pelas ações que os levaram até lá. Prometíamos que, se eles completassem o programa com sucesso, as acusações seriam apagadas, o que lhes dava ainda mais motivação para se esforçar. Não tínhamos elaborado um programa que fosse uma melhoria incremental superficial. O objetivo era a transformação. Sabíamos aonde aqueles jovens eram capazes de chegar — e queríamos que vissem essa certeza neles mesmos. Queríamos que todos os participantes alcançassem o auge.

Quando chegou a hora de escolher alguém para supervisionar o programa, um nome surgiu imediatamente na cabeça. Liguei para Lateefah.

No começo, ela ficou relutante. Nunca tinha se imaginado como o tipo de pessoa que trabalharia para a promotoria. "Nunca quis trabalhar para o sistema", disse ela.

"Bom, não se preocupe", falei, rindo. "Você não vai trabalhar para o sistema. Vai trabalhar para mim."

Lateefah trabalhou com dedicação total. E os alunos do Back on Track também. E, em uma noite que nunca esquecerei, pudemos compartilhar os frutos desse esforço juntos.

Tim, Lateefah e muitas outras pessoas da promotoria se juntaram a mim depois que o fórum tinha fechado. Seguimos pelo corredor na direção da sala do júri. Quando entramos, o local estava lotado de gente com flores e balões. O clima animado e alegre não era típico de uma sala de jurados. Mas aquela não era uma noite típica. Fui até a frente da sala e iniciei a primeira cerimônia de formatura do Back on Track.

Pela porta principal, um grupo de dezoito homens e mulheres seguiu pelo corredor até seus lugares. Com poucas exceções, era a primeira vez na vida daquelas pessoas que elas usavam becas. Poucas tinham passado por alguma ocasião em que puderam convidar a família, uma ocasião que faria seus entes queridos chorarem lágrimas de alegria. Aquela comemoração foi conquistada arduamente e eles mereciam cada minuto dela.

Ao longo do ano desde que eles começaram o programa, cada um conseguiu no mínimo conquistar o diploma de equivalência escolar e obter um emprego fixo. Todos tinham prestado mais de duzentas horas de serviço comunitário. Os que eram pais tinham quitado toda a pensão atrasada. E todos estavam livres das drogas. Eles provaram que era possível conseguir.

Em troca de seu esforço e sucesso, tínhamos de cumprir nossa promessa. Além de receberem um diploma, as fichas de antecedentes criminais deles seriam limpas por um juiz que estava presente.

Vários juízes do tribunal superior se ofereceram para conduzir as formaturas do Back on Track, inclusive meu amigo John Dearman, um antigo assistente social que se tornou o mais longevo juiz na ativa na história de São Francisco. Outro dentre eles foi o juiz Thelton Henderson, um ícone do movimento de direitos civis que, em 1963, emprestou o carro para que Martin Luther King Jr. pudesse ir até Selma depois que o dele quebrou.[9]

O Back on Track provou seu mérito rapidamente. Depois de dois anos, só 10% dos formandos do programa reincidiram, em comparação com os 50% no caso de pessoas condenadas por crimes similares. Também representava um uso inteligente e eficiente dos impostos pagos pelos cidadãos: nosso programa custava cerca de 5 mil dólares por participante. A título de comparação, o gasto é de 1.000 dólares ou mais para julgar um crime e 40 mil dólares ou mais para manter uma pessoa por um ano na cadeia.[10]

As autoridades locais não têm poder para fazer uma política nacional. Não têm poder fora da jurisdição delas. Mas, quando encontram boas ideias, mesmo que em pequena escala, elas podem criar exemplos que os outros têm condição de replicar. Esse era um dos nossos objetivos principais com a criação do Back on Track. Queríamos mostrar aos líderes de todos os níveis de governo, em todos os estados da União, que a iniciativa de reintegração podia funcionar e merecia uma tentativa. Por isso, nos sentimos recompensados quando o Departamento de Justiça de Obama adotou o Back on Track como um programa-modelo.

Quando concorri à Procuradoria-Geral mais tarde, uma das minhas principais motivações era levar o programa para todo o estado. E foi exatamente o que fizemos, trabalhando em parceria com o Departamento do Xerife do condado de Los Angeles para criar o Back on Track-Los Angeles (BOT-LA), no maior sistema de cadeias de condado da Califórnia.

Lembro que um dia fui visitar um grupo de participantes do programa com dois assistentes especiais da Procuradoria-Geral, Jeff Tsai e

Daniel Suvor. Quando chegamos, nos disseram que os homens tinham criado uma banda e queriam tocar uma música que tinham composto para mim. "Que legal! Que nome escolheram para a banda?", perguntei. A resposta me fez sorrir: ContraBand. Eles formavam um conjunto maravilhoso. Havia um homem mais velho de solidéu; um rapaz magrinho fazendo uma bela imitação de Michael Jackson; um guitarrista que, sem dúvida, fora influenciado por Santana; e um tecladista que estava canalizando a banda Eagles. A música se chamava "Back on Track". O refrão era "Eu retomei a vida e não vou voltar". Eles estavam se dedicando, se divertindo, todos pareciam estar muito orgulhosos.

Nós aplaudimos e comemoramos. Eu estava rindo, mas também fiquei com os olhos marejados. Fiquei emocionada com a sinceridade deles e esperava que os demais presentes também pudessem vê-la. Havia tanta beleza na suposta impossibilidade da situação.

Sempre que havia uma formatura do Back on Track no meu mandato de promotora distrital, fazíamos questão de que os que ainda participavam do programa estivessem presentes para ver o que o futuro lhes reservava. E, sempre que falava nessas cerimônias, eu dizia aos formandos o que sabia ser verdade: que o programa dependia bem mais deles do que de nós. A realização era deles e eu queria que eles soubessem disso. Mas queria que também soubessem que aquilo ia além deles.

"As pessoas estão de olho em vocês", dizia eu. "Estão de olho. E, quando virem seu sucesso, vão pensar: *Talvez eu possa imitar isso. Talvez seja boa ideia tentar na minha cidade.* Isso devia ser uma inspiração para vocês, por saberem que seu sucesso individual aqui um dia vai criar uma oportunidade para alguém que você não conhece em alguma outra parte do país."

Quando comecei como promotora distrital e peguei aquele bloquinho para fazer uma lista, havia muita coisa que eu queria fazer, muita coisa que precisava ser feita. Eu fazia questão de considerar todas essas coisas.

Até incluí "pintar as paredes". E levei tudo a sério. Sempre acreditei que não há problema pequeno demais que não possa ser resolvido. Sei que pode parecer trivial, mas as pessoas estavam trabalhando em escritórios que não eram pintados havia anos. Não era só uma metáfora para a atrofia que tinha se espalhado por todo o departamento — era deprimente. O moral da equipe estava baixo. Todos se sentiam desvalorizados, impotentes e maltratados. Pintar as paredes era uma forma tangível de sinalizar que eu tinha reparado — e que as coisas iam mudar.

Mandei uma pesquisa para os funcionários perguntando de que eles mais precisavam para que as condições de trabalho melhorassem. Um dos pedidos mais comuns foi por novas fotocopiadoras. Os advogados estavam passando horas brigando com uma máquina velha e tentando em vão resolver problemas de papel atolado. Encomendei novas fotocopiadoras imediatamente, e comemoramos muito quando chegaram.

Essas eram coisas simples. Mas o objetivo maior era restaurar o profissionalismo como o valor mais importante. Eu sabia que havia uma ligação direta entre profissionalizar a operação e fazer com que se promovesse justiça. As pessoas precisavam estar em sua melhor forma. Eu era a chefe de uma promotoria distrital com uma cultura pregressa que jogava as pessoas umas contra as outras. Eu queria mudar isso radicalmente e fazer com que trabalhássemos como uma equipe. Nas tardes de segunda-feira, eu reunia todos os advogados criminalistas na biblioteca para que apresentassem os casos deles e os vereditos da semana anterior na frente de seus colegas. A pessoa da vez tinha de se levantar e falar sobre a questão legal do caso, como a defesa foi apresentada, como o juiz reagiu, se houve algum problema com as testemunhas, e assim por diante. No fim, eu sempre puxava uma salva de palmas, sem importar o resultado do caso. Não era questão de vencer ou perder. Era aplaudir o profissionalismo do trabalho.

Na minha visão, o profissionalismo é em parte o que acontece dentro de um escritório. Mas também é como as pessoas se portam fora dele. Quando treinava jovens advogados, eu dizia: "Vamos falar de forma objetiva. Vocês representam o povo. Espero que passem a saber exatamente quem o povo é." Eu orientava os integrantes da minha equipe a aprender sobre as comunidades onde eles não moravam, para seguirem os noticiários dos bairros, para irem a festivais locais e fóruns de comunidades. "Em nome do povo" significa por *eles*. Todos eles.

A Promotoria Distrital de São Francisco não era o único órgão do governo operando mal. E eu não era a primeira pessoa a assumir uma organização bagunçada e me dedicar a melhorá-la. Mas os custos de ajeitar a promotoria eram maiores do que fazer os trens (ou, no caso de São Francisco, os bondes) passarem no horário; maiores do que melhorar o moral e a eficiência; maiores do que os orçamentos e o acúmulo de processos e as taxas de condenação. A própria justiça estava em jogo. Na promotoria, a disfunção leva necessariamente à injustiça. Os promotores são seres humanos. Quando não estão em sua melhor forma, não têm o melhor desempenho — e isso pode significar gente que deveria ser presa obter a liberdade e gente que não deveria ir para a prisão acabar atrás das grades. O poder individual do arbítrio da promotoria é enorme assim.

Eu tinha dividido minha lista de afazeres em três categorias: curto, médio e longo prazo. Curto prazo significava "algumas semanas", médio prazo significava "alguns anos" e longo prazo significava "no tempo que for necessário". Foi nesse extremo que anotei os problemas mais complexos que enfrentaríamos — os que não podemos esperar resolver sozinhos, ao longo de um mandato, talvez nem mesmo ao longo da carreira. É aí que fica o trabalho mais importante. É onde vemos o todo — não do momento político, mas do histórico. Os problemas centrais do sistema judiciário não são novos. Há pensadores, ativistas e líderes que lutam para mudar o sistema há gerações. Conheci muitos deles quando criança. Não colocamos os problemas complexos na lista por serem novos, mas por serem grandes, porque as pessoas lutam contra eles há dezenas, talvez até centenas, de anos, e por esse dever agora ser nosso. O que importa é o bom desempenho no trecho da corrida que nos pertence.

Foi minha mãe que incutiu isso em mim. Cresci cercada de gente que lutava por direitos civis e justiça igualitária. Mas eu também via isso no trabalho dela. Minha mãe era pesquisadora de câncer de mama. Como os colegas, ela sonhava com o dia em que seria encontrada uma cura. Mas não estava obcecada por esse sonho distante, apenas se concentrava no trabalho que havia pela frente. O trabalho que podia nos aproximar cada dia, cada ano, até atravessarmos a linha de chegada. "Concentre-se no que há na sua frente e o resto virá junto", dizia ela.

É esse o princípio que precisamos ter para construir uma união perfeita: reconhecimento de que somos parte de uma história mais longa e responsáveis por como nosso capítulo é escrito. Na batalha para construir um sistema de justiça criminal mais inteligente, justo e eficiente, existe uma quantidade enorme de trabalho a ser feito. Nós sabemos quais são os problemas. Portanto, vamos arregaçar as mangas e começar a resolvê-los.

Uma das questões principais em que me concentrei durante meu primeiro ano no Senado foi o sistema de liberdade condicional do país — o processo pelo qual é possível ser liberado da prisão enquanto se espera julgamento. É uma questão que mal começou a receber a atenção que merece, considerando o escopo e a escala da injustiça que representa na vida das pessoas.

Nos Estados Unidos, as pessoas são inocentes até que seja provado que são culpadas — a não ser que a pessoa seja um perigo para os outros ou que tenha alta probabilidade de fugir da jurisdição —, e não deveria ser necessário ficar esperando na cadeia a data de comparecimento ao tribunal. Essa é a premissa básica do processo legal: a pessoa pode manter sua liberdade exceto e até que um júri decida pela condenação e um juiz passe a sentença. É por isso que a Declaração de Direitos proíbe explicitamente a fiança excessiva. A justiça é para ser assim.

A justiça não deve ser como o sistema que temos nos Estados Unidos hoje. O valor médio de fiança no nosso país é de 10 mil dólares.

Mas, nos lares americanos com renda de 45 mil dólares por ano, o saldo médio da poupança é de 2.530 dólares.[11] A disparidade é tão grande que, a qualquer momento, nove a cada dez pessoas detidas não podem pagar para sair.

De forma proposital, o sistema de pagamento de fianças favorece os ricos e penaliza os pobres. Quem tem condição de pagar em dinheiro pode sair e, quando o julgamento acaba, o dinheiro é devolvido integralmente. Quem não pode pagar tem que ficar mofando na cadeia ou arranjar um empréstimo para a fiança, com juros progressivos em um valor que nunca vai ser devolvido.

Quando era promotora distrital, eu sabia que, todos os dias, havia famílias saindo do Hall of Justice, atravessando a rua e entrando em uma empresa que oferecia empréstimos para fianças depois de ter feito o necessário para arrumar o dinheiro e poder pagar aos agentes de fiança — como penhorar seus bens, pegar crédito consignado abusivo, pedir ajuda aos amigos ou à igreja. Também sabia que pessoas com casos defensáveis estavam se declarando culpadas só para poderem sair da prisão e voltarem para o trabalho ou para os filhos em casa.

A *The New York Times Magazine* contou a história de uma mãe solteira com dificuldades que passou duas semanas em Rikers Island, presa e acusada de periclitação da vida e da saúde de menor porque deixou o bebê com uma amiga em um abrigo enquanto comprava fraldas na Target.[12] Essa jovem não podia pagar os 1.500 dólares de fiança, portanto, quando foi solta, o filho já havia sido levado para um orfanato. Em outro caso, Kalief Browder, de dezesseis anos, foi preso em Nova York acusado de ter roubado uma mochila. Como a família não conseguiu reunir os 3 mil dólares de fiança, Kalief ficou preso enquanto esperava o julgamento. Ele acabaria passando os três anos seguintes esperando e esperando, a maior parte do tempo em confinamento solitário, sem sequer ter sido julgado ou condenado. Foi uma história trágica do começo ao fim: em 2015, pouco depois de ter sido finalmente liberado de Rikers, Kalief cometeu suicídio.

O sistema de justiça criminal pune as pessoas pela pobreza. Que justiça há nisso? E que sentido há? Como isso melhora a segurança pública? Entre 2000 e 2014, 95% do crescimento na população carcerária foi de pessoas esperando julgamento. É um grupo de réus em sua maioria não violentos cuja culpa não foi provada, e estamos gastando 38 milhões de dólares por dia para mantê-los presos enquanto eles esperam o dia de comparecimento ao tribunal. Uma pessoa poder ou não ser tirada da cadeia por fiança não deveria se basear no seu saldo bancário. Nem na cor da pele: homens negros pagam fianças 35% mais altas do que os brancos pela mesma acusação. Homens latinos pagam quase 20% mais.[13] Não é coincidência. É sistêmico. E temos de mudar isso.

Em 2017, apresentei um projeto de lei ao Senado para incentivar os estados a substituir seus sistemas de fiança, para que fossem abandonando a atribuição arbitrária de fiança em dinheiro e procurassem sistemas nos quais o risco real de perigo ou fuga de uma pessoa fosse avaliado. Se uma pessoa oferece ameaça ao público, devemos detê-la. Se uma pessoa tem chance de fugir, devemos detê-la. Mas, se não for o caso, não devemos nos meter no negócio de cobrar dinheiro em troca de liberdade. Meu apoiador nesse projeto é Rand Paul, um senador republicano do Kentucky de quem discordo veementemente na maioria das coisas. Mas essa é uma das questões sobre as quais eu e ele concordamos — e todos nós deveríamos concordar. É uma questão que transcende a política, e, de alguma forma, vamos conseguir modificar isso.

Outra coisa que já passou da hora de fazermos é desmantelar a guerra fracassada contra as drogas, começando com a legalização da maconha. De acordo com o FBI, mais pessoas foram presas por posse de maconha do que por todos os crimes violentos em 2016.[14] Entre 2001 e 2010, mais de sete milhões de pessoas foram presas por posse simples de maconha.[15] A proporção de pessoas negras e racializadas nesse conjunto é absurda. Um exemplo chocante: nos três primeiros meses de 2018, 93% das pessoas que a polícia de Nova York prendeu por posse de maconha não eram brancas.[16] Essas disparidades raciais são impressionantes e surreais. Temos de legalizar a maconha e regulamentá-la. E temos de eliminar os crimes não violentos relacionados à maconha das fichas de antecedentes criminais dos milhões de pessoas que foram presas e encarceradas, para que elas possam seguir com a vida.

Mas façamos isso de olhos bem abertos, com a compreensão de que há questões não concluídas quando o assunto é legalização. Não há um equivalente para o bafômetro que as autoridades da segurança pública concordem que seja confiável. Nós temos de encontrar uma solução. Também temos de reconhecer o que não sabemos sobre os efeitos dessa droga. Classificada como droga *Schedule 1* (drogas, substâncias ou compostos químicos sem aplicação médica aceita e com alto potencial de vício, como a heroína, o LSD e o ecstasy), os médicos e os cientistas só puderam fazer pesquisas limitadas sobre seus efeitos. Precisamos entender os riscos. E isso significa um comprometimento em fazer pesquisa, ouvir o que os cientistas dizem e agir com base nessas informações.

Também devemos parar de tratar a dependência de drogas como uma crise de segurança pública e começar a encarar a questão como ela realmente é: uma crise de saúde pública. Quando as pessoas que sofrem de dependência de drogas acabam envolvidas no sistema de justiça criminal, nosso objetivo tem de ser o de reerguê-las. Está na hora de todos aceitarmos que o vício é uma doença, que destrói a vida das pessoas de formas que elas não querem e não pretendiam. Está na hora de reconhecermos que o vício não discrimina e que nossas leis também não deveriam discriminar. Quando alguém sofre de dependência, sua situação piora com o envolvimento no sistema de justiça criminal, em vez de melhorar. Essas pessoas precisam de tratamento e temos de lutar por um sistema que o ofereça.

Mesmo com crimes que exigem um tempo na cadeia, precisamos rejeitar a ideia de que as pessoas que os cometeram são irredimíveis e, por isso, não merecem uma segunda chance. Ainda temos sentenças obrigatórias mínimas, muitas com impacto desproporcional quanto à questão racial. E temos de desfazer o esforço de décadas para tornar as diretrizes de sentenças excessivamente rigorosas a ponto de serem desumanas.

Felizmente, começamos a ver progressos: na década após a introdução do Back on Track, 33 estados adotaram novas políticas corretivas e de sentenças com a intenção de promover alternativas ao encarceramento e de reduzir a reincidência.[17] E, desde 2010, 23 estados reduziram sua população carcerária.[18] Mas ainda há muito trabalho a ser feito para garantir que as punições sejam proporcionais ao crime.

Também temos de lidar com o que acontece atrás dos portões das prisões. As mulheres hoje representam o segmento com crescimento mais rápido na população carcerária. A maior parte é de mães e a grande maioria é de sobreviventes de traumas violentos que costumam não ter diagnóstico ou tratamento. Muitas estão presas em ambientes que não oferecem higiene básica nem saúde reprodutiva. Nesse momento, há mulheres grávidas sendo algemadas. Em alguns estados, elas são algemadas enquanto estão dando à luz. Já visitei mulheres em prisões, ouvi histórias de como elas enfrentam o risco de violência sexual sendo supervisionadas por guardas homens no banheiro ou no chuveiro. Em 2017, tive o orgulho de apoiar um projeto de lei voltado para resolver alguns desses problemas. Essa é uma conversa que raramente temos nos Estados Unidos — e que é muito necessária.

No curto prazo, um dos desafios mais urgentes é a luta contra aqueles que estão destruindo o progresso crucial que fizemos nos anos recentes. A administração atual redimensionou a guerra contra as drogas, aumentou a ênfase no encarceramento em vez de na reabilitação e retrocedeu nas investigações de violações de direitos civis nos departamentos de polícia que começaram na administração Obama. Estão até tentando destruir acordos feitos entre o Departamento de Justiça de Obama e certos departamentos de polícia voltados para acabar com políticas e práticas que violam os direitos constitucionais do povo. Não podemos retroceder nessas questões agora que mal começamos a arranhar a superfície do progresso. Temos de agir com urgência implacável. A justiça exige.

Uma coisa que temos de fazer é enfrentar o viés racial que opera em todo o nosso sistema de justiça criminal. E esse esforço começa com todos nós declarando de forma clara e inequívoca que vidas negras importam — e falando a verdade sobre o que isso significa. Os fatos são nítidos: quase quatro anos após Ferguson, Missouri, se tornar a centelha do movimento Black Lives Matter, o procurador-geral do estado relatou que motoristas negros corriam 85% mais risco de serem parados do que motoristas brancos.[19] Por toda a nação, quando um policial para um motorista negro, ele corre três vezes mais risco de fazer uma busca no carro do que se fosse um motorista branco.[20] Homens negros usam drogas na mesma proporção que homens brancos, mas são presos o dobro de vezes por isso.[21] E pagam mais de um terço acima do valor que homens brancos pagam pela fiança, em média. Homens negros correm seis vezes mais risco de serem presos do que homens brancos.[22] E, quando são condenados, os homens negros recebem sentenças 20% mais longas do que as dadas aos brancos.[23] Os homens latinos não estão em melhores condições. É absolutamente apavorante.

Dizer que vidas negras importam é uma coisa. Mas consciência e solidariedade não bastam. Temos de aceitar as duras verdades sobre o racismo estrutural que permitiu isso acontecer. E temos de voltar essa compreensão para políticas e práticas que possam mudá-lo.

Quando eu era procuradora-geral, reuni os líderes seniores do nosso órgão investigativo, chefiados por Larry Wallace, o diretor do meu Bureau of Law Enforcement, e disse a eles que queria instituir um programa de treinamento sobre preconceito implícito e justiça processual para nossos agentes. O preconceito implícito manifesta-se em frações de segundo. É o atalho inconsciente que nosso cérebro usa para nos ajudar a fazer uma avaliação rápida sobre um estranho. Os oficiais da linha de frente, mais do que a maioria, têm de fazer avaliações de fração de segundo o tempo todo, quando o preconceito implícito pode levar a um resultado fatal.

A apresentação da questão gerou uma conversa difícil, o que é compreensível. Aqueles líderes seniores tinham dedicado a vida e feito um juramento de segurança pública. Não era fácil ter de lidar com a ideia de que os homens e mulheres do seu órgão carregam preconceitos que, por sua vez, afetam a comunidade, e que eles precisam ser treinados para lidar com isso. Mas foi uma conversa honesta e, no fim, a liderança não só concordou que era importante, como também concordou em ajudar a criar, elaborar e liderar o treinamento enquanto defendia sua necessidade para todos os cargos.

Larry e minha assistente especial da Procuradoria-Geral, Suzy Loftus, trabalharam juntos para desenvolver um currículo que pudesse ser adotado pelas academias de polícia e oferecido a agências de segurança pública de todo o estado. Fizemos uma parceria com os departamentos de polícia de Oakland e Stockton e com a California Partnership for Safe Communities, para criar o programa de treinamento, e trouxemos a professora Jennifer Eberhardt, da Universidade de Stanford, para avaliar a eficiência dele. Foi o primeiro curso de preconceito implícito e justiça processual de âmbito estadual a ser oferecido no país.

Nenhum de nós viu com ingenuidade o que nosso curso de treinamento podia realizar. Sabíamos que um esforço assim, por si só, não erradicaria o preconceito entranhado no sistema. E também sabíamos que o preconceito explícito, não só o implícito, permeia o sistema. O racismo é real nos Estados Unidos, e os departamentos de polícia não são imunes a ele. Ao mesmo tempo, sabíamos que um treinamento melhor faria uma diferença real e que, para a maioria dos policiais, uma compreensão melhor de seus preconceitos implícitos podia ser reveladora. Sabíamos que as conversas difíceis envolvidas no curso de treinamento eram do tipo que se fixam nas pessoas, o tipo de coisa que elas levariam para as ruas.

Temos de falar outra verdade: a brutalidade policial acontece nos Estados Unidos e temos de extirpá-la sempre que a encontrarmos.

Com o advento do smartphone, o que era bem conhecido apenas em algumas comunidades agora está sendo visto pelo mundo. As pessoas não podem mais fingir que não está acontecendo. Não pode ser ignorado ou negado quando vemos o vídeo de Walter Scott, desarmado, levar um tiro nas costas ao fugir de um policial. Não podemos ignorar os gritos horrorizados da namorada de Philando Castile depois que ele levou sete tiros de um policial quando foi pegar a habilitação — isso tudo com a filha dela de quatro anos no banco de trás. "Está tudo bem, mamãe... está tudo bem. Estou aqui com você", disse a garotinha, em uma tentativa comovente de consolo. Não podemos esquecer as palavras desesperadas de Eric Garner, "Não consigo respirar", enquanto um policial o estrangulava até a morte durante uma prisão por vender cigarros.

E devemos lembrar que tragédias assim ocorrem repetidamente, a maioria delas sem serem filmadas e sem serem vistas. Se as pessoas têm medo de assassinato, espancamentos e assédio da polícia que patrulha suas ruas, podemos mesmo dizer que elas vivem em uma sociedade livre?

E como nossos padrões de justiça podem ser interpretados se é tão raro que os policiais sejam responsabilizados por esses incidentes? O policial de Minnesota que atirou em Philando Castile foi julgado por homicídio em segundo grau. Mas foi absolvido. Em Ohio, um policial subiu no capô de um carro depois de uma perseguição e disparou 49 vezes nos ocupantes, Timothy Russell e Malissa Williams, ambos desarmados. O policial foi acusado... e absolvido. Na Pensilvânia, um policial atirou nas costas de um motorista desarmado e deitado de bruços na neve. Mas também foi absolvido da acusação de homicídio.

Se não houver consequências sérias para a brutalidade policial no nosso sistema judiciário, que tipo de mensagem os policiais estão recebendo? E que tipo de mensagem a comunidade está recebendo? A segurança pública depende da confiança pública. Depende de as pessoas acreditarem que serão tratadas de forma justa e transparente. Depende de um sistema judiciário que seja calcado em noções de objetividade e imparcialidade. Depende da decência básica que nossa Constituição exige.

Mas, quando pessoas negras e não brancas correm mais risco de serem paradas, presas e condenadas do que as pessoas brancas; quando os departamentos de polícia são equipados como regimentos militares; quando o uso notório de força letal não gera consequências, é de surpreender que a credibilidade dessas instituições públicas esteja em jogo?

Falo como alguém que passou a maior parte da carreira trabalhando com segurança pública. Falo como alguém que tem muito respeito por policiais. Sei que a maioria merece ter orgulho de seu serviço público e ser elogiada pela forma como exerce sua função. Sei como o trabalho é difícil e perigoso, um dia após o outro, e sei como é difícil para as famílias dos policiais, que precisam sempre imaginar se a pessoa que amam voltará para casa no fim do turno de trabalho. Já fui a enterros demais de policiais mortos no cumprimento do dever. Mas também sei o seguinte: é uma escolha falsa sugerir que é preciso ser a favor da polícia ou da responsabilidade policial. Sou a favor de ambos. A maioria das pessoas que conheço é a favor de ambos. Vamos falar umas verdades sobre isso também.

Não podemos nos enganar: é preciso resolver isso e todos os aspectos do nosso sistema de justiça criminal cheio de falhas. Temos de mudar nossas leis e nossos padrões. E temos de eleger pessoas que farão disso sua missão.

Portanto, vamos recrutar mais progressistas para as promotorias, onde muitos dos maiores problemas e das melhores soluções começam. Os promotores estão entre os agentes mais poderosos do nosso sistema de justiça. Eles têm o poder de priorizar no que trabalhar. Podem escolher concentrar seu tempo e sua atenção em qualquer coisa, desde fraudadores corporativos a predadores sexuais. Têm o poder de botar criminosos atrás das grades, mas também podem arquivar casos em que a polícia usou de força excessiva ou conduziu uma busca e apreensão sem indícios suficientes de autoria e prova da materialidade do crime. Precisamos que pessoas de todas as classes sociais e com todos os tipos de história e de experiência se sentem à mesa e tenham esse tipo de poder.

Também precisamos manter a pressão vinda de fora, onde organizações e indivíduos podem criar uma mudança significativa. Quando eu era procuradora-geral, trabalhei para que a nossa agência estadual de segurança pública fosse a primeira a exigir câmeras corporais para seus agentes. Fiz isso porque era a coisa certa a fazer. Mas tive condições de fazer porque o movimento Black Lives Matter tinha criado uma pressão intensa. Ao forçar essas questões a entrar na pauta nacional, o movimento criou um ambiente do lado de fora que ajudou a me dar o espaço para trabalhar do lado de dentro. É comum que as mudanças aconteçam assim. E credito o movimento por essas reformas, assim como todas as pessoas da minha procuradoria, inclusive eu.

O envolvimento na luta pelos direitos civis e pela justiça social não é para os de coração fraco. É tão difícil quanto importante, e as vitórias podem nunca ter o gosto tão doce quanto o das derrotas é amargo. Mas se considere parte da linhagem dos que se recusaram a ceder. E, quando estivermos nos sentindo frustrados e desencorajados pelos obstáculos à frente, canalizemos as palavras de Constance Baker Motley, uma das minhas inspirações como primeira norte-americana negra indicada para o judiciário federal. "A falta de encorajamento nunca me dissuadiu", escreveu ela. "Na verdade, acho que o efeito foi o contrário. Eu era o tipo de pessoa que não aceitava desistir."

## CAPÍTULO TRÊS

# Afundar de vez

Fomos inquilinos durante a maior parte da minha infância, e minha mãe tinha um enorme orgulho da nossa casa, que estava sempre preparada para receber alguém, com flores recém-colhidas. As paredes eram decoradas com grandes pôsteres de obras de LeRoy Clarke e de outros artistas do Studio Museum, no Harlem, onde tio Freddy trabalhava. Tínhamos estatuetas das viagens de minha mãe à Índia, à África e a vários outros lugares. Ela se dedicava muito a tornar nosso apartamento um lar, e ali a sensação era sempre de aconchego e completude. Mas eu sabia que minha mãe queria algo mais. Ela queria conquistar a casa própria.

Minha mãe seria a primeira a destacar as vantagens práticas de possuir um imóvel — era um investimento inteligente. Mas, na verdade, era muito mais que isso. Tinha a ver com conquistar uma porção completa do Sonho Americano.

Ela desejara comprar sua primeira casa quando Maya e eu ainda éramos pequenas — um lugar para crescermos com uma sensação de permanência. Mas demorou muitos anos até que conseguisse economizar o suficiente para dar uma entrada.

Eu estava no ensino médio quando ela conseguiu. Maya e eu tínhamos acabado de chegar da escola quando minha mãe pegou as fotos para nos mostrar — uma casa cinza-escura, de um andar só, em uma rua sem saída, com um telhado de telhas sobrepostas, um lindo gramado na frente e espaço ao ar livre na lateral para uma churrasqueira. Ela estava empolgadíssima enquanto nos mostrava, e nós também ficamos muito animadas em ver — não só porque aquilo queria dizer que nos mudaríamos novamente para Oakland, mas também por causa da imensa alegria que vimos no rosto dela. Era uma verdadeira conquista.

"Esta é a nossa casa!", dizia eu aos meus amigos, exibindo as fotos toda orgulhosa.

Aquele seria o nosso pedaço de mundo.

Essa lembrança estava na minha mente quando viajei a Fresno, na Califórnia, em 2010, em meio a uma crise devastadora de execuções de hipotecas, na qual muitas pessoas tinham tido o próprio pedaço de mundo destruído.

Fresno é a maior cidade do Vale de San Joaquin, na Califórnia, uma área que tem sido descrita como "Jardim do Sol".[1] O Vale de San Joaquin é uma das regiões agrícolas mais abundantes do mundo, que fornece uma porção significativa das frutas, dos legumes e das verduras consumidos nos Estados Unidos. Em meio a hectares de amendoeiras e de vinhedos carregados viviam cerca de quatro milhões de pessoas, uma população aproximadamente do tamanho da de Connecticut.

Muitas famílias de classe média viam Fresno como sua melhor oportunidade de viverem o Sonho Americano. Era um lugar promissor para morar, um lugar onde poderiam arcar com os custos de uma casa de verdade, para apenas uma família, em uma rua de subúrbio, um lugar que representasse a vitalidade, a mobilidade e a esperança da América. No início dos anos 2000, a população do Vale de San Joaquin era jovem e estava em crescimento, com quase 40% de pessoas latinas.[2] Para muitos dos que se mudaram para lá, a viagem de ida e volta de seis horas até seus empregos em São Francisco ou em Sacramento era exaustiva, mas era um preço que valia a pena a ser pago pelo que ganhavam em troca: a sensação de dignidade, orgulho e segurança resultante da conquista da casa própria nos Estados Unidos.

Novos empreendimentos pipocavam todo mês nos arredores das grandes cidades, criando raízes no solo fértil, como se fossem outro cultivo comercial. Não estava muito distante disso. O *boom* imobiliário de Fresno foi incentivado por tendências econômicas mais amplas, que acabaram por ser a centelha de um inferno econômico.

Na esteira do 11 de Setembro, bancos centrais ao redor do mundo cortaram suas taxas de juros. Esse ambiente de capital elevado estimulou os credores a se tornarem cada vez mais agressivos, atraindo mais e mais mutuários com ofertas de empréstimo atraentes como "pagamento apenas dos juros", "taxa zero" e até mesmo "NINJA" [sigla em inglês para "sem renda, sem emprego, sem patrimônio"]. Hipotecas de alto risco (*subprime*) inundaram o mercado imobiliário, com taxas atrativas, boas demais para ser verdade. Os credores garantiam aos compradores de imóveis (e a si mesmos) que os proprietários simplesmente refinanciariam suas hipotecas antes que as parcelas subissem demais. A recompensa fazia o risco valer a pena, porque, pela visão deles, os preços de imóveis estariam sempre destinados a subir.

Nesse meio-tempo, investidores em todo o mundo estavam à caça de retornos maiores, o que os levou na direção de oportunidades ainda mais arriscadas para fazerem suas apostas. Agentes financeiros de Wall Street se dispuseram com prazer a atender a essa demanda voraz, e criaram títulos garantidos pelos mesmos créditos hipotecários profundamente questionáveis. Investidores que compraram esses títulos de créditos hipotecários acreditaram que os bancos tinham dado a devida atenção ao caso, incluindo neles apenas empréstimos imobiliários com real possibilidade de serem pagos no prazo. Poucos perceberam que, na verdade, estavam comprando bombas-relógio.

Surpreendentemente, cerca de metade de todos esses títulos de créditos hipotecários acabaram no balanço financeiro dos grandes bancos, depois que se deram conta de que manter os títulos, mais do que as hipotecas em si, os ajudaria a evitar a regulação tradicional. O ciclo se retroalimentou, em uma espiral cada vez mais rápida, até sair dos trilhos. Em 2006, o mercado imobiliário atingiu o pico. Uma enorme crise imobiliária assomava.

Bancos e investidores tentaram se livrar dos seus títulos podres, o que só piorou as coisas. Wall Street começou a implodir. O Bear Sterns faliu. O Lehman Brothers pediu concordata. O crédito começou a secar. A economia entrou em queda livre. Já em 2009, as casas na área de Fresno haviam perdido mais da metade do valor,[3] a maior queda no país. Ao mesmo tempo, as pessoas em Fresno estavam perdendo seus empregos em massa — em novembro de 2010, as taxas de desemprego haviam subido até chegar a 17%.[4]

Enquanto isso, as taxas introdutórias de empréstimo (também conhecidas como taxas de *teaser*) haviam expirado e o valor das hipotecas estava dobrando. Golpistas e fraudadores se atiraram como abutres em cima dos mutuários desesperados, prometendo livrá-los da execução da hipoteca, só para fugir com o dinheiro deles.

Isso aconteceu por todo o país. Pego como exemplo a história de Karina e Juan Santillan, que compraram uma casa cerca de trinta quilômetros a leste de Los Angeles, em 1999. Juan trabalhou por vinte anos em uma fábrica de tintas, enquanto Karina era vendedora de seguros. "Alguns anos depois de comprarem a casa, relatam os Santillans, as pessoas começaram a bater na porta deles vendendo produtos financeiros", informou o *The Atlantic*. "Era dinheiro fácil", diziam Karina e Juan. "Empréstimo tendo a casa como garantia é retorno financeiro certo." Como milhões de americanos, os Santillans foram convencidos a negociar uma hipoteca da casa onde moravam, com taxas ajustáveis. Na época, o pagamento mensal deles era de 1.200 dólares. Em 2009, esse valor havia subido para 3 mil dólares — e Karina tinha perdido o emprego. De repente, sob risco de perder a casa, o casal fez contato com uma empresa que prometeu protegê-los. Depois de pagarem 6.800 dólares pelos serviços da companhia que supostamente deveria ajudá-los, eles perceberam que tinham sido enganados. Dez anos depois da compra do imóvel, os Santillans foram forçados a dizer aos quatro filhos que teriam de deixar a casa.[5]

Esse padrão se repetiu com grande frequência, particularmente em Fresno e Stockton. Líderes locais apelaram ao governo federal para que declarasse a região uma área de desastre e mandasse ajuda. "Área de desastre" era uma descrição apropriada: bairros inteiros foram abandonados e a área estava sofrendo com uma das maiores taxas de execução hipotecária do país. Muitas vezes, as famílias estavam tendo tanta dificuldade para pagar suas hipotecas que arrumavam suas coisas e partiam. Ouvi histórias de animais de estimação sendo largados porque os donos não conseguiam mais arcar com os custos de mantê-los — um fenômeno que a Humane Society registrava por todo o país, de Little Rock a Cleveland e Albuquerque.[6] Quando visitei Fresno, me contaram que cães abandonados eram vistos vagando em bandos. Tive a sensação de estar andando em uma área vitimada por um desastre natural. Mas aquele era um desastre causado pelo homem.

Quando a crise finalmente chegou ao fundo do poço, 8,4 milhões de americanos por todo o país haviam perdido seus empregos. Cerca de cinco milhões de proprietários estavam com pelo menos dois meses de atraso no pagamento de suas hipotecas.[7] E haviam sido iniciados 2,5 milhões de execuções hipotecárias.[8]

Dois milhões e meio de execuções hipotecárias postos em andamento. Parece um tanto impessoal dizer isso assim. De certa forma, faz com que a tragédia e o trauma humanos pareçam abstratos.

Execuções hipotecárias não são uma estatística.

Uma execução hipotecária é um marido sofrendo em silêncio, sabendo que está em apuros, mas com vergonha demais de confessar o fracasso à pessoa com quem divide a vida. Uma execução hipotecária é uma mãe falando com o banco ao telefone, implorando por mais tempo — só até o ano escolar acabar. Uma execução hipotecária é o xerife batendo na sua porta e ordenando que você deixe sua casa. É uma avó aos prantos na calçada, vendo os bens de toda a sua vida serem retirados da casa dela por estranhos e deixados expostos no pátio. É saber por um vizinho que sua casa acabou de ir a leilão nos degraus da prefeitura. É a troca das fechaduras, a imolação dos sonhos. É uma criança descobrindo que os pais também podem ficar apavorados.

Proprietários de imóveis me contaram inúmeras histórias de catástrofes pessoais. E, conforme os meses se arrastavam, as notícias divulgadas pelos meios de comunicação traziam constantemente estranhos relatos sobre irregularidades no processo de execução de hipotecas. Soubemos de pessoas cujos bancos não conseguiam encontrar os documentos de suas hipotecas. Havia histórias de indivíduos descobrindo que na verdade deviam dezenas de milhares de dólares a menos do que os bancos diziam. Um homem na Flórida perdeu o direito de propriedade de sua casa, que foi colocada à venda — embora tivesse comprado a casa à vista e *nunca* tivesse tido uma hipoteca.

Surgiram histórias de uma prática que se tornou conhecida como *dual tracking*. Por meio de um programa com o governo federal, os bancos estavam trabalhando com os mutuários para, por um lado, modificar os termos do empréstimo, o que supostamente facilitaria a permanência das pessoas em suas casas. Mas com frequência agiam também por uma segunda via, executando as hipotecas mesmo assim, mesmo depois de essas alterações terem sido feitas, mesmo depois de o proprietário ter passado vários meses pagando a nova quantia reduzida. Os bancos deixavam os proprietários sem explicação, sem ponto de contato e sem recurso.

Claramente alguma coisa dera errado. Mas foi só no fim de setembro de 2010 que uma grande parte do escândalo veio à tona. Foi quando soubemos que os maiores bancos do país — incluindo o Bank of America, o JPMorgan Chase e o Wells Fargo — vinham executando ilegalmente hipotecas de casas desde 2007, adotando uma prática que se tornou conhecida como "*robo-signing*" [assinaturas-robô].[9]

Descobrimos que, para acelerar o processo de execução hipotecária, instituições financeiras e seus agentes hipotecários contratavam pessoas sem treinamento formal em finanças — de funcionários do Walmart a cabeleireiros — e as colocavam em cargos de "especialista em execução hipotecária", com uma única responsabilidade: aprovar execuções hipotecárias aos milhares.

Em depoimentos, esses *robo-signers* reconheceram que tinham pouca ou nenhuma familiaridade com os documentos que foram pagos para aprovar. O trabalho não era entender e avaliar, era simplesmente assinar o nome deles ou forjar o nome de outra pessoa. Eles recebiam 10 dólares por hora. E ganhavam bônus por volume de hipotecas executadas. Não havia contabilidade. Nem transparência. Nem vestígio da meticulosidade devida, exigida por lei. Do ponto de vista dos bancos, quanto mais rápido eles tirassem empréstimos ruins do seu balanço financeiro, mais rápido o preço das ações se recuperaria. E se isso significasse ir contra a lei, que fosse. Eles podiam arcar com a multa. Para mim foi doloroso perceber que os bancos viam uma multa simplesmente como o custo de fazer negócio. E ficou claro também que eles haviam incorporado essa noção à base de seu negócio. Era um retrato maldito de um aspecto da cultura de Wall Street que persiste, a parte que parece se importar muito pouco — ou nada — com os efeitos colaterais causados pela imprudência e pela cobiça.

Eu tinha visto isso de perto no gabinete da promotoria, onde processamos fraudadores de hipotecas por enganarem idosos e veteranos. Em 2009, como promotora de justiça, criei uma unidade de fraude em hipotecas para atender às áreas cronicamente subatendidas pelo governo federal. No entanto, conforme a crise das execuções hipotecárias se expandia, fiquei ansiosa para enfrentar os maiores culpados, para ir atrás dos próprios bancos que estavam agindo com má-fé. E parecia que eu talvez tivesse uma oportunidade.

Em 13 de outubro de 2010, procuradores-gerais de todos os cinquenta estados americanos concordaram em unir forças no que é conhecido como investigação multiestadual. Isso foi anunciado como um esforço de aplicação da lei de abrangência nacional para investigar as ações dos bancos na crise das execuções hipotecárias.

Estava ansiosa para me juntar à luta, mas só havia um pequeno problema: eu ainda não era procuradora-geral da Califórnia.

Estava no meio da minha campanha quando a força-tarefa multiestadual foi anunciada, e ainda restavam três semanas até o dia da eleição. As prévias indicavam uma disputa muito acirrada.

Na noite da eleição de 2010, perdi a disputa pela Procuradoria-Geral. Três semanas depois, ganhei.

Eu tinha começado a noite com o que já havia se tornado um ritual: um jantar com minha família e meus amigos. Então, fui para a festa da noite de eleição, que organizamos no cais de São Francisco, na sede da Delancey Street Foundation, da minha querida amiga Mimi Silbert — uma organização líder em moradia assistida e treinamento profissional para usuários de drogas, ex-detentos e outras pessoas que estão tentando dar um novo rumo à vida. Chegamos à festa quando os resultados começavam a pingar dos distritos eleitorais ao redor do estado. No salão principal, apoiadores estavam reunidos, esperando ansiosos pelos resultados. Atrás deles, as câmeras de TV e a imprensa voltadas para o palco. Entramos pelos fundos e fomos para uma sala anexa, onde a minha equipe estava reunida. Eles haviam juntado quatro mesas formando um quadrado, e a maior parte deles estava sentada ali, de olho nos notebooks, atualizando os sites, sem parar, para acompanhar os resultados. Cumprimentei a todos, bem-humorada, e agradeci pelo trabalho árduo.

Então Ace Smith, meu estrategista-chefe, me puxou para o lado.

"Como está indo?", perguntei.

"Vai ser uma noite muito longa", disse Ace.

Meu oponente estava na liderança.

Eu sempre soube que não poderia tomar nada como certo. Até mesmo vários companheiros democratas tinham me considerado uma aposta de longo prazo, e alguns não se furtaram a deixar isso claro para mim. Um estrategista político já muito experiente anunciou em uma audiência na Universidade da Califórnia em Irvine que não havia a menor possibilidade de eu ganhar, porque era "uma mulher concorrendo à Procuradoria-Geral, uma mulher que é uma minoria, uma mulher que é uma minoria e que é contra a pena de morte, uma mulher que é uma minoria, que é contra a pena de morte e que é promotora pública da louca São Francisco".[10] Velhos estereótipos demoram a ser superados. Fui convencida de que minha perspectiva e minha experiência faziam de mim a candidata mais forte na disputa, mas eu não sabia se os eleitores concordariam. Nas semanas anteriores, eu tinha batido em tantas portas que os nós dos meus dedos estavam machucados.

Por volta das dez da noite, ainda não estávamos muito perto de saber o resultado da disputa. Eu estava ficando para trás, mas sabia que ainda não havíamos recebido os resultados de muitos distritos. Ace sugeriu que eu fosse até o palco e me dirigisse à audiência.

"As câmeras não vão esperar muito tempo", disse ele, "portanto, se você tem uma mensagem para passar aos seus apoiadores esta noite, acho que deve fazer isso agora". Aquilo me pareceu uma ideia inteligente.

Saí da sala da equipe, passei alguns minutos pensando sobre o que diria, então endireitei o blazer, entrei no salão principal e subi ao palco. Eu disse às pessoas ali reunidas que a noite seria longa, mas também boa. Meu oponente estava perdendo terreno a cada minuto, garanti. Aproveitei para lembrar a todos qual era o objetivo da nossa campanha e o que defendíamos.

"Essa campanha é muito maior do que eu. É muito maior do que qualquer indivíduo."

Em algum momento durante o meu discurso, percebi uma mudança no salão. As pessoas pareceram estar ficando comovidas. Mais tarde eu soube que, na sala onde a minha equipe estava reunida, duas das minhas melhores amigas, Chrisette e Vanessa, estavam sentadas no sofá, tomando vinho e ouvindo o meu discurso. Chrisette se virou para Vanessa:

"Acho que ela não sabe."

"Também acho."

"Você vai contar a ela?"

"Não. E você?"

"Não."

Eu estava terminando minhas observações quando vi Debbie Mesloh, a consultora de comunicação que trabalhava comigo havia muito tempo, se aproximar. Ela me disse, apenas com o movimento dos lábios:

"Saia do palco e vá para a sala nos fundos, agora."

Aquilo me deixou apreensiva. Concluí os comentários que estava fazendo e estava indo na direção de Debbie quando fui interceptada por uma repórter com uma câmera.

"Então, o que acha que aconteceu?", perguntou ela, enfiando o microfone diante do meu rosto.

"Acho que estamos tendo uma grande disputa e que vai ser uma longa noite", falei.

A repórter pareceu confusa, e eu também. Quanto mais perguntas ela fazia, mais óbvio ficava que não estávamos conseguindo nos entender. Claramente havia acontecido alguma coisa, e eu não tinha ideia do quê. Quando finalmente voltei para a sala da equipe, descobri do que se tratava. Enquanto eu estava no palco, falando sobre o que nos aguardava, o *San Francisco Chronicle* tinha declarado a vitória do meu oponente. Não era de espantar que as pessoas estivessem chorando! Eu era a única ali que achava que ainda estava na disputa.

Saber que o jornal da minha cidade natal tinha anunciado a minha derrota foi como levar um soco no estômago. Eu e minha equipe ficamos juntos no camarim, abatidos. Depois de tantos meses de trabalho árduo, a empolgação estava dando lugar à exaustão. Olhei ao redor para os ombros curvados e as expressões tristes. Não conseguia suportar a ideia de mandar nossos voluntários para casa se sentindo daquele jeito.

Ace me chamou para dizer:

"Escuta, estou checando os números e muitas das nossas áreas mais fortes ainda não foram contabilizadas. Eles anunciaram o resultado cedo demais. Ainda estamos no páreo."

Eu sabia que ele não era capaz de ver o futuro — mas Ace não era o tipo de pessoa que iludia os outros. Ele conhecia a Califórnia a fundo, cada distrito eleitoral, talvez melhor do que qualquer outro no estado. Se Ace achava que ainda estávamos no páreo, eu acreditava nele. Então falei aos meus apoiadores que não íamos desistir.

Meu oponente tinha uma visão diferente das coisas. Por volta das onze da noite, ele se colocou diante das câmeras e fez um discurso em Los Angeles, declarando a própria vitória. Mas esperamos. E esperamos — recebendo atualizações constantes do pessoal de campo e tentando nos manter esperançosos.

Por volta da uma da manhã, procurei meu amigo de infância Derreck, que era como um primo para mim e tinha um restaurante em Oakland que servia frango frito e waffles.

"Sua cozinha ainda está aberta?"

"Não se preocupe", garantiu ele. "Deixe comigo."

E assim foi. Quando dei por mim, a Delancey Street foi tomada por um aroma de frango frito, bolo de milho, repolho e batata-doce de dar água na boca. Todos nos reunimos em volta das panelas de alumínio e comemos. Cerca de uma hora depois, já com o resultado de 89% dos distritos apurado, estávamos empatados.

Finalmente, me dirigi a Maya:

"Estou exausta. Acha que alguém vai se importar se eu for embora?"

"Todos vão ficar bem", garantiu ela. "As pessoas estão esperando que você vá para que elas também possam ir."

Fui para casa e tive umas duas horas de sono, para logo acordar sobressaltada com o som de helicópteros de redes de notícia circulando no céu. Os Giants estavam comemorando sua primeira vitória na World Series em mais de cinquenta anos com um desfile pela Market Street. A maior parte da cidade vestia laranja e preto.

Mas a vitória dos Giants não era a única boa notícia. Mais votos tinham sido computados e agora eu estava à frente na disputa, embora por apenas alguns milhares de votos.[11] Nossa campanha, que já estivera no fundo do poço, agora havia chegado ao topo da montanha — em um dia em que a música se erguia das ruas e chovia confete do céu.

Com dois milhões de votos ainda a serem contabilizados, havia uma boa chance de passarmos semanas sem saber o resultado. Os condados tinham cerca de um mês para terminar a contagem e divulgar os resultados.

Meu telefone tocou. Era John Keker, um conhecido advogado da área da baía de São Francisco e um amigo querido. Ele me disse que estava reunindo uma equipe de advogados de primeira linha.

"Kamala, estamos prontos para nos unirmos e defender você se houver recontagem."

Se houvesse uma recontagem, não aconteceria tão cedo. O mais cedo que qualquer um de nós poderia solicitar esse procedimento seria em 30 de novembro.

Nesse meio-tempo, membros da minha equipe, tendo à frente meu coordenador de campanha, Brian Brokaw, colocaram dezenas de voluntários em ação, que deixaram de lado seus planos de férias e voltaram ao trabalho. Eles se espalharam pelo estado, condado após condado, para monitorar a contagem de votos em tempo real e relatar qualquer irregularidade. Os dias se transformaram em semanas. O Dia de Ação de Graças se aproximava rapidamente. E durante todo esse tempo havia uma montanha-russa de resultados, tornando o momento excruciante. Aquilo me lembrou dos meus dias de casos difíceis no tribunal, quando um júri se retirava para deliberar e não restava nada a fazer a não ser esperar. Nós nos conformamos com o fato de que era provável que nada acontecesse com a contagem ao longo do fim de semana do Dia de Ação de Graças, por isso dispensamos todos para passar o feriado com a família.

No início da manhã de quarta-feira, fui para o aeroporto pegar um voo rumo a Nova York. Eu ia passar o feriado com Maya, com o meu cunhado, Tony, e com a minha sobrinha, Meena.

Quando entramos na estrada, recebi uma mensagem de texto de um promotor de justiça que havia apoiado meu oponente. "Estou ansioso para trabalhar com você", escrevera ele.

Liguei para a minha equipe de campanha.

"O que está acontecendo? Vocês ouviram alguma coisa?", perguntei.

"Ouvimos que ele vai dar uma entrevista coletiva. É tudo o que sabemos até agora." O carro estava parando diante do terminal do aeroporto. "Vamos checar e retornamos a você."

Passei pela área de segurança do aeroporto e entrei no avião ainda sem qualquer notícia. Eu estava sentada em um assento no corredor, e os outros passageiros, com camisetas e bonés dos Giants, passavam por mim e perguntavam:

"Kamala, você já ganhou? Sabe o que está acontecendo?"

Só o que eu podia fazer era sorrir e dizer:

"Não sei. Não sei."

Peguei o celular e percebi que, enquanto atravessava o aeroporto, tinha perdido uma ligação. E vi que havia uma mensagem de voz do meu oponente pedindo que eu retornasse a ligação para ele. Liguei para ele no momento em que as portas da cabine do avião se fechavam e os comissários de bordo orientavam os passageiros a desligar os celulares.

"Quero que você saiba que estou reconhecendo a derrota", disse ele.

"Você fez uma grande campanha", falei.

"Espero que você tenha noção da importância desse trabalho", acrescentou ele.

"Um feliz Dia de Ação de Graças para você e para a sua família", respondi.

E foi isso. Dos quase nove milhões de votos contabilizados em todo o estado, eu vencera pelo equivalente a três votos por distrito.[12] Estava tão aliviada, tão empolgada, tão pronta para começar. Queria ligar para todo mundo, mas me dei conta de que estávamos taxiando e logo estávamos no ar... sem Wi-Fi. Minha noite da eleição que acabara durando 21 dias estava terminada e só o que eu podia fazer era ficar sentada ali. Sozinha com os meus pensamentos. Por cinco horas.

Como a contagem dos votos havia demorado tanto, só tive um mês para assimilar a vitória antes da cerimônia de posse e do meu juramento. E, além da eleição, eu ainda estava tentando assimilar o luto pela morte da minha mãe. Ela havia falecido no ano anterior, em fevereiro de 2009, quando a campanha longa e extremamente disputada estava só começando. Falarei mais a respeito em um próximo capítulo, mas é desnecessário dizer que fiquei arrasada por perdê-la. Eu sabia o que a minha eleição teria significado para minha mãe. Como desejei que ela pudesse estar ali para testemunhar.

Quando 3 de janeiro de 2011 chegou, desci as escadas do California Museum for Women, History, and the Arts, em Sacramento, para cumprimentar as pessoas reunidas, de pé, no salão. Havíamos organizado tudo para termos uma magnífica cerimônia de posse — o bispo T. Larry Kirkland Sr. faria a oração de abertura e uma cantora gospel fecharia o evento. Flâmulas ondulavam, havia dignitários presentes e pessoas assistindo do balcão. Maya segurou a bíblia da sra. Shelton enquanto eu fazia o juramento do cargo. Mas o que me lembro mais vividamente daquele dia é da minha preocupação em conseguir mencionar o nome da minha mãe no meu discurso sem perder a compostura. Eu havia ensaiado várias vezes e acabava com o choro preso na garganta em todas elas. Mas era importante para mim que o nome dela fosse dito naquele lugar, porque nada do que eu havia conquistado teria sido possível sem ela.

"Hoje, com este juramento", falei, me dirigindo à assistência, "afirmamos o princípio de que todo californiano importa".

Esse princípio seria colocado em teste nas semanas seguintes. No fim daquele mês, 37 mil proprietários de casas faziam filas em Los

Angeles para pedir aos bancos que alterassem suas hipotecas de modo que eles pudessem ficar em suas casas.[13] Na Flórida, havia filas que literalmente se estendiam por dias. "Na década de 1930, tínhamos filas de pão", disse Scott Pelley no *60 Minutes*, durante um segmento sobre a crise de execução hipotecária. "Basta sair de casa antes do amanhecer na América de hoje para encontrar filas de hipoteca."[14]

No meu primeiro dia de mandato, reuni minha equipe sênior e disse a eles que precisávamos nos envolver imediatamente na investigação multiestadual dos bancos. Eu havia nomeado Michael Troncoso, um membro antigo da minha equipe, como promotor-chefe do gabinete da Procuradoria-Geral, e Brian Nelson como assistente especial da Procuradoria-Geral. Pedi a eles que se aprofundassem no assunto e nos atualizassem a respeito.

Na Procuradoria-Geral, estávamos nos preparando para a batalha. Fora dela, éramos constantemente lembrados de por quem estávamos lutando. Em todos os eventos que realizávamos, sempre havia um grupo de pessoas — às vezes cinco, dez ou vinte — que estavam ali na esperança de me ver e pedir a minha ajuda, cara a cara. A maior parte delas segurava pastas sanfonadas e envelopes de papel pardo transbordando de documentos de hipoteca, avisos de execução hipotecária e anotações manuscritas. Algumas haviam dirigido centenas de quilômetros para vir ao meu encontro.

Nunca vou esquecer a mulher que interrompeu um pequeno evento sobre assistência médica de que participei em Stanford. Ela se levantou na plateia, com lágrimas escorrendo pelo rosto e desespero na voz.

"Preciso de ajuda. Você precisa me ajudar. Preciso que me ajude a ligar para o banco e dizer a eles para me deixarem ficar na minha casa. Por favor, estou implorando."

Foi de partir o coração.

Eu também sabia que havia dezenas de milhares de pessoas que passavam pelo mesmo, lutando pela própria vida, que não tinham a capacidade de ir pessoalmente até a procuradora-geral. Por isso, fomos diretamente a eles — organizamos mesas-redondas em centros comunitários por todo o estado. Eu queria que aquelas pessoas nos vissem. E também queria que a minha equipe os visse, para que quando estivéssemos sentados em uma sala de conferências, diante dos executivos de um banco, nos lembrássemos de quem estávamos representando. Em uma dessas reuniões, eu conversava com um homem sobre os problemas que ele estava tendo com os bancos. O filho dele brincava quietinho perto de nós. Então, o garotinho se aproximou, olhou para o pai e perguntou:

"Papai, o que é 'afundar de vez'?"

Eu podia ver o medo terrível em seus olhos. O menino achou que o pai estava literalmente se afogando.

Foi horrível presenciar aquilo. Mas a metáfora era adequada: muitas pessoas afundaram de vez. E muitas mais estavam se agarrando com a ponta dos dedos na borda. E, cada dia, mais e mais daquelas pessoas desesperadas afundavam.

Durante a nossa batalha com os bancos, ouvimos muitas histórias que deixaram nítido que aquelas não eram questões intelectuais ou acadêmicas — se tratava da vida das pessoas. Em uma das mesas-redondas com proprietários de imóveis, uma mulher descreveu com orgulho a casa que comprara em 1997, fruto de muita economia — a primeira casa que comprou. Depois de atrasar um mês no pagamento do empréstimo no início de 2009, ela ligou para o credor e pediu conselhos. Representantes do credor disseram que poderiam ajudar, mas depois de meses insistindo para que ela reunisse uma papelada interminável e mandasse para eles por fax, depois de mandarem documentos sem explicação para a mulher, exigindo que ela assinasse, de não darem retorno quando ela procurava respostas para suas perguntas, a casa da mulher foi hipotecada bem diante de seus olhos, sem que ela pudesse impedir.[15] Ela compartilhou sua história comigo, tentando conter as lágrimas.

"Desculpe. Sei que é só uma casa...", disse ela.

Mas ela sabia, como todos nós, que nunca é "só uma casa".

A primeira oportunidade de me envolver pessoalmente nas negociações multiestaduais surgiu no início de março. A National Association of Attorneys General [Associação Nacional de Procuradores-Gerais] estava realizando sua reunião anual de vários dias no hotel Fairmont, em Washington, D.C. Peguei um avião para lá com a minha equipe. Todos os cinquenta procuradores-gerais estavam presentes, sentados em ordem alfabética por estado. Eu me acomodei entre Arkansas e Colorado.

Quando a conversa passou dos negócios em geral para a investigação multiestadual, de repente ficou nítido para mim que a investigação não estava concluída — ainda havia muitas perguntas sem resposta. Ainda assim, estavam falando de um acordo. Como quem era favorável a isso estava em maior número ali, tive a impressão de que era basicamente um negócio fechado. Tudo o que faltava fazer era dividir o dinheiro entre os estados — e era exatamente isso o que estava acontecendo.

Fiquei estarrecida. Em que foi baseado aquele valor? Como chegaram a essa cifra? Como poderíamos negociar um acordo se não havíamos concluído uma investigação?

No entanto, o que mais me chocou não foi a escolha de um valor arbitrário em dólares. E sim que, em troca de um acordo, os bancos teriam isenção total contra qualquer possível reivindicação futura — um cheque em branco de imunidade para quaisquer crimes que pudessem ter cometido. Isso significava que, ao entrar em acordo com eles sobre a questão do *robo-signing*, poderíamos ser proibidos de abrir um futuro processo contra eles relacionado aos títulos respaldados em hipotecas que causaram a crise da *subprime*.

Durante um intervalo na sessão, reuni minha equipe. O acordo voltaria à agenda à tarde.

"Não vou a essa reunião", disse. "Esse processo está viciado."

Eu sabia que se me juntasse à reunião, a conversa continuaria de onde havia parado. Eles não mudariam de ideia só porque uma procuradora-geral novata demonstrara preocupação. Mas se soubessem que, se necessário, eu abandonaria as negociações, aquilo talvez pudesse fazer com que alguns pensassem melhor. A Califórnia tinha mais execuções hipotecárias do que qualquer outro estado, tornando-se o maior risco de responsabilização para os bancos. Se eles não conseguissem um acordo comigo, não conseguiriam com mais ninguém. Uma coisa era saber que eu tinha essa vantagem; outra era convencer os outros de que estava disposta a usá-la. Se eu não comparecesse à sessão à tarde, a minha cadeira vazia expressaria melhor essa mensagem do que eu jamais seria capaz.

Minha equipe e eu deixamos o Fairmont e pegamos um táxi para o Departamento de Justiça. Ligamos para Tom Perrelli no caminho, para que ele soubesse que estávamos chegando. Perrelli era o procurador-geral adjunto dos Estados Unidos. Era trabalho dele, entre outras coisas, supervisionar a investigação multiestadual em nome do governo federal. Eu disse a ele que das dez cidades mais afetadas pela crise de execução hipotecária na época, sete estavam na Califórnia; que era meu trabalho chegar ao fundo daquela história; e que eu não poderia me comprometer com nada que me impedisse de fazer minha própria investigação.

Perrelli argumentou que minha investigação não resultaria no que eu esperava, que ir atrás dos grandes bancos não era algo que um único estado fosse conseguir fazer, nem mesmo o maior de nossa nação. E, acrescentou ele, aquele tipo de litígio levaria muitos anos. Quando eu finalmente conseguisse o que era de direito da Califórnia, as pessoas que precisavam de ajuda já teriam perdido suas casas. Aquele era o motivo de não ter havido uma investigação aprofundada — simplesmente não havia tempo.

No fim daquela tarde, eu me encontrei com Elizabeth Warren, que naquela época trabalhava no Departamento do Tesouro desenvolvendo o que viria a se tornar o Consumer Financial Protection Bureau, o Escritório de Proteção ao Consumidor. Compartilhei com ela as mesmas preocupações, e Warren foi solidária comigo. Como funcionária do governo, ela não poderia nos dizer abertamente para seguirmos em frente com a nossa intenção, mas tive a forte sensação de que entenderia se eu persistisse.

Pegamos um voo de volta para casa naquela noite e começamos a trabalhar. Disseram-me que, do jeito que as coisas estavam, a Califórnia receberia algo entre 2 e 4 bilhões de dólares no acordo. Alguns advogados do gabinete acharam que era um valor alto, alto o bastante para aceitarmos. Meu argumento com eles foi: comparado a quê? Se o esquema ilegal dos bancos tivesse causado muito mais de 2 a 4 bilhões de dólares em danos, então esses valores realmente altos começariam a parecer muito baixos.

O desafio imediato era que o nosso gabinete não estava preparado para resolver aquele enigma. Era um problema que exigia o trabalho de economistas e de cientistas de dados, não advogados. Ao reconhecer a lacuna em nosso jogo, decidi contratar alguns especialistas e colocá-los para trabalhar na análise dos números. Queria saber quantos proprietários de imóveis estavam afundando, município por município, para que pudéssemos direcionar o auxílio aos pontos mais problemáticos. Eu também queria entender com o que estávamos lidando em termos humanos: quantas pessoas o dinheiro ajudaria? Quantas sobrariam e teriam que se virar sozinhas? Quantas crianças tinham sido afetadas pela crise de execução hipotecária?

Os resultados foram tão inaceitáveis quanto eu havia temido. Em comparação com a devastação, os bancos estavam oferecendo migalhas, nem de longe o suficiente para compensar os danos que haviam causado.

"Precisamos estar preparados para recusar o acordo", avisei à minha equipe. "Não vou aceitar essa oferta de jeito nenhum." Eu disse a eles que era hora de abrir uma investigação própria independente. "A questão é que somos convidados de uma festa distante e não temos o nosso próprio carro", disse. "Precisamos de condução própria para que, quando estivermos prontos para ir embora, possamos ir."

Antes mesmo de assumir o cargo, eu havia planejado com a minha equipe lançar uma iniciativa estadual para investigar a fraude. Aquela era a hora. Naquele mês de maio, anunciamos a Força de Ataque Contra a Fraude nas Hipotecas da Procuradoria-Geral da Califórnia, uma unidade que reunia nossos melhores e mais brilhantes advogados, os quais trabalhavam com fraude ao consumidor, fraude corporativa e divisões criminais, além de investigadores de polícia.

O acordo em relação ao *robo-signing* era uma parte crucial da investigação, mas nosso escopo era ainda mais amplo. Eu queria ir atrás de Fannie Mae e Freddie Mac, gigantes do mercado de empréstimo pessoal e hipotecas que detinham 62% das novas hipotecas em todo o país.[16] Queria investigar os títulos garantidos por créditos hipotecários que o JPMorgan Chase tinha vendido para o fundo de pensão dos funcionários públicos da Califórnia. E queria ir atrás dos predadores que tinham explorado aquelas comunidades vulneráveis, prometendo salvar proprietários de hipotecas por um determinado valor — só para roubar o pouco que lhes restava.

O fato de estarmos fazendo uma investigação própria irritou os negociadores multiestaduais. Os bancos ficaram furiosos porque eu estava causando problemas. O acordo agora estava em risco. Mas aquele tinha sido meu objetivo. Agora, em vez de meramente registrarem as minhas preocupações, os procuradores-gerais de estado e os bancos também teriam de responder a elas.

Ao longo do verão, nos concentramos em duas linhas de ação: por um lado, a investigação; por outro, as negociações de acordo. Para minha equipe, aquilo significava trabalhar todas as horas do dia e da noite — viajando de uma ponta à outra do estado e indo e voltando de Washington. Ainda assim, as negociações não estavam chegando a lugar algum. Os bancos recusaram nossas exigências. Ao mesmo tempo, a taxa de execuções hipotecárias aumentou significativamente na Califórnia.

Em agosto, o procurador-geral de Nova York se retirou das negociações multiestaduais. Na sequência, parecia que todos os olhos tinham se voltado para mim. Eu também abandonaria as negociações?

Ainda não estava pronta para fazer isso. Queria esgotar todas as possibilidades razoáveis de que os bancos atendessem às nossas exigências. Houve reformas importantes que fizeram parte da negociação e eu queria vê-las implementadas. Estavam nos oferecendo uma escolha enganosa: as reformas ou o dinheiro. Eu queria os dois.

Eu sabia que o tempo era crucial. Em um caso de homicídio, o corpo está frio, falamos de punição e de reparação após o fato. Naquela situação, o dano ainda estava acontecendo. Enquanto as negociações prosseguiam, centenas de milhares de outros proprietários de imóveis recebiam notificações de execução hipotecária. Estava acontecendo todos os dias e em tempo real. Havia áreas enormes, códigos postais inteiros, onde as pessoas afundavam em perdas de centenas de milhares de dólares. Minha equipe e eu examinávamos os números semanalmente — um painel de desespero, descrevendo quantas pessoas estavam a trinta, sessenta, noventa dias de perder suas casas.

Antes de abandonar as negociações, eu queria fazer uma última tentativa de conseguir um acordo justo e um pouco de alívio real para o meu estado.

Até aquele ponto, as negociações rotineiras haviam sido lideradas por Michael e uma equipe de veteranos do Departamento de Justiça da Califórnia. A reunião seguinte seria em setembro, e os assessores jurídicos dos principais bancos me convidaram para participar. Eu tinha certeza de que eles me queriam lá para que pudessem me avaliar do outro lado da mesa — aquela nova procuradora-geral, vinda do nada. Ótimo. Eu também queria dar uma boa olhada neles.

Chegamos aos escritórios da Debevoise & Plimpton, um escritório de advocacia de Washington que sediaria a reunião. Fomos levados a uma grande sala de conferências onde estavam reunidas mais de dez pessoas. Depois de alguns cumprimentos educados, ocupamos nossos lugares ao redor de uma mesa de reunião longa e imponente. Sentei-me a uma das cabeceiras. Os assessores jurídicos dos grandes bancos estavam lá, assim como uma equipe dos melhores advogados de Wall Street, incluindo um homem conhecido como o "cirurgião de trauma de Wall Street".

A reunião foi tensa desde o começo. A assessora jurídica do Bank of America deu início aos trabalhos voltando-se para minha equipe de negociação e reclamando da terrível aflição a que estávamos submetendo os bancos. Não estou brincando. Ela disse que o processo era frustrante, que o banco tinha passado por um trauma enorme, que os funcionários estavam se esforçando para atender a todas as investigações e mudanças regulatórias desde o estouro da bolha imobiliária. Estavam todos exaustos, disse-nos ela. E queria respostas da Califórnia. Por que a demora?

Perdi a paciência.

"Quer falar sobre aflição? Tem alguma ideia da aflição que vocês causaram?" Eu sentia aquilo de forma visceral. Ver o sofrimento dos proprietários de imóveis sendo minimizado ou desprezado me deixava furiosa. "Há um milhão de crianças na Califórnia que não vão mais poder ir à escola porque os pais perderam suas casas. Se você quiser falar sobre aflição, posso contar mais a respeito."

Os representantes dos bancos estavam calmos, mas na defensiva. Eles disseram basicamente que os proprietários de imóveis eram os culpados por fazerem hipotecas que não podiam pagar. Eu não ia aceitar aquilo. Não parava de pensar em como é o processo da compra de uma casa na vida real.

Para a grande maioria das famílias, comprar uma casa é a maior transação financeira na qual vão se envolver na vida. É um dos momentos importantes na vida adulta de alguém, uma prova concreta de todo o seu trabalho árduo. Você confia nas pessoas envolvidas no processo. Quando a gerente do banco diz que você está apto para obter um financiamento, é comum confiar que ela tenha noção dos valores e não permitirá que você assuma um encargo maior do que pode pagar. Quando a oferta é aceita, o corretor fica tão feliz a ponto de fazer você pensar que ele também vai se mudar para a sua casa. E quando chega a hora de concluir a papelada, é basicamente uma cerimônia de assinatura. Você pode muito bem acabar estourando champanhe. Seu corretor está lá, a gerente do banco está lá, e você acredita que eles estão totalmente preocupados com o seu bem-estar. Quando colocam uma pilha de papéis na sua frente, você confia neles e assina. E assina. E assina. E assina.

Examinei a sala cheia de advogados e tive certeza de que nenhum deles havia lido palavra por palavra dos documentos da hipoteca deles antes de comprar sua primeira casa. Eu não li, quando comprei meu apartamento.

Os representantes dos bancos falavam sobre hipotecas aparentemente sem qualquer noção do que representavam para as pessoas envolvidas, ou quem eram aquelas pessoas. Para mim, parecia que eles haviam feito suposições terríveis sobre o caráter e os valores dos proprietários em dificuldade. Eu havia conhecido muitas daquelas pessoas. E, para elas, comprar uma casa não era apenas um investimento. Tratava-se de realização, de autorrealização. Pensei no sr. Shelton, que estava sempre no jardim, podando suas rosas pela manhã, sempre cortando, regando ou adubando. A certa altura, perguntei a um dos advogados:

"Nunca conheceu alguém que se orgulhava do gramado do próprio quintal?"

Os avanços e recuos continuaram. Eles pareciam ter uma impressão equivocada de que eu poderia ser intimidada a concordar. Eu não iria ceder. Perto do fim da reunião, o conselheiro-geral do JPMorgan surgiu com o que aparentemente considerou uma tática inteligente. Declarou que os pais dele eram da Califórnia e haviam votado em mim, que gostavam de mim. Sabia também que havia muitos eleitores no meu estado que ficariam muito felizes comigo se eu simplesmente aceitasse o acordo. Era uma grande sacada política — ele tinha certeza disso.

Olhei bem firme nos olhos dele.

"Preciso lembrar que essa é uma ação de aplicação da lei?"

A sala ficou em silêncio. Depois de 45 minutos, a conversa já havia durado o bastante.

"Vejam bem, a oferta que estão fazendo não chega nem perto de reparar o dano que causaram", disse a eles. "E vocês precisam saber que estou falando sério. Vou investigar tudo. Tudo."

O assessor jurídico do Wells Fargo se voltou para mim.

"Ora, se vocês vão continuar investigando, por que devemos fechar um acordo?"

"Vai ter de tomar essa decisão por si mesmo", retruquei.

Ao sair da reunião, tomei a decisão de abandonar de vez as negociações.

Escrevi uma carta anunciando minha decisão — mas esperei até sexta-feira à noite para divulgá-la, depois que os mercados fecharam. Eu sabia que minhas palavras tinham o poder de abalar os mercados, e essa não era a intenção. Aquilo não tinha a ver com querer aparecer, ou fazer uma cena, ou querer baixar os preços das ações. Era uma tentativa de conseguir justiça para milhões de pessoas que precisavam de ajuda, que mereciam ajuda.

"Na semana passada, fui a Washington, D.C., na esperança de levar nossa conversa adiante", escrevi. "Mas ficou nítido para mim que estavam pedindo que a Califórnia desistisse de mais reivindicações do que podemos aceitar e perdoasse condutas as quais não foram devidamente investigadas. Após refletir muito, concluí não ser esse o acordo que os proprietários de imóveis da Califórnia estavam esperando."

Comecei a receber ligações. De amigos que estavam com medo de eu ter feito um inimigo poderoso demais. De consultores políticos que me alertaram para que eu estivesse preparada, porque os bancos iriam gastar dezenas de milhões de dólares para me tirar do cargo. Do governador da Califórnia: "Espero que você saiba o que está fazendo." De funcionários da Casa Branca e de secretários de gabinete, tentando me convencer a voltar às negociações. A pressão era intensa — e constante

— e vinha de todos os lados: de aliados e adversários de longa data e de todos no meio do caminho.

Mas havia outro tipo de pressão também. Milhões de proprietários de imóveis levantaram suas vozes, junto com ativistas e organizações de defesa que estavam se mobilizando com base na nossa estratégia. Sabíamos que não estávamos sozinhos.

Mesmo assim, aquele foi um período difícil. Antes de dormir, eu fazia uma pequena oração: "Deus, por favor, me ajude a fazer a coisa certa." Rezava para estar escolhendo o caminho correto e para ter coragem de manter o curso. Acima de tudo, rezava para que as famílias que contavam comigo permanecessem seguras e protegidas. Eu sabia quanto estava em jogo.

Muitas vezes me peguei pensando na minha mãe e no que ela teria feito. Sei que ela teria me dito para me agarrar à minha convicção, para ouvir o meu instinto. Decisões difíceis são difíceis exatamente porque o resultado não é tangível. Mas seu instinto dirá se você está no caminho certo. E você vai saber que decisão tomar.

Naqueles dias, Beau Biden, o procurador-geral de Delaware, se tornou um amigo e colega fantástico. Os bancos estavam no quintal de Beau, e a crise de execução hipotecária não havia atingido Delaware com tanta força quanto em outros estados. De certo ponto de vista, ele tinha todos os motivos para manter a cabeça baixa e não se envolver. Mas Beau não era assim. Era um homem de princípios e de coragem.

Desde o início, ele sempre se opôs firmemente ao acordo. E batia nos mesmos pontos que eu: dinheiro insuficiente; nenhuma investigação sobre o escopo da fraude. Assim como eu, Biden queria testemunhos e documentos. Ele queria uma prova até de que os bancos realmente possuíam as hipotecas que estavam executando. E nunca mudou de opinião. Ele também abriu uma investigação própria, e estávamos compartilhando ativamente as informações que descobríamos. Houve períodos, quando eu estava recebendo muitas críticas, em que Beau e eu conversávamos todos os dias, às vezes várias vezes ao dia. Protegíamos um ao outro.

Também tive outros grandes aliados nessa luta. Martha Coakley, então procuradora-geral de Massachusetts, era firme, inteligente e meticulosa em seu trabalho. Minha agora colega senadora Catherine Cortez-Masto, que na época era procuradora-geral de Nevada, também se tornou uma formidável aliada. Nevada, assim como a Califórnia, foi fortemente atingida pela crise, e Catherine, que estava no cargo desde 2007, havia formado a própria Força de Ataque Contra a Fraude nas Hipotecas, em 2008. Da mesma forma eu, ela estava determinada a lutar contra os bancos, o que nos levou, em dezembro de 2011, a unir forças para investigar fraude e má conduta de execução hipotecária.[17] Eu não poderia ter pedido companheiros melhores ou mais determinados.

No auge desse período, eu viajava constantemente pelo país com minha equipe. Nunca vou esquecer a vez em que voamos para Washington, D.C., levando roupas de inverno, só para descobrir que precisaríamos ir para a Flórida no dia seguinte. Brian e eu acabamos correndo até uma loja em Georgetown para comprar roupas mais adequadas ao clima. Foi um estranho momento de frivolidade, enquanto brincávamos, criticando as escolhas uns dos outros nos cabides.

Em janeiro, os bancos estavam exasperados. Michael entrou na minha sala.

"Acabei de falar com o assessor jurídico do JPMorgan", informou. "Eu disse a ele qual era o acordo... e que não abriríamos mão da nossa posição."

"O que ele disse?", perguntei.

"Ele não parava de gritar comigo. Disse que acabou. Que fomos longe demais. Foi bem intenso. E então desligou."

Reuni a equipe no meu gabinete e tentamos decidir qual seria o próximo passo — se é que havia um a ser dado. Tínhamos eliminado a possibilidade de qualquer acordo? Ainda havia uma chance? Eu precisava ter certeza. Ficamos sentados em silêncio por um tempo, avaliando, até que me surgiu uma ideia. Gritei para a minha assistente na sala ao lado (adotando o mesmo sistema de intercomunicação que usávamos quando éramos pequenas).

"Ligue para Jamie Dimon."

Dimon era, e continua sendo — até o momento em que escrevo este livro —, o presidente e CEO do JPMorgan Chase.

A minha equipe se apavorou.

"Você não pode ligar para ele. Ele é representado por um advogado."

"Não me importo. Ponha-o na linha."

Estava cansada de me sentir cerceada, de falar por meio de advogados e outros intermediários em uma confusão sem fim. Queria ir direto à fonte e acreditava que a situação exigia isso.

Cerca de dez segundos depois, minha assistente enfiou a cabeça pela porta do meu gabinete.

"O sr. Dimon está na linha."

Tirei os brincos e peguei o fone.

"Você está tentando roubar dos meus acionistas!", gritou ele, quase no mesmo instante em que ouviu minha voz.

"*Seus* acionistas? *Seus* acionistas?", retruquei no mesmo tom. "Os *meus* acionistas são os proprietários de imóveis da Califórnia! Venha vê-los. Venha conversar com eles sobre quem foi roubado."

A conversa permaneceu nesse nível por algum tempo. Éramos como cães em uma briga. Um membro da minha equipe de profissionais mais experientes mais tarde se lembrou de ter pensado: *Ou essa foi uma ideia muito boa ou absurdamente ruim.*

Contei a Dimon como os advogados colocavam o posicionamento dele e por que aquilo era inaceitável para mim. Conforme a temperatura esfriava, entrei nos detalhes das minhas exigências para que ele entendesse exatamente do que eu precisava — não através do filtro de seus assessores jurídicos, mas direto de mim. Ao fim da conversa, Dimon disse que iria conversar com o conselho e ver o que eles poderiam fazer.

Nunca vou saber o que aconteceu do lado de Dimon. Só sei que, duas semanas depois, os bancos cederam. No fim das contas, em vez dos 2 a 4 bilhões de dólares que tinham sido originalmente oferecidos, garantimos um negócio de 18 bilhões de dólares, que acabou chegando a 20 bilhões, em socorro aos proprietários. Foi uma tremenda vitória para o povo da Califórnia.

Como parte do acordo, o governo federal designaria um supervisor para verificar se os bancos cumpririam sua parte. Mas levando em consideração a enorme exposição que a Califórnia tivera, aquilo não me satisfez. Eu iria contratar um supervisor exclusivo e autorizá-lo a acompanhar a implementação do contrato no nosso estado.

Fui convidada a ir a Washington para fazer parte do anúncio mais amplo, em uma grande coletiva de imprensa e uma recepção que aconteceriam no Departamento de Justiça e na Casa Branca. Mas queria permanecer com minha equipe. Aquela era uma vitória para celebrarmos juntos. E precisávamos nos preparar para a batalha seguinte.

O acordo foi apenas o começo. Além do dinheiro, ele exigia que os bancos garantissem aos proprietários de imóveis vários ajustes que facilitassem o processo de luta contra a execução hipotecária. Mas o acordo exigia que essas medidas permanecessem em vigor por apenas três anos. Se quiséssemos proteger os proprietários de imóveis na Califórnia de futuros abusos, precisaríamos de uma legislação que tornasse permanentes os termos do acordo. Eu queria que os bancos fossem proibidos em definitivo de usar suas práticas reconhecidamente predatórias. E queria que os proprietários de imóveis tivessem o direito de processar individualmente os bancos que infringissem as regras. Em um trabalho conjunto com nossos aliados no Poder Legislativo, reunimos essas ideias no que chamamos de Declaração de Direitos dos Proprietários de Imóveis da Califórnia.

Mas conseguir que uma nova lei relacionada aos bancos fosse aprovada pelo Legislativo seria um problema. Os bancos tinham uma enorme influência em Sacramento. Em pelo menos duas ocasiões anteriores, a Assembleia Legislativa da Califórnia havia tentado aprovar leis semelhantes e em todas as vezes foi derrotada pela resistência dos bancos. Fazendo uma analogia com o basquete, o adversário teria de ser marcado por toda a quadra.

A princípio, a recepção ao projeto de lei foi fria. As pessoas me disseram que não havia chances. O lobby bancário era forte demais para ser derrotado. O fato de ser uma lei justa parecia não ter sido muito levado em conta.

Eu me encontrei com John Pérez, que era o presidente da Assembleia Estadual na época, a fim de pensarmos em uma estratégia para transformar o projeto em lei. John é um homem excepcional, grande conhecedor da teoria e da prática política. Nós dois estávamos totalmente de acordo sobre a importância de uma Declaração de Direitos dos Proprietários de Imóveis, e ele estava disposto a usar o próprio poder para fazer frente aos bancos.

Lembro-me de que, em determinado momento durante esse esforço, o presidente da Câmara me convidou para o retiro político democrata da Assembleia Estadual na mansão Leland Stanford, em Sacramento. Pérez, que fez questão de se encarregar da distribuição dos assentos, me colocou estrategicamente em uma mesa com alguns aliados fortes, além de alguns membros da Assembleia Legislativa que precisavam de certa persuasão. Passamos grande parte do jantar falando sobre o projeto de lei. Àquela altura, eu sabia mais do que jamais imaginei saber sobre como os bancos tinham agido, sobre todas as formas como eles haviam lesado os proprietários de imóveis. Poder falar sobre aquela experiência com o grupo pareceu ajudar. Quando a refeição acabou, tive a sensação de que conseguira mudar o modo de pensar de uma ou duas pessoas.

Nenhum dos membros da Assembleia Legislativa disse explicitamente em qualquer momento que estava do lado dos bancos. Mas, conforme a conversa avançava, eles tentavam encontrar alguma desculpa técnica para justificar por que não poderiam apoiar o projeto de lei. *Se ao menos você tivesse feito isso. Se ao menos você tivesse feito aquilo. Se aquele ponto e vírgula não estivesse naquele lugar.*

Jamais me esquecerei do que um membro democrata da Assembleia Legislativa me disse: "Ora, Kamala, não sei o que há de tão ruim nessas execuções hipotecárias. Elas são boas para a economia local. Porque quando uma casa é hipotecada e abandonada, isso significa que é preciso contratar pintores e jardineiros para arrumá-la."

Sério mesmo? Esse cara também apoia incêndio criminoso porque mantém empresas de extintores em atividade? Foi inacreditável ver como as pessoas justificavam estar no bolso dos bancos.

Enquanto Pérez se concentrava no jogo interno, fui para a estrada, usando o poder do meu cargo a fim de defender um sistema mais justo para os proprietários de imóveis. Fui acompanhada nessa iniciativa por vários grupos que já defendiam os direitos dos proprietários e estavam organizando uma campanha para pressionar pela aprovação do projeto de lei. Os sindicatos dos trabalhadores foram extremamente importantes para esse esforço. A capacidade desses grupos de mobilizar apoiadores era impressionante. Tantas pessoas ligaram para seus parlamentares que as linhas telefônicas ficaram congestionadas.

Mas não eram apenas os esforços organizados dos sindicatos dos trabalhadores que importavam. Era a presença deles. Havia uma maneira cínica de pensar em Sacramento: quando a hipoteca de uma casa é executada, a família que vivia ali provavelmente se muda daquele distrito. Não serão mais seus constituintes. Portanto, a raiva deles é só um problema temporário para você. Os bancos, por outro lado, têm presença permanente na capital do estado, e sua raiva pode resultar em retaliação. O que os sindicatos trabalhistas deixavam claro é que também havia uma presença permanente na capital que lutaria intensamente pelos trabalhadores, não só para que tivessem melhores salários, mas para que fossem tratados com dignidade em todos os aspectos da vida, inclusive na compra de um imóvel. Aquilo enviava uma mensagem poderosa: fique do lado dos bancos e você vai se ver com os sindicatos.

À medida que a votação se aproximava, comecei a andar pelos corredores do prédio do Capitólio, batendo sem aviso prévio nas portas dos parlamentares. Muitas pessoas se recusaram a me ver. Também despachei membros-chave da minha equipe para fazerem o mesmo. Brian Nelson, meu assistente especial da Procuradoria-Geral, lembra que às vezes eu ligava para sua mesa, e se ele atendesse, estava encrencado.

"Por que você está sentado aí?", perguntava eu. "Por que não está andando pelos corredores do Capitólio? Sei que tem trabalho importante a fazer, mas nada é mais importante do que isso. Você precisa andar pelos corredores! Ninguém deve conseguir evitar uma conversa cara a cara com um de nós."

Quando o projeto foi submetido a votação, ainda não tínhamos a maioria. Muitos parlamentares planejavam não votar para que não tivessem de tomar uma posição em relação a um lado ou a outro. Mas precisávamos que 41 pessoas votassem sim. Abstenções equivaliam a votar não.

O presidente da Assembleia, Pérez, tinha um plano. Ele manteria a votação aberta enquanto continuávamos a pressionar as pessoas com intenção de trazê-las para o nosso lado. E deixou implícito que, se não quisessem votar, a votação permaneceria aberta para sempre. No início do processo, Pérez pediu a um aliado que fizesse uma investigação parlamentar.

"Qual foi o período mais longo que uma votação nominal já ficou aberta?", perguntou o parlamentar.

"Até onde eu sei", disse Pérez, "o tempo mais longo que uma votação nominal esteve aberta foi uma hora e 45 minutos, e você sabe como sou competitivo. Estou disposto a ir muito mais longe do que isso!".

Naquele momento, todos entenderam que ele estava falando sério, e luzes verdes começaram a piscar conforme os votos eram registrados.

Eu estava no gabinete de Darrell Steinberg, o presidente interino do Senado, que também desempenhara papel fundamental, observando a ação na Câmara por um circuito fechado de TV. Procurei por parlamentares que ainda não estavam na área de votação, ou que se encontravam um pouco mais atrás. Então mandava uma mensagem de texto: "Vi que você não votou. Vá votar. Está na hora." Íamos de uma pessoa a outra, um por um, enquanto John repetia a mesma pergunta sem parar: "Todos os membros votaram em quem decidiram votar? Todos os membros votaram em quem decidiram votar?"

Ele parecia um leiloeiro.

Aquilo pareceu durar uma eternidade. Mas, na realidade, levou apenas cerca de cinco minutos antes de termos nosso 41º voto contabilizado. John encerrou a votação e declaramos vitória. O projeto foi também aprovado no Senado estadual e sancionado pelo governador. Tínhamos feito o que haviam nos dito que era impossível. Foi um momento muito gratificante, e um lembrete de que mesmo com todos os problemas da política, coisas inspiradoras podem acontecer e um bom trabalho pode ser feito.

Enquanto isso, a Força de Ataque Contra a Fraude nas Hipotecas seguia firme. A unidade seguiu investigando e processando uma série de grandes fraudes em hipotecas. O chefe de um dos maiores esquemas fraudulentos foi condenado a 24 anos na prisão estadual. Por causa dos esforços de uma equipe verdadeiramente extraordinária, fomos capazes de garantir — além dos 18 bilhões de dólares — 300 milhões do JPMorgan para reembolsar o sistema previdenciário do estado por perdas em investimentos em títulos respaldados em hipotecas. Também garantimos 550 milhões de dólares da SunTrust Mortgage, 200 milhões do Citigroup e outros 500 milhões do Bank of America — tudo isso ligado à crise das hipotecas.

Essas foram vitórias importantes, com certeza. Mas não eram o tipo de vitória que queríamos comemorar, por maior que tenha sido o número de pessoas que essas ações ajudaram, milhões de americanos em todo o país ainda estavam sofrendo. E, apesar dos bilhões que recuperamos, muitas pessoas ainda perderam suas casas. O dano estrutural à economia foi tão profundo que, mesmo com algum auxílio, muitas pessoas não conseguiram pagar suas hipotecas e se sustentar. Não havia emprego. Nem salário.

Um número incontável de americanos viu seu crédito destruído. Os sonhos dos pais de financiar a educação de seus filhos evaporou como uma névoa.[18] As famílias enfrentaram várias crises ao mesmo tempo — do desemprego à falta de moradia e, abruptamente, à obrigação de mudar de distrito escolar. Uma análise publicada na *The Lancet* sugeriu que "o aumento do desemprego nos Estados Unidos durante a recessão [foi] associado a um aumento de 3,8% na taxa de suicídio, o que correponde a cerca de 1.330 mortes".[19]

De muitas formas, o impacto da crise da *subprime* ainda está conosco em 2018. Em Fresno, a grande maioria das residências ainda está avaliada abaixo de seus níveis pré-recessão.[20] Em todo o país, a classe média abastada foi quase exterminada e grande parte dela não se recuperou.

Estudos sugerem que o fardo atingiu as famílias negras de forma desproporcional.[21] Um relatório independente do Social Science Research Council, encomendado pela American Civil Liberties Union [União Americana pelas Liberdades Civis], descobriu que, embora famílias brancas e negras tenham sido duramente atingidas pela crise de 2007-2009, em 2011 "as perdas de uma típica família branca chegaram a zero, enquanto uma família negra típica perdeu mais 13% da sua riqueza". A consequência: "Para uma família negra típica, a riqueza média em 2031 será quase 98 mil dólares menor do que teria sido sem a Grande Recessão."

Em outras palavras, as gerações futuras sofrerão com o resultado da estupidez e da ganância do passado. Não podemos mudar o que já aconteceu. Mas podemos garantir que nunca mais volte a acontecer.

A cultura de Wall Street não mudou. Apenas algumas regras foram alteradas. E os bancos estão travando uma batalha em grande escala para revogar as reformas da era Obama em Wall Street, que ajudaram a mantê-los sob controle. Quando não conseguiram revogá-las, fizeram tudo o que podiam para contorná-las. De acordo com uma análise do *The Wall Street Journal*, grandes bancos investiram, entre 2010 e 2017, 345 bilhões de dólares em empréstimos *subprime* — canalizando o dinheiro para instituições financeiras não bancárias, ou os chamados *shadow banks* [bancos da sombra].[22]

"Os bancos dizem que sua nova abordagem de empréstimo para credores não bancários é mais segura do que lidar diretamente com consumidores com crédito ruim e empresas com balanços instáveis", observou o *The Wall Street Journal*. "No entanto, essas relações significam que os bancos ainda estão profundamente envolvidos com os empréstimos mais arriscados, que dizem ter abandonado após a crise financeira."

Enquanto isso, em 2017, o presidente nomeou um homem para dirigir o Escritório de Proteção ao Consumidor que se referiu ao próprio gabinete como "uma piada", e começou ativamente a desmantelá-lo de dentro. Em 2018, em vez de endurecer as regras em cima de Wall Street, o Congresso recuou em proteções essenciais, liberando bancos de médio porte de seguirem regulamentos criados para mantê-los sob controle. Isso é mais do que inaceitável. É ultrajante.

Ainda falta muito a ser feito. Se concordamos que estamos cansados de bancos se safando com esse tipo de comportamento inconsequente, se concordamos que não vamos permitir que os bancos nos arrastem para outra recessão, se concordamos que os proprietários de imóveis merecem ser tratados com dignidade e respeito, não como números em um balanço financeiro a ser embalado e vendido, então só há um modo de conseguirmos a mudança que buscamos: com nossas vozes e nossos votos.

## CAPÍTULO QUATRO

# Sinos de casamento

Sempre que vou a um país pela primeira vez, tento visitar a Suprema Corte do lugar. Os prédios são sempre uma espécie de monumento, construído não apenas para abrigar um tribunal, mas para transmitir uma mensagem. Em Nova Délhi, por exemplo, a Suprema Corte da Índia foi projetada para simbolizar a balança da justiça. Em Jerusalém, o icônico edifício da Suprema Corte de Israel combina linhas retas — que representam a natureza imutável da lei — com paredes curvas e vidros que representam a natureza fluida da justiça. Esses edifícios possuem voz própria.

O mesmo pode ser dito do prédio da Suprema Corte dos Estados Unidos, que, a meu ver, é o mais bonito de todos. Sua arquitetura remonta ao início da democracia, como se você estivesse diante de um Partenon moderno. É grandioso e imponente, ao mesmo tempo que também é digno e sóbrio. Ao subir as escadas em direção a um extraordinário pórtico de colunas coríntias, é possível ver em sua arquitetura os ideais dos fundadores de uma nação. É ali que estão gravadas em pedra as palavras "Igualdade de justiça perante a lei". E foi essa promessa que me levou ao prédio da Suprema Corte em 26 de março de 2013.

Quando cheguei, o prédio certamente não estava no auge. Estava cercado por andaimes, parte de um esforço tardio de restauração, depois que um grande pedaço de mármore se soltou e caiu. Para minimizar a visão desfavorável, havia sido impressa uma foto da fachada, em tamanho real e alta resolução, e pendurada na entrada. Era tão realista quanto uma daquelas camisetas de praia enormes com um corpo vestido de biquíni estampado na frente. Mesmo assim, não havia como negar a grandiosidade do edifício.

Fui levada até meu assento na sala do tribunal. Como os juízes da Suprema Corte não permitem fotografia ou vídeo ali dentro, aquele é um lugar que a maior parte do país nunca vê. Eu com certeza não tinha visto até então. Olhei ao redor, encantada: o impressionante mármore rosa; o drapeado vermelho vivo e intrincado do teto; a tribuna imponente com suas nove cadeiras vazias. Fiquei pensando em toda a história que já havia sido feita dentro daquelas paredes. Mas, ao contrário de um museu ou de um lugar como Gettysburg, local da maior batalha da Guerra Civil, onde a história é preservada para a posteridade, a Suprema Corte é um lugar onde ela está ativa e viva, onde a história continua a se desenrolar a cada decisão tomada.

Um pouco depois das dez da manhã, nos levantamos enquanto os nove juízes entravam na sala do tribunal e ocupavam seus lugares.

"Esta manhã, ouviremos uma argumentação relativa ao Caso 12-144, *Hollingsworth vs. Perry*", anunciou o presidente do tribunal, John Roberts.

Aquele era o caso contra a Proposta 8, uma iniciativa popular da Califórnia aprovada em 2008, proibindo casamentos de casais do mesmo sexo no estado. Já era mais do que tempo de derrubar essa proposta.

A Califórnia pode ter a reputação de bastião do liberalismo, mas, no ano 2000, os eleitores do estado aprovaram uma iniciativa eleitoral — a Proposta 22 (também conhecida como Iniciativa Knight, em homenagem a seu autor, o senador estadual William "Pete" Knight) — que exigia que o estado definisse o casamento como uma união entre pessoas do sexo oposto. Lutamos contra ela por anos — nas ruas, nas urnas e nos tribunais. Até minha sobrinha, Meena, na época ainda na escola, participou da iniciativa. Eu me lembro de ter ido buscá-la no colégio e ser informada de que ela estava em uma reunião de alunos. Quando cheguei à sala de aula, a jovem Meena estava diante dos colegas reunidos, declarando:

"Essa Iniciativa Knight é um pesadelo!"

Durante a semana do Dia dos Namorados, em fevereiro de 2004, o então prefeito de São Francisco, Gavin Newsom, decidiu permitir que casamentos de casais do mesmo sexo continuassem a ser realizados.

Eu estava a caminho do aeroporto, para pegar um voo rumo a Los Angeles, mas decidi passar pela Prefeitura de São Francisco antes de ir embora. Havia uma multidão enfileirada ao redor do quarteirão, esperando para entrar. As pessoas estavam contando os minutos antes que um governo finalmente reconhecesse seu direito de se casar com quem amavam. Dava para sentir a alegria e a expectativa. Algumas delas estavam esperando havia décadas.

Saí do carro e subi os degraus da prefeitura, onde esbarrei em uma funcionária pública.

"Kamala, nos ajude", pediu ela, com um sorriso radiante no rosto. "Precisamos de mais pessoas para realizar os casamentos." Foi um prazer poder fazer parte daquilo.

Prestei um juramento rápido, ao lado de várias autoridades municipais. Ficamos de pé, juntos, realizando casamentos no corredor, espremidos em cada cantinho da prefeitura. Nós nos vimos envolvidos por uma onda maravilhosa de emoção ao recebermos as multidões de casais apaixonados para se casarem ali mesmo. Foi diferente de tudo que eu já participara. E foi lindo.

Pouco tempo depois, os casamentos foram invalidados. Os casais que ficaram tão felizes e esperançosos receberam cartas dizendo que suas certidões de casamento não seriam reconhecidas pela lei. Isso foi um revés devastador para todos eles.

Em maio de 2008, a Suprema Corte da Califórnia saiu em socorro desses casais. O tribunal determinou que a proibição do casamento entre pessoas do mesmo sexo era inconstitucional, o que abriu caminho para que casais LGBTQIA+ fossem tratados com a igualdade e a dignidade que sempre mereceram. Ronald George, que havia me empossado como promotora pública de São Francisco, foi o relator do documento que protocolou a decisão, de acordo com a aquiescência da maioria dos membros do tribunal. E ao longo dos seis meses seguintes, dezoito mil casais do mesmo sexo fizeram seus votos de casamento na Califórnia.[1]

Mas em novembro de 2008, na mesma noite em que Barack Obama foi eleito presidente, o povo da Califórnia aprovou por uma diferença apertada a Proposta 8, uma emenda à Constituição da Califórnia que retirava de casais do mesmo sexo o direito de se casarem. Como se tratava de uma alteração constitucional, não poderia ser revogada pelo legislativo ou pelo sistema judicial estadual. Nenhum novo casamento poderia ser realizado. Casais que já haviam se casado foram relegados a um limbo cruel.

Restava apenas um caminho para a justiça: os tribunais federais. A American Foundation for Equal Rights [Fundação Americana pelos Direitos Igualitários], na época liderada por Chad Griffin, decidiu que a melhor maneira de proceder seria abrir um processo contra o estado da Califórnia, argumentando que a Proposta 8 violava as proteções concedidas a todos os cidadãos pela Décima Quarta Emenda: proteção igualitária e devido processo perante a lei. Aquela era uma questão de direitos civis e de justiça civil, e Griffin e sua equipe planejavam levar o caso até a Suprema Corte. A organização contratou os advogados que haviam estado em lados opostos no caso *Bush vs. Gore* e, em seguida, entrou com um processo em nome de dois casais do mesmo sexo — Kris Perry e Sandy Stier; e Paul Katami e Jeff Zarrillo —, cujo propósito era representar no tribunal milhões de outros assim como eles, pessoas que apenas queriam que lhes fosse permitida a dignidade básica de se casarem com quem amavam.

O processo levaria oito meses para chegar ao primeiro round da luta: o tribunal distrital federal dos Estados Unidos. Dentro daquele tribunal, um juiz ouviria as testemunhas, revisaria as evidências e, com base nos fatos diante dele, decidiria se a Proposta 8 havia violado os direitos civis de Kris, Sandy, Paul e Jeff. Em 4 de agosto de 2010, o juiz Vaughn Walker decidiu a favor deles, concluindo que a Proposta 8 era de fato inconstitucional e proclamando o direito dos casais do mesmo sexo de se casarem. Foi uma sentença fantástica e importante. Mas, como acontece muitas vezes, o juiz Walker decidiu que esperaria para levar a cabo a decisão até que houvesse um recurso de apelação em um tribunal superior — um conceito legal conhecido como período de suspensão.

Eu estava no meio da disputa para procuradora-geral quando a decisão foi tomada, e isso logo se tornou uma questão central na campanha. O procurador-geral da Califórnia ainda tinha o direito de apelar da decisão do juiz Walker. Eu estava concorrendo para suceder Jerry Brown, que se recusou a defender a medida no tribunal. Também explicitei que não tinha intenção de gastar um centavo dos recursos do gabinete da Procuradoria-Geral em defesa da Proposta 8. Meu oponente pensava de outra forma — uma distinção acentuada entre nós. Eu entendia que ia além de princípios; era também sobre resultados práticos. Se a Califórnia, por um lado, se recusasse a apelar da decisão, o juiz de primeira instância poderia remover a suspensão e o estado poderia voltar a emitir licenças de casamento imediatamente. Por outro lado, se a Califórnia apelasse da decisão, levaria anos até que os casamentos pudessem começar.

Quando ganhei a eleição, minha recusa em apelar da decisão deveria ter sido o ponto-final de tudo. Mas os defensores da Proposta 8 não estavam dispostos a desistir tão fácil. Em uma atitude inusitada, eles se uniram para apelar, eles próprios, da decisão. Na minha opinião, não tinham base para isso. O direito à liberdade de expressão não lhe dá direito de intervir em um processo judicial. Você não tem o direito de fazer parte de um processo apenas por ter opiniões firmes sobre o assunto. Para levar um caso ao tribunal, é preciso ter legitimidade, o que significa, entre outras coisas, que você sofreu ou pode sofrer um dano real. (Em termos mais coloquiais, penso nisso como o meu marido poderia explicar com seu sotaque carregado típico de Nova Jersey: você tem de ser capaz de fornecer uma resposta concreta à pergunta "O que você tem a ver com isso?".)

Kris Perry teve legitimidade para processar o estado quando a Proposta 8 foi aprovada porque aquilo era um dano para ela, era a privação de um direito civil. Tínhamos uma lei na Constituição que tratava uma parcela de americanos de maneira diferente de todos os outros e, fundamentalmente, aquilo era injusto. Mas quando a Proposta 8 foi invalidada em um tribunal federal, essa decisão garantiu proteção a um grupo sem causar danos a mais ninguém. O princípio constitucional estava claro. Essas pessoas que queriam negar a casais do mesmo sexo os benefícios de proteção igualitária e o devido processo legal no âmbito da Constituição dos Estados Unidos não poderiam fazer isso apenas por alegar que eram contra a ideia. Elas sempre teriam a liberdade de expressão garantida. Mas não tinham o poder de negar a outros americanos seus direitos fundamentais.

E ainda assim o recurso prosseguiu. A decisão ficou em suspenso. Levaria mais de um ano para que o Tribunal de Apelação do Nono Circuito emitisse a sua decisão. Cada dia de espera era um dia a mais que a justiça continuava sendo negada — e muito, muito mais. Cada dia de espera era um dia em que um casal não conseguia consagrar seu compromisso. Cada dia de espera era um dia em que uma avó falecia antes do casamento do qual ela teria adorado participar. Cada dia de espera era mais um em que uma criança continuava a se perguntar: *Por que meus pais (ou minhas mães) não podem se casar também?*

A decisão do Nono Circuito teve muitos méritos — um painel de três juízes confirmou a decisão do tribunal de primeira instância de que a Proposta 8 privava casais do mesmo sexo de seus direitos civis na Califórnia. Mas o tribunal não questionou o direito dos defensores da Proposta 8 de apelarem. Em vez disso, emitiu uma suspensão da decisão e permitiu que apelassem novamente — dessa vez para a Suprema Corte.

Enquanto eu ouvia as argumentações, os juízes da Suprema Corte discutiam a questão da legitimidade. O juiz Stephen Breyer questionou se os defensores da Proposta 8 não passavam de "um grupo de cinco pessoas com opiniões muito firmes".[2] A juíza Sonia Sotomayor desejava saber como a decisão do tribunal de primeira instância havia prejudicado os defensores da Proposta 8 "de alguma outra forma que não ver a lei sendo cumprida para todos os contribuintes". Mas quando as argumentações terminaram, era impossível saber que decisão seria tomada.

Quando saí da Suprema Corte, havia centenas de pessoas reunidas, agitando bandeiras de arco-íris, segurando cartazes, esperando ansiosamente por justiça. Aquilo me fez sorrir. Antes de mais nada, era esse o motivo pelo qual eu escolhera ser advogada. Acreditava que o tribunal era o local onde se tornava possível traduzir aquela paixão em ação, jurisprudência e lei.

Olhei para todos aqueles rostos diante de mim e imaginei todas as pessoas que haviam estado naquele mesmo lugar por motivos parecidos: pais negros com seus filhos, lutando contra a segregação nas escolas; mulheres jovens marchando e clamando, segurando cartazes que diziam MANTENHA O ABORTO LEGALIZADO; ativistas dos direitos civis se manifestando contra impostos, testes de alfabetização e leis que proibiam o casamento inter-racial.

No dia a dia, talvez parecesse que pessoas com causas tão diferentes não tivessem nada em comum. Mas elas compartilharam algo profundo naqueles degraus: de alguma maneira, foram tratadas de forma "diretamente subversiva ao princípio da igualdade", como afirmou certa vez o ex-presidente da Suprema Corte Earl Warren. E de uma forma ou de outra, essas pessoas acreditavam que a Constituição poderia libertá-las. Elas reverenciavam aquele documento, nas palavras de Franklin

Roosevelt, "não porque seja antiga, mas porque é sempre nova, não apenas na idolatria ao seu passado, mas na fé nas pessoas vivas que a mantêm jovem, agora e nos anos que virão".³ Por isso elas marchavam. E lutavam. E esperavam.

Eu sabia que não tinha como saber. A Suprema Corte tinha um histórico de algumas decisões terríveis. Em 1889, sustentou uma lei — ainda não derrubada — que excluía especificamente os chineses de imigrarem para os Estados Unidos. Em 1896, considerou que a segregação racial não era uma violação à Constituição. Em 1944, considerou que não havia nada de inconstitucional no confinamento forçado de nipo-americanos. Em 1986, considerou que as relações homoafetivas poderiam ser criminalizadas. Em 2010, deu início a uma era de dinheiro sombrio (*dark money*) na política com sua decisão em *Citizens United*.\* E, na véspera do dia em que saberíamos da decisão do nosso caso, os juízes conservadores do tribunal invalidaram — e evisceraram — uma parte fundamental da Lei de Direito ao Voto. Não tinha como saber.

Mas na manhã de 26 de junho de 2013, recebemos notícias maravilhosas. A Suprema Corte concordou que os defensores da Proposta 8 não tinham legitimidade para a apelação e rejeitou o caso em uma decisão por cinco votos a quatro. Aquilo significava que a decisão do tribunal de primeira instância estava mantida. E significava também que a igualdade para os casamentos era mais uma vez a lei na Califórnia — finalmente.

Eu estava no meu gabinete em Los Angeles quando recebemos a notícia. Foi uma comemoração espontânea, com gritos e aplausos reverberando pelos corredores. Depois de tantos anos de luta e adversidades, o amor enfim tinha vencido.

Reuni minha equipe para discutirmos um plano de ação. Eu queria que os casamentos começassem imediatamente. Mas seria impossível

---

\* Decisão da Suprema Corte que reverteu as antigas leis de restrições financeiras de doações a campanhas políticas e permitiu que empresas e instituições doassem quanto quisessem para as campanhas. (N. E.)

até que o Tribunal de Apelação do Nono Circuito desse um fim à suspensão — e o tribunal de apelação afirmou que demoraria semanas até que isso acontecesse. Aquilo era inaceitável para mim.

Quando estava saindo para uma entrevista coletiva na qual falaria sobre a vitória, minha equipe me alertou em relação a desafiar a corte a agir. Havia uma questão de decoro sobre a atitude adequada a tomar naquele tipo de situação, e o fato de eu dar abertamente minha opinião poderia ofender esse decoro. Mas não era hora para isso. Nossos compatriotas já estavam esperando havia muito tempo. Por isso, peguei o microfone e cobrei do Tribunal de Apelação do Nono Circuito que acabasse com a suspensão o mais rápido possível.

Dois dias depois, eu estava no meu gabinete em São Francisco, com a minha equipe, para uma reunião estratégica na sexta-feira à tarde, na qual abordávamos a questão de organizações criminosas transnacionais que abrangiam desde tráfico de drogas a tráfico humano e de armas. Estávamos concentrados, debatendo a respeito de uma investigação aberta recentemente, quando a minha assistente Cortney Bright entrou e me passou um bilhete. "O Nono Circuito chegou a uma decisão." Li a mensagem para todos e perdemos toda a capacidade de focar no trabalho em questão. Precisávamos saber a resposta.

Pouco depois, Cortney estava de volta. O Nono Circuito acabara com a suspensão. O estado poderia começar a emitir licenças de casamento imediatamente. Explodimos em gritos de comemoração.

Meu telefone tocou e era Chad Griffin. Ele estava com Kris Perry e Sandy Stier.

"Kamala, estamos indo para São Francisco. O primeiro casamento será de Sandy e Kris, e queremos que você oficie a cerimônia."

"Claro! Eu adoraria!", disse a Chad. "Nada me daria mais orgulho."

Normalmente, eu tinha que andar apenas no carro oficial, mas daquela vez insisti para que fôssemos a pé. Enquanto minha equipe e eu seguíamos para a prefeitura, lembrei-me da famosa imagem de Thurgood Marshall caminhando de cabeça erguida com Autherine Lucy, a quem havia sido negada a admissão à Universidade do Alabama, um dos primeiros testes de integração. Embora fôssemos os únicos na rua daquela vez, parecia que estávamos fazendo parte de um desfile — um desfile que se estendia por gerações. Estávamos seguindo os passos de gigantes e abrindo passagem para o nosso tempo.

Quando chegamos à prefeitura, fomos até a secretaria, onde uma multidão já estava reunida no corredor. Kris e Sandy chegaram logo depois, radiantes e prontas para começar.

"Parabéns!", exclamei, abraçando as duas.

Elas tinham passado por tanta coisa, durante tanto tempo. Estávamos rindo e conversando quando um repórter e um cinegrafista se aproximaram para me fazer uma pergunta. O repórter tinha recebido a informação de que talvez ocorresse um recurso e queria saber o que eu achava daquilo.

Apenas olhei para ele e sorri.

"Os sinos de casamento estão prestes a tocar!", disse.

Enquanto isso, a notícia estava se espalhando e as pessoas começaram a chegar à prefeitura às centenas. Algumas para comemorar. Outras para se casar. Outras ainda só para serem testemunhas daquele momento. Podíamos ouvir o Gay Men's Chorus cantando, suas vozes ressoando na rotunda. Entrar juntos naquele espaço apertado, todos com a sensação da mais pura alegria, foi uma experiência mágica.

Estávamos nos preparando para a cerimônia quando alguém me puxou de lado para dizer que o escriturário em Los Angeles estava se recusando a emitir licenças de casamento até que o estado liberasse. Ele claramente precisava de algum tipo de orientação. Bastou que me passassem o telefone.

"Aqui quem fala é Kamala Harris", disse. "Você deve começar os casamentos imediatamente."

"Tudo bem!", respondeu ele, parecendo aliviado. "Vou considerar isso como a ordem de que precisávamos e emitiremos as licenças agora."

Agradeci a ele.

"E aproveite!", acrescentei. "Vai ser divertido."

Pouco tempo depois, assumi meu lugar na varanda e assisti a Kris e Sandy, acompanhadas por parentes e amigos, subirem as escadas da prefeitura. Elas formavam um casal elegante, vestidas em tons de bege e branco. Sandy segurava um buquê de rosas brancas. Dois dias antes, as duas haviam se tornado exemplos de justiça. Agora, enquanto davam os passos finais na minha direção — atravessando o mesmo prédio em que Harvey Milk viveu e morreu defendendo a dignidade de todas as pessoas —, eu podia sentir a história sendo feita.

"Hoje, testemunhamos não apenas a união de Kris e Sandy, mas a realização do sonho delas: o casamento... Ao se juntarem ao caso contra a Proposta 8, as duas foram representantes de milhares de casais que, assim como elas, lutam pela igualdade no casamento. E passando por altos e baixos, por dificuldades e triunfos, saíram vitoriosas."

Kris e Sandy fizeram seus votos, e o filho delas, Elliott, entregou as alianças. Tive a honra e o privilégio de dizer:

"Em virtude do poder e da autoridade a mim investidos pelo estado da Califórnia, eu as declaro casadas para o resto da vida."

Ocorreram centenas de casamentos em todo o estado naquele dia 4, cada um deles uma expressão de amor, justiça e esperança.[4] A Prefeitura de São Francisco foi iluminada com as cores do arco-íris — uma bela homenagem às belas palavras "Eu aceito!".

Quando cheguei em casa naquela noite, pude refletir sobre o dia que passara. Meus pensamentos se voltaram para um homem que eu gostaria que pudesse ter estado lá para ver. Jim Rivaldo era um estrategista político de São Francisco, um dos cofundadores do *National Lampoon* e membro importante da comunidade gay, que teve papel fundamental na eleição de Harvey Milk para o Conselho de Supervisores de São Francisco, em 1977. Ele era realmente genial, e na minha primeira candidatura a promotora pública, Rivaldo foi um dos meus conselheiros mais valiosos. Minha família e eu o adorávamos, em especial minha mãe. Nos anos que se seguiram à minha primeira eleição, nós o víamos com frequência. Ele passou o Dia de Ação de Graças conosco um ano antes de falecer, em 2007. Minha mãe ficou ao lado dele no leito, cuidando e tentando fazer com que seus últimos dias fossem confortáveis.

Eu queria falar com Rivaldo. Queria compartilhar o momento com ele. Mas mesmo na sua ausência, sabia exatamente o que ele teria dito: *Ainda não acabou.*

Demoraria mais dois anos até que a Suprema Corte reconhecesse a igualdade no casamento em todos os cinquenta estados. E ainda hoje a lei federal permite que um empregador demita um funcionário se identificá-lo como LGBTQIA+. Os direitos das pessoas transgênero ainda são ignorados em sedes do governo por todo o país. Ainda existe uma batalha ferrenha pelos direitos civis.

O que aconteceu com a Proposta 8 foi um trecho importante de uma jornada mais longa, que teve início antes que os Estados Unidos fossem uma nação independente e continuará por décadas. É a história de pessoas lutando por sua humanidade — pela ideia básica de que todos devemos ser iguais e livres. É a história de pessoas lutando pela promessa feita a todas as gerações futuras na assinatura da Declaração de Independência: que nenhum governo tem o direito de roubar nossa vida, nossa liberdade ou nossa humilde busca pela felicidade.

Nos anos que virão, o mais importante é que nos reconheçamos nas batalhas uns dos outros. Se estivermos lutando pelos direitos das pessoas transgênero, ou pelo fim do preconceito racial, se estivermos lutando contra a discriminação habitacional ou contra leis de imigração insidiosas, não faz diferença quem somos, qual a nossa aparência, ou quão pouco parecemos ter em comum com a causa defendida, a verdade é que na luta pelos direitos civis e pela justiça econômica, somos todos iguais. Nas palavras do grande Bayard Rustin, organizador da Marcha de 1963 em Washington: "Somos todos um, e se não tivermos consciência disso, aprenderemos da maneira mais difícil."

\* \* \*

Poucos meses depois que Kris e Sandy se casaram, eu estava a caminho de um evento em uma organização sem fins lucrativos chamada California Endowment, administrada pelo meu amigo Robert K. Ross, um filantropo da área da saúde. A sede do fundo ficava em um espaço bonito e moderno e, durante a minha época como procuradora-geral, era costume usá-lo para realizar grandes eventos. Naquele dia em particular, o foco era sobre um tema que poucos poderiam supor estar na agenda de um procurador-geral. Eu estava lá para falar sobre evasão escolar do ensino fundamental e iniciar um debate sobre possíveis soluções.

Quando comecei a exercer o cargo de procuradora-geral, informei à minha equipe executiva que desejava tornar o tema da evasão escolar prioridade máxima do meu gabinete. Aqueles que não me conheciam devem ter achado que eu estava brincando. Por que a principal autoridade da lei do estado iria se concentrar em saber se as crianças de sete anos estão indo ou não à escola? Mas quem já estava comigo há algum tempo sabia que eu estava falando sério, e muito. De fato, instituir um plano estadual de combate à evasão escolar foi, antes de mais nada, parte do motivo pelo qual eu me candidatei ao cargo.

Quando eu era promotora pública, muito do trabalho que fiz para prevenção do crime teve foco em intervenções posteriores na vida. O programa Back on Track, por exemplo, tinha como objetivo ajudar jovens adultos a evitar receber penas de prisão e, assim, não estar sujeitos às consequências de uma condenação por um crime. Mas eu estava também preocupada com as intervenções iniciais, com as atitudes que poderíamos tomar como comunidade — e como país — para manter as crianças seguras e no caminho certo já de início. Eu queria identificar os momentos-chave na vida de uma criança em que o meu gabinete poderia fazer a diferença.

Foi durante esse processo que comecei a fazer a conexão entre uma série de pontos relatados em pesquisas. O primeiro ponto dizia respeito à importância da proficiência em leitura no terceiro ano escolar. Estudos mostram que o fim do terceiro ano é um marco crucial para os alunos. Até essa etapa, o currículo se concentra em ensiná-los a ler. No quarto ano, há uma mudança e os alunos passam a ter que ler para poder aprender. Se os alunos não sabem ler, não serão capazes de aprender e assim vão ficando para trás, mês após mês, ano após ano — o que os força a um caminho quase inevitável em direção à pobreza. A oportunidade é tirada desses alunos quando eles não têm mais do que um metro de altura. Acredito que deixar uma criança sem acesso à educação é o equivalente a um crime.

Ao mesmo tempo, eu estava lidando com uma onda de homicídios na cidade e no condado de São Francisco. Era um problema para os líderes em toda a região, dentro e fora do governo, por isso havia muita agitação e preocupação em relação ao que deveríamos fazer para resolver a situação. Quando analisamos os dados, descobrimos que mais de 80% dos presos haviam abandonado a escola no ensino médio.

Fui ao encontro da superintendente do distrito escolar, uma mulher maravilhosa chamada Arlene Ackerman, para lhe perguntar sobre a taxa de abandono no ensino médio. Ela me disse que uma parcela significativa dos seus alunos do ensino médio que haviam abandonado a escola também tinha faltado às aulas no ensino fundamental — por semanas e até meses. Aquilo, para mim, foi um sinal claro de que deveríamos tomar alguma atitude. As ligações eram evidentes demais. Era possível mapear o caminho das crianças que começaram a se afastar da sala de aula quando ainda eram pequenas. O aluno que mata aula fica sem rumo... e se torna alvo das gangues... então vira um "passador" de drogas... até se tornar o perpetrador — ou vítima — da violência. Se não cuidássemos da criança no ensino fundamental, onde ela deveria estar, possivelmente a encontraríamos mais tarde na prisão, no hospital ou morta.

Meus pais se conheceram em Berkeley durante o movimento pelos direitos civis. Eles se casaram logo depois.

Minha mãe e sua querida amiga, tia Lenore, participaram dos protestos contra as atrocidades de Birmingham.

Aos 25 anos, minha mãe se formou, fez um ph.D. e me teve.

Meu pai, orgulhoso e a meio caminho do doutorado em economia em Berkeley. (Abril de 1965)

Quando eu tinha dez meses, fomos a Spanish Town, na Jamaica. Esta sou eu com minha mãe e meu avô paterno, Oscar Joseph.

Com minha bisavó Iris Finegan na Jamaica.

Visitando meu tio Freddy, no Harlem. O Harlem sempre foi um lugar mágico para mim. (Setembro de 1966)

Mais empolgada impossível para conhecer minha irmãzinha Maya. (Março de 1967)

Meu avô e eu quando fomos visitar a ele e minha avó em Lusaka, Zâmbia. Ele foi enviado pela Índia em uma missão diplomática para ajudar a nação africana na época em que sua independência foi declarada. Meu avô foi uma das minhas pessoas preferidas no mundo, além de ter sido uma grande influência para mim, desde muito nova e durante muito tempo.

Natal de 1968. As irmãs esperando Papai Noel.

Mamãe, Maya e eu na rua em que morávamos, Milvia Street, depois que meus pais se separaram. Desde então, ficamos conhecidas como "Shyamala e as meninas". (Janeiro de 1970)

Exibindo meu afro. (Segundo trimestre de 1970)

Minha turma na Thousand Oaks Elementary School foi a segunda em Berkeley a ser integrada. Esta é a turma da sra. Wilson. Eu estou no meio, de casaquinho branco.

No meu sexto aniversário. Na foto está Stacey Johnson, minha melhor amiga no jardim de infância e até hoje uma das minhas amigas mais próximas.

Maya e eu no estúdio de balé da madame Bovie. Eu amava dançar nessa época. E continuo amando.

Meu casaco de couro falso favorito aos sete anos. (Dezembro de 1971)

Passeando com minha família na Jamaica. Maya está no cantinho à direita.

Meus avós maternos quando vieram nos visitar em 1972. É possível ver o Dodge Dart amarelo da minha mãe à esquerda. Nós morávamos ali, subindo a escada, em cima da creche.

Muito antes do "dia de as crianças conhecerem o trabalho dos pais", minha mãe levava a gente para o laboratório em Berkeley. Ela tinha dois objetivos na vida: criar suas duas filhas e acabar com o câncer de mama.

Maya e eu em frente ao nosso prédio. É possível ver a placa da Bancroft Nursery atrás. Nós morávamos no andar de cima.

Minha mãe sempre me disse: "Kamala, você pode ser a primeira a fazer muitas coisas. Garanta que não seja a última."

Em frente à casa da sra. Shelton, com a neta dela, Saniyyah, no colo. A casa estava sempre cheia de crianças, comida boa e muito amor. (Segundo trimestre de 1978)

No meu primeiro ano na Howard University, quase todo fim de semana eu ia ao Mall protestar contra o apartheid e exigir que nossas organizações públicas e privadas cortassem vínculos com o governo segregacionista sul--africano. Nesta foto, estou com Gwen Whitfield. (Novembro de 1982)

Em visita à minha avó paterna, Beryl, na Jamaica.

Ao me formar na Universidade da Califórnia, Hastings College of the Law, em maio de 1989. Minha professora do primeiro ano, sra. Wilson, veio me parabenizar. Minha mãe também estava muito orgulhosa.

Embora já trabalhasse na promotoria do condado de Alameda, eu voltava à cozinha da sra. Shelton, onde eu sabia que seria recebida com um abraço caloroso e uma comida deliciosa.

Demos início à minha campanha para promotora distrital no Women's Building, em São Francisco. Minha mãe está se dirigindo à multidão. Ela costumava também organizar os voluntários, fechar envelopes e fazer qualquer coisa que fosse necessária. Também na foto: as supervisoras Sophie Maxwell e Fiona Ma, e Mark Leno, membro da Assembleia Legislativa da Califórnia.

Fui abençoada com uma família maravilhosa. Nunca serei capaz de agradecer a tia Chris, tio Freddy e tia Mary pelo incentivo e pelo apoio constantes. Eles sempre estiveram disponíveis para o que eu precisasse, como fizeram na época do evento da minha campanha para promotora em um clube de jazz de São Francisco.

Na noite da eleição, em novembro de 2003, fomos jantar enquanto as cédulas de votação eram abertas. Meu cunhado, Tony West, com meu grande amigo Matthew Rothschild, Mark Leno e meu consultor de campanha Jim Rivaldo estão anotando as prévias da apuração na toalha de papel. Rasgamos um pedaço da contagem de votos e ainda tenho o papel emoldurado no meu escritório.

Venci o segundo turno cinco semanas depois, me tornando a primeira mulher promotora distrital de São Francisco. Nesta foto estou na sede da campanha, diante da palavra "justiça", pintada nos muros pelos voluntários. Atrás do meu ombro esquerdo, minha mãe. Atrás dela, Chris Cunnie e o promotor Dennis Herrera. Chris se tornaria chefe do meu escritório de investigação.

Depois da posse, fui ao meu novo escritório para ver como era. Estava totalmente vazio, exceto por uma cadeira no meio. Fiquei feliz de tomar meu assento.

Amava ter minha mãe comigo nos eventos. Aqui estamos no desfile do ano-novo chinês. (2007)

Alguns de meus consultores políticos temiam que combater a evasão pudesse não ser um tema de apelo popular. Ainda hoje, algumas pessoas não compreendem a intenção por trás da abordagem que escolhi — elas presumem que a minha motivação era prender os pais, quando é evidente que esse nunca foi o objetivo. Nosso esforço pretendia pôr os pais em contato com recursos que poderiam ajudá-los a colocar seus filhos de volta na escola, que era o local onde as crianças deveriam estar. Estávamos tentando apoiar os pais, não puni-los — e, na grande maioria dos casos, fomos bem-sucedidos.

Ainda assim, estava disposta a ser a vilã da história se isso significasse chamar a atenção para uma questão que, de outra forma, teria passado praticamente despercebida. O capital político não rende juros. É preciso gastá-lo para que ocorra a diferença.

Meu gabinete se aliou à cidade e ao distrito escolar, e desenvolvemos uma iniciativa de combate à evasão escolar. Tenho orgulho de dizer que, em 2009, havíamos reduzido a evasão escolar entre as crianças do ensino fundamental de São Francisco em 23%.[5]

À medida que investigávamos mais a fundo o problema, o que descobrimos foi bem diferente do que vários de meus colegas esperavam. Estereótipos levam a pensar que uma criança se torna um aluno com evasões constantes porque os pais não ligam para o seu futuro. Mas a verdade é outra. A verdade é que a grande maioria dos pais tem um desejo natural de cuidar bem dos filhos. Eles querem ser bons pais e mães. Podem só não ter as habilidades ou os recursos necessários.

Imagine uma pessoa, mãe ou pai separados, que tenha dois empregos, ambos com remuneração de um salário mínimo, trabalhando seis dias por semana e ainda assim ficando abaixo da linha da pobreza. Sendo paga por hora, sem férias ou licença médica. Se a filha de três anos dessa pessoa tem uma febre, ela não pode deixar a menina na creche que precisou de um segundo emprego para poder pagar. Não há dinheiro para uma babá, mas se ela não for ao trabalho não terá como comprar fraldas pelo resto do mês. Já foi muito difícil economizar o dinheiro necessário para os sapatos novos para o filho mais velho, de onze anos, cujos pés parecem aumentar um número em poucos meses.

O que é um incômodo para quem tem recursos se torna desesperador para os que não têm. Se uma pessoa nessa situação pedir ao filho que falte um dia na escola para cuidar da irmã mais nova, não é justo acusá-la de amar menos os filhos. Isso é uma questão de circunstâncias e de condições, não de caráter. Essa pessoa quer ser a melhor mãe ou pai que puder.

O objetivo da nossa iniciativa de prevenção da evasão escolar era intervir e oferecer apoio. Queríamos que as escolas levassem as informações aos pais: não apenas sobre a ligação entre a alta evasão escolar, o analfabetismo e o elevado índice de criminalidade, mas também, o que era mais importante, sobre recursos que eles talvez não conhecessem — o auxílio que a cidade e o distrito escolar ofereciam para tornar mais fácil incentivar a ida dos filhos à escola.

Quando estávamos elaborando o programa, a orientação preliminar para os distritos escolares dizia a todos que notificassem os pais com quem a criança vivia, caso houvesse um problema de evasão escolar. Em geral era a mãe.

"Espere um pouco. E quanto ao pai?", perguntei.

"Bem, em muitos desses casos", explicou alguém da minha equipe, "as crianças não moram com o pai e ele não paga a pensão alimentícia".

"E daí?", retruquei. "Ele pode não pagar a pensão, mas isso não quer dizer que não queira que o filho vá à escola todos os dias."

E, de fato, em um dos casos, um rapaz descobriu que a filha não frequentava a escola diariamente e acabou mudando sua rotina para levá-la todas as manhãs. Ele até começou a ajudar como voluntário na turma dela.

Quando me tornei procuradora-geral, queria usar a força do meu gabinete para expor a crise de evasão escolar em todo o estado. Eu sabia que as câmeras estariam presentes para registrar muito do que eu fizesse, e queria chamar a atenção para essa questão e apelar para o interesse pessoal da população. Queira ou não, a maioria das pessoas prioriza a própria segurança acima da educação do filho de outra pessoa. Eu queria fazê-los ver que, se não priorizássemos a educação agora, isso viria a se tornar uma questão de segurança pública.

Nosso primeiro relatório, cujos resultados eu anunciaria naquele dia no California Endowment, estimava que tínhamos aproximadamente um milhão de crianças em estado de evasão escolar no ensino fundamental em todo o estado. E em muitas escolas, quase todas estavam ausentes: uma das instituições tinha uma taxa de evasão superior a 92%.[6]

Assim que subi ao palco, o que poderia ter sido visto como um tema secundário para a procuradora-geral do estado se tornou o foco de um discurso inflamado, no qual instei educadores e formuladores de políticas, os ali presentes e também os que não estavam, a erguer a voz e reconhecer a gravidade da crise.

Enquanto eu falava, notei que dois dos meus funcionários cochichavam entre si enquanto apontavam para um homem na plateia. Não consegui ouvir o que falaram, mas sabia exatamente o que diziam:

"Quem é aquele cara? É ele?"

E eu sabia o que estavam dizendo porque o cara em questão era Doug.

Seis meses antes, eu também não sabia quem era aquele cara. Só sabia que minha melhor amiga, Chrisette, não parava de me ligar. Eu estava no meio de uma reunião e meu telefone zumbia sem parar. Ignorei a ligação dela nas primeiras vezes, mas então comecei a ficar preocupada. Sou madrinha dos filhos dela. Teria acontecido alguma coisa?

Saí da reunião e liguei para ela.

"O que foi? Está tudo bem?"

"Sim, tudo ótimo. Você vai sair com uma pessoa", disse ela.

"Vou?"

"Vai", respondeu Chrisette, confiante. "Acabei de conhecer o cara. Ele é uma graça e é sócio do escritório de advocacia onde trabalha, e acho que você vai gostar muito dele. Ele mora em Los Angeles, mas você está sempre aqui a trabalho, não vai ser problema."

Chrisette é como uma irmã para mim, e eu sabia que não adiantava discutir com ela.

"Qual é o nome dele?", perguntei.

"Ele se chama Doug Emhoff, mas prometa que não vai procurar no Google. Não fique analisando demais. Só saia com ele. Já passei seu número. Ele vai entrar em contato."

Quase suspirei de desânimo, mas ao mesmo tempo apreciei o fato de Chrisette ter tomado a iniciativa. Ela era uma das únicas pessoas com quem eu podia falar abertamente sobre minha vida pessoal. Na condição de mulher solteira, com uma carreira puxada, na casa dos quarenta, sem falar a exposição pública, namorar não era tarefa fácil. Eu sabia que se levasse um homem comigo a um evento, as pessoas imediatamente começariam a especular sobre o relacionamento. Também sabia que mulheres solteiras na política são vistas de forma diferente em relação aos homens solteiros. Não recebemos a mesma leniência quando se trata de vida social. Eu não tinha interesse em atrair esse tipo de escrutínio, a menos que estivesse quase certa de ter encontrado "o Homem" — o que significa que, durante anos, mantive minha vida pessoal totalmente separada da minha carreira.

Algumas noites depois, eu estava a caminho de um evento quando recebi uma mensagem de um número desconhecido. Doug estava assistindo a um jogo de basquete com um amigo e tinha criado coragem para me enviar uma mensagem meio desajeitada. "Oi! É o Doug. É só para dar um oi! Estou no jogo dos Lakers." Escrevi devolvendo o oi e combinamos de nos falar no dia seguinte. Então encerrei a troca de mensagens com a minha parcela de falta de jeito — "Vai, Lakers!" —, embora na verdade eu torça para os Warriors.

Na manhã seguinte, eu estava saindo da academia, antes do trabalho, quando percebi que havia uma ligação perdida de Doug. Embora eu tivesse sugerido que nos falássemos no dia seguinte, não esperava que ele me ligasse tão cedo. Mas devo admitir que achei uma graça. Na verdade, enquanto escrevia este capítulo, eu me sentei com Doug e pedi que dissesse o que estava passando na cabeça dele quando fez aquela ligação. Isto foi o que ele falou:

Acordei cedo naquela manhã. Tinha uma reunião cedinho. E quando estava indo de carro para o trabalho, não conseguia parar de pensar em você. E repetia para mim mesmo: são oito e meia da manhã, é muito cedo para ligar. Vai ser meio patético. Não seja esse tipo de cara. Não mesmo. Não ligue para ela. Não faça isso. E então: Ah, não, acabei de ligar para o número dela e, Ah, não, está tocando.

A mensagem no correio de voz, que ainda tenho salva até hoje, era longa e um tanto confusa. Mas ele parecia um cara legal e fiquei curiosa para saber mais a respeito. Doug, por sua vez, tinha certeza de que acabara com qualquer chance que pudesse ter. Segundo ele, a mensagem que havia deixado tinha sido desastrosa e, provavelmente, nunca mais teria notícias minhas. E precisou se segurar para não ligar de novo e deixar outra mensagem prolixa tentando explicar a primeira.

Mas o destino estava do nosso lado. Tenho um apartamento em São Francisco e, depois de economizar anos para reformar a cozinha, o trabalho estava finalmente prestes a começar. Naquele dia, eu tinha marcado de me encontrar com o empreiteiro e a equipe dele, para mostrar o lugar e entregar as chaves. Mas, quando cheguei ao apartamento, soube que o empreiteiro iria se atrasar, e eu teria de esperar.

Em outras palavras, acabei ficando com uma hora livre para o almoço — algo que quase nunca acontecia. Então, decidi ligar para Doug. Talvez ele também estivesse no intervalo para o almoço.

Ele atendeu, e acabamos passando uma hora inteira conversando. Sei que parece um clichê, mas a conversa simplesmente fluiu — e, apesar de eu ter certeza de que nós dois estávamos nos esforçando arduamente para parecermos espirituosos e interessantes, o que mais me lembro é da gente dando gargalhadas, brincando e rindo um do outro e um com o outro, do mesmo jeito que ainda fazemos. Quando o empreiteiro chegou, eu estava empolgada de verdade para conhecer ao vivo aquele cara. Combinamos de jantar em Los Angeles, no sábado à noite. Eu mal podia esperar para pegar o avião.

Doug sugeriu que nos encontrássemos antes na casa dele. Sugeri de volta que ele me buscasse.

"Tudo bem, mas preciso avisar que não sou o melhor dos motoristas", alegou ele.

"Obrigada pelo aviso", respondi com uma risada.

Não havia fingimento ou afetação com Doug, nenhuma arrogância ou ostentação. Ele parecia verdadeiramente confortável consigo mesmo. Isso é parte do motivo por ter gostado dele de cara.

Na manhã seguinte ao nosso primeiro encontro, Doug me mandou um e-mail com todas as datas que tinha disponíveis para os próximos meses.

"Estou velho para fazer joguinhos ou ficar fingindo", dizia o e-mail. "Gosto de verdade de você e quero ver se conseguimos levar isso adiante."

De fato, ele estava ansioso para me ver naquele sábado, mas eu tinha agendado havia muito tempo um fim de semana só entre amigas.

"Não tem problema", disse ele. "Eu poderia ir a São Francisco e a gente dava uma escapulida nos momentos vagos."

Apreciei o entusiasmo dele, mas tive de explicar que não, não era assim que funcionava um fim de semana entre amigas. Em vez disso, planejamos um segundo encontro para o fim daquela semana.

Para o nosso terceiro encontro, Doug resolveu que era necessário ter uma atitude grandiosa. Ele voou até Sacramento e me encontrou para jantar. Depois disso, sabíamos que tínhamos algo especial. Concordamos em nos comprometer um com o outro por seis meses e em reavaliar nosso relacionamento no fim desse período. Assistir a um discurso sobre os males da evasão escolar não é exatamente o que a maioria das pessoas considera um encontro romântico, mas o evento foi a apresentação pública de Doug — a primeira vez que o convidei para estar comigo em um evento profissional. Daí os sussurros e dedos apontados vindos da minha equipe, que tinha ouvido rumores da existência dele, mas ainda não o vira com os próprios olhos. Mais tarde, eles se refeririam a essa época como DD — "Depois de Doug". Todos adoravam quanto ele me fazia rir. Eu também.

Doug já tinha sido casado uma vez e tinha dois filhos, Cole e Ella — em homenagem a John Coltrane e Ella Fitzgerald. Quando começamos a namorar, Ella estava no ensino fundamental e Cole no ensino médio — Doug compartilhava a custódia com a ex-esposa, Kerstin. Eu tinha — e tenho — uma tremenda admiração e respeito por Kerstin. Pude perceber pela maneira como Doug falava sobre os filhos que ela era uma mãe incrível — e nos meses seguintes, quando Kerstin e eu nos conhecemos melhor, nos demos muito bem e nos tornamos amigas. (Às vezes brincamos que a nossa família moderna é quase funcional demais.)

Depois do nosso segundo encontro, Doug estava pronto para me apresentar a Cole e Ella, assim como eu também estava ansiosa para conhecê-los. Mas, como filha de um casal divorciado, sabia como podia ser difícil quando os pais começavam a sair com outras pessoas. Então pisei no freio. Além de falar de vez em quando com os dois, quando Doug me colocava no viva-voz do carro, eu queria me certificar de que nosso relacionamento era sólido e com possibilidade de se tornar duradouro antes que eu entrasse na vida de Cole e Ella.

Doug e eu pensamos muito em quando e como deveria acontecer aquela primeira apresentação. Esperamos cerca de dois meses após nos conhecermos, embora na minha memória eu tenha a sensação de que ficamos juntos por muito tempo — talvez por a expectativa ter sido tão grande, ou porque, quando o grande dia finalmente chegou, eu sentisse que amava Doug havia anos.

Acordei naquela manhã me sentindo extremamente empolgada, mas também com certo frio na barriga. Até aquele momento, eu conhecia Cole e Ella como belos rostos nas fotos de Doug, personagens encantadores das histórias que ele contava, as figuras centrais em seu coração. Agora finalmente eu conheceria aqueles dois jovens incríveis. Era um grande momento.

Quando voltei do meu gabinete em Los Angeles para casa, comprei uma lata de biscoitos, passei uma fita ao redor e fiz um belo laço. Tirei o terninho, vesti jeans e calcei meu All Star, respirei fundo algumas vezes e fui à casa de Doug. No caminho, tentei imaginar como seriam os primeiros minutos. Passei vários cenários pela cabeça e tentei encontrar as coisas certas para dizer. A lata de biscoitos estava ao meu lado no banco, uma testemunha silenciosa do meu ensaio. As crianças achariam que a ideia de levar biscoitos era muito boa ou muito estranha? Talvez a fita fosse um exagero.

A fita provavelmente foi um exagero mesmo. Mas Cole e Ella não poderiam ter sido mais acolhedores. Eles também estavam ansiosos para me conhecer. Conversamos por alguns minutos, então nos amontoamos no carro de Doug e saímos para jantar. Doug e eu tínhamos combinado que as crianças deveriam escolher onde comer, para tornar tudo o mais confortável possível. Eles escolheram um lugar que era um dos favoritos dos dois desde que eram pequenos — um restaurante de frutos do mar na Pacific Coast Highway chamado Reel Inn. O lugar ficava a cerca de uma hora de distância de carro, contando com o trânsito, o que nos proporcionou um bom tempo para nos conhecermos no caminho. Descobri que Cole era aficionado por música e estava animado para compartilhar algumas das suas descobertas mais recentes comigo.

"Comecei a ouvir Roy Ayers", disse ele. "Você conhece?"

Em resposta, cantei:

"*Everybody loves the sunshine, sunshine, folks get down in the sunshine...*"

"Você conhece!"

"Mas é claro!"

Colocamos essa música para tocar, depois outra e mais outra. Nós quatro cantamos juntos com as janelas abertas enquanto dirigíamos pelo litoral a caminho do restaurante.

O Reel Inn era despojado e despretensioso. Era difícil não se sentir à vontade. Esperamos na fila diante de um balcão, com bandejas na mão — o cardápio de peixe fresco escrito em um quadro-negro na parede. O caixa nos deu números, como em uma delicatéssen, e quando nossa comida ficou pronta, levamos as bandejas para algumas mesas de piquenique com vista para o mar, no momento em que o sol começava a se pôr. Quando terminamos de comer, Cole e Ella nos disseram que estavam indo para a escola em que Cole estudava para ver uma exposição de arte onde seriam exibidos alguns dos trabalhos de seus amigos. E perguntaram se gostaríamos de nos juntar a eles.

"Claro!", respondi, como se aquilo fosse uma coisa totalmente normal. Adorei a ideia.

Então Doug sussurrou para mim:

"Eles devem ter gostado de você. Nunca me convidam para nada."

Fomos juntos até a escola, e Ella — uma artista talentosa — foi uma excelente guia da exposição. Muitos dos amigos deles também estavam lá, e nos divertimos conversando com os alunos e os pais. Mais tarde, Doug brincou que eu tinha sido completamente inundada pela vida deles naquela noite, mas acho mais correto dizer que fui fisgada, e Cole e Ella me tinham na palma das mãos.

No fim de março de 2014, eu tinha duas viagens planejadas. Uma ao México, onde eu coordenaria com autoridades seniores do governo a luta contra organizações criminosas transnacionais e traficantes de seres humanos. A outra era à Itália, onde Doug e eu estávamos ansiosos para tirar uma folga romântica a dois. Os respectivos itinerários eram, para resumir, diferentes. Em casa, Doug e eu ficamos acordados até tarde olhando fotos e guias e planejando nosso itinerário em Florença. No gabinete, eu estava trabalhando para reunir e liderar uma delegação bipartidária de procuradores-gerais estaduais para se juntarem a mim na Cidade do México.

O crime transnacional mexicano foi — e é — uma ameaça séria, e a Califórnia era o alvo principal. Em março daquele ano, meu gabinete divulgou um relatório que constatou, por exemplo, que 70% da metanfetamina que circula nos Estados Unidos tinha San Diego como porto de entrada, na fronteira sul da Califórnia. O relatório também chamou a atenção para a forma como o tráfico de drogas estava sendo ampliado no país à medida que os cartéis formavam alianças com gangues nas ruas e nas prisões da Califórnia.

Os desafios apresentados aos agentes da lei na Califórnia — e, portanto, no resto do país — eram significativos, e eu queria me encontrar com autoridades mexicanas para organizar um plano conjunto de enfrentamento aos cartéis.

Passamos três dias no México — eu e quatro outros procuradores-gerais estaduais — e conseguimos elaborar um plano de ação concreta. Assinamos uma carta de intenções com o National Banking and Securities Commission of Mexico [Comissão Nacional Bancária e de Valores do México] para estabelecer um sistema antilavagem de dinheiro. A lavagem de dinheiro fomenta organizações criminosas transnacionais e, ao criarmos um acordo de comunicação e cooperação com o México, esperávamos melhorar nossa capacidade de investigar e interromper esse financiamento.

No dia 26 de março de 2014, cheguei ao meu apartamento em São Francisco sentindo que a viagem tinha sido um verdadeiro sucesso. Mas já era tarde da noite e agora eu estava com um pequeno problema: minha viagem com Doug começaria cedo no dia seguinte e eu não tivera tempo de fazer as malas.

Pouco depois de eu chegar em casa, Doug enviou uma mensagem avisando que estava vindo do aeroporto. Quando chegou para me encontrar, eu estava no meio de uma busca frenética. Não conseguia encontrar minha calça preta e me sentia extremamente frustrada.

Era um absurdo, é claro, mas foi um daqueles momentos em que ter de equilibrar todos os pratos cobra o seu preço — um equilibrar os pratos que muitas mulheres trabalhadoras, e alguns homens, conhecem muito bem. Assim como minha mãe, internalizei a ideia de que tudo o que faço merece minha atenção total, mas às vezes parece que as coisas não batem. Simplesmente não há o suficiente de mim para tudo. E aquela foi uma dessas ocasiões. Eu estava com uma centena de coisas na cabeça depois da viagem ao México, e mais uma centena quando pensava no trabalho que deixaria por fazer enquanto estivesse fora. Ao mesmo tempo, tentava mudar a sintonia mental para uma viagem romântica com meu namorado — mas minha lista da mala de viagem e a lista de tarefas a fazer competiam pelo espaço disponível no meu cérebro. Eu estava me culpando por tentar fazer coisas demais, ao mesmo tempo que tinha medo de não estar fazendo o bastante, e todo esse estresse se fundiu na forma de uma busca alucinada por uma calça preta.

Que eu não conseguia encontrar. Meu armário estava uma bagunça.

Por conta disso, estava exausta, e, quando Doug chegou, ele também parecia aborrecido. Estava agindo de forma estranha — um pouco tenso, um pouco calado.

"Você se importa se pedirmos comida em vez de sairmos para jantar?", perguntei a ele. "Não planejei muito bem as coisas e preciso de um tempo para fazer as malas."

"Claro", disse ele. "Que tal aquele tailandês de que gostamos?"

"Acho ótimo", respondi. Procurei em uma gaveta da cozinha e consegui encontrar um cardápio amassado. "Que tal *pad thai*?"

Doug se virou para mim.

"Quero passar a vida com você."

Foi uma coisa fofa de dizer, mas ele era sempre fofo daquele jeito. Verdade seja dita, não registrei o significado daquelas palavras. Nem sequer ergui o olhar. Minha mente ainda estava na calça preta.

"Que bom, querido", falei, e acariciei seu braço, enquanto examinava o cardápio. "*Pad thai* de frango ou camarão? O que você acha?"

"Não, eu quero passar a vida com você", repetiu ele.

Quando levantei os olhos, ele estava se ajoelhando. Doug tinha pensado em um plano elaborado para me pedir em casamento diante da Ponte Vecchio, em Florença. Mas assim que comprou o anel, parecia que a joia estava gritando em seu bolso. Ele não conseguia guardar segredo.

Olhei para ele ali, de joelhos, e comecei a chorar. Veja bem, não foram aquelas lágrimas graciosas de Hollywood escorrendo por um rosto perfeito. Não, estou falando de fungar e grunhir, com o rímel todo borrado. Doug sorriu e pegou minha mão, eu prendi a respiração e sorri de volta. Então ele me pediu em casamento, e respondi com um grito envolto em lágrimas:

"Sim!"

Doug e eu nos casamos no dia 22 de agosto de 2014, uma sexta-feira, em uma cerimônia íntima com as pessoas que amamos. Maya foi responsável pela celebração; Meena fez uma leitura de Maya Angelou. Seguindo as respectivas heranças indiana e judaica, coloquei uma guirlanda de flores no pescoço de Doug e ele pisou em um copo. E estava feito.

Cole, Ella e eu concordamos que não gostávamos do termo "madrasta". Combinamos, então, que eles me chamariam de "Momala".

Uma das minhas tradições favoritas é o almoço de domingo em família. Foi uma rotina que estabeleci assim que Doug e eu ficamos noivos. Quando começamos a namorar, ele era um pai solteiro que dividia a custódia com Kerstin. A refeição em família até então era delivery de comida chinesa e garfos de plástico, que as crianças pegavam e comiam no quarto. Eu mudei isso. Agora todos sabem que esse momento em família no domingo é regra, que nos reunimos, todos à mesa — parentes e amigos são sempre bem-vindos —, e eu preparo uma refeição para compartilharmos. É um momento muito importante para mim.

Todos entraram rapidamente na rotina e encontraram um papel a desempenhar. Cole põe a mesa, escolhe a música e fica ao meu lado como *sous-chef* na cozinha. Ella faz um guacamole digno de restaurante e sobremesas requintadas, o que inclui uma incrível torta de frutas frescas, na qual ela dobra a massa de maneiras magníficas, finalizada com chantilly caseiro. Doug comprou um par de óculos de proteção contra cebola, que usa com grande alarde na hora de picar o ingrediente — e acredite em mim quando digo que não há nada mais atraente do que um homem usando óculos de proteção contra cebola.

Eu fico encarregada do prato principal — às vezes um ensopado de porco de sabor intenso; ou espaguete à bolonhesa; ou um *biryani* indiano; ou frango com queijo feta, raspas de limão e orégano fresco da horta. Em geral começo a cozinhar no sábado, e às vezes até na sexta-feira, embora se eu tiver chegado de viagem acabe preparando alguma coisa rápida — algo mais simples, como tacos de peixe. Nem sempre sai como planejado: às vezes a massa da pizza não cresce, o molho não engrossa, ou falta um ingrediente-chave e tenho de improvisar. Sem problema. Esse momento em família aos domingos vai além da refeição.

Quando terminamos, as crianças lavam a louça. Uma vez, contei a eles a história do tio Freddy. Como morava em um pequeno apartamento em um porão no Harlem, com uma cozinha minúscula, tio Freddy limpava todos os pratos ou utensílios assim que terminava de usá-los. E, com o tempo, as crianças transformaram "Tio Freddy" em um verbo. Quando é hora de limpar, eles prometem "tiofreddar" o lugar. E fazem um ótimo trabalho!

Sei que nem todo mundo gosta de cozinhar, mas para mim é uma forma de me centrar. Quando estou preparando o jantar de família de domingo, sei que estou no controle da minha vida — fazendo algo importante para as pessoas que amo, para que possamos compartilhar esse tempo juntos.

Uma manhã, naquele verão agitado de 2014, meu telefone tocou ao lado da cama. Atendi e ouvi Eric Holder, então procurador-geral dos Estados Unidos, do outro lado da linha. Ele me disse que tinha uma pergunta a fazer.

"Vou deixar o cargo em breve. Está interessada?"

Não é preciso nem falar que era muito para assimilar. Se eu queria ser procuradora-geral dos Estados Unidos? Queria assumir o cargo que já fora de Bobby Kennedy? Claro que sim. Aquele era o tipo de cargo com que eu costumava sonhar acordada durante as aulas no curso de direito. E aquele não era um momento qualquer, com um presidente qualquer. O presidente era Barack Obama, meu amigo e meu presidente, cuja liderança eu tanto admirava e a quem tivera tanto orgulho em apoiar. Fazer parte do gabinete dele seria a honra da minha vida.

Ainda assim, não tinha certeza absoluta se realmente queria o trabalho. Quando Holder deixasse o cargo, restariam menos de dois anos no governo. Que tipo de oportunidade eu teria para desenvolver uma agenda de trabalho de verdade?

Quando Holder e eu voltamos a nos falar, levantei o assunto do programa Back on Track. Eu disse que, se houvesse um orçamento no Departamento de Justiça para financiar e criar incentivos para programas locais de reinserção social, eu estaria interessada no trabalho. Queria ter a possibilidade de fazer uma reforma real em nível nacional, com uma abordagem que priorizasse a prevenção. Infelizmente, como Holder me explicou, não havia orçamento para tal iniciativa e qualquer novo financiamento teria de ser aprovado pelo Congresso — o que nós dois sabíamos que não aconteceria.

Aquilo foi desanimador. Mas eu sabia que, mesmo assim, o cargo não era algo a ser recusado de forma leviana. Como todo advogado que conheço, listei os prós e os contras em um bloco. Analisei as opções de todos os ângulos com Doug e outros membros da família. Fiz o máximo para encontrar argumentos para qualquer uma das decisões.

Um dia, uma das minhas melhores amigas sugeriu que fizéssemos uma trilha em Windy Hill Open Space Preserve, um parque nacional perto de Palo Alto. Ela achou que estar ao ar livre, diante das belas colinas, poderia fazer bem para minha cabeça — e estava certa. Longe do gabinete, os contornos da minha escolha ganharam um relevo mais nítido. A cada passo, eu via com mais clareza o que queria fazer e por quê.

Era inevitável que ocorressem limitações decorrentes do cargo. Isso para mim era uma certeza. Mas enquanto conversava com minha amiga e ela fazia todas as perguntas certas, percebi o verdadeiro motivo por trás da minha resistência em aceitar a oferta: eu já tinha um emprego que amava e um trabalho que ainda queria fazer.

Lembrei-me dos meus primeiros dias como procuradora-geral da Califórnia, quando soube que tínhamos uma grande demanda por kits de estupro. Pensei em todo o trabalho que estávamos fazendo para reduzir aquele número, nas inovações que implantamos para triplicar o número de casos que poderiam ser atendidos. No início de 2014, minha equipe do Rapid DNA Service recebeu um prêmio do Departamento de Justiça pelas realizações. Também pensei no nosso trabalho com o tráfico de pessoas, que fora um problema invisível por tanto tempo, e nos nossos esforços para combater as organizações criminosas brutais e gangues de rua que pouco ligavam para as vidas humanas.

Pensei na luta da qual consegui tomar a frente, primeiro como promotora pública e depois como procuradora-geral, para impedir que réus em crimes de ódio usassem a estratégia conhecida como "defesa do pânico gay e trans". Em 2002, Gwen Araujo, uma jovem de dezessete anos, foi brutalmente espancada e assassinada em Newark, na Califórnia. Seus assassinos — dois deles já haviam tido envolvimento sexual com ela — tentaram justificar suas ações no tribunal alegando que entraram em pânico quando descobriram que Araujo era uma mulher trans, e isso os levara a uma insanidade temporária. Aquilo era um absurdo. Como promotora pública, organizei uma conferência de promotores e funcionários da justiça de todo o país para combater a ideia de que a conduta criminosa poderia ser minimizada pelo preconceito. E como procuradora-geral, naquele verão de 2014, eu estava trabalhando com o governador e a Assembleia Legislativa estadual no que seria um esforço bem-sucedido para banir aquela estratégia de defesa em todo o estado. Pensei em quanto aquilo significava para mim.

Pensei no Bureau of Children's Justice [Agência de Justiça Infantil], uma iniciativa recente que eu ainda estava desenvolvendo com um de meus assistentes especiais da Procuradoria-Geral, Jill Habig, que seria dedicada em sua totalidade a garantir que os direitos de todas as crianças da Califórnia fossem protegidos. Havia muito a ser feito naquele projeto, e eu estava ansiosa para ir até o fim com ele.

Pensei no trabalho que estávamos fazendo com o objetivo de nos preparar para liberar os dados de crimes estaduais para o público, uma iniciativa pioneira de transparência, liderada pelos assistentes especiais da Procuradoria-Geral, Daniel Suvor e Justin Erlich, que chamaríamos de OpenJustice.

Da mesma forma, estávamos ampliando para todo o estado o Back on Track e a minha iniciativa de combate à evasão escolar.

E havia também os predadores corporativos que se aproveitavam de estudantes, veteranos, proprietários de imóveis e das pessoas pobres. Eu adorava ser a voz e a defensora das pessoas maltratadas por eles. Os advogados da minha equipe sabiam como eu levava a sério a responsabilidade de fazer com que predadores corporativos se responsabilizassem pelo mal que faziam. Eles brincavam que "Kamala" queria dizer "Coloque mais zeros no valor daquele acordo".

E, é claro, os bancos. A batalha com eles ainda estava em andamento. Ainda estávamos entrando com processos e eu não tinha intenção de recuar.

Quando a trilha chegou ao fim, minha amiga e eu sabíamos que a decisão havia sido tomada. Eu não me deixaria levar pelo título ou pelo aparente prestígio. O que importava para mim era o trabalho. E quando se tratava do trabalho que mais importava, eu ainda tinha o que fazer.

Mais tarde naquela noite, liguei para Holder e informei minha decisão. Então Doug e eu nos aconchegamos com as crianças no sofá, pegamos um grande balde de pipoca e assistimos a *Homem de Ferro 2* pela segunda vez.

## CAPÍTULO CINCO

# Vamos lutar

Vou me lembrar para sempre do que senti em novembro de 1992 — era uma promotora de 28 anos, atravessando a ponte para São Francisco, vindo da minha casa em Oakland, para comemorar a vitória das senadoras dos Estados Unidos recém-eleitas Barbara Boxer e Dianne Feinstein. Elas foram as primeiras senadoras da Califórnia e as duas primeiras mulheres a representar um estado ao mesmo tempo. A eleição das duas foi um ponto alto do chamado Ano da Mulher e uma inspiração para meninas e mulheres em todos os lugares, inclusive para mim.

Vinte e dois anos depois, quando, no início de janeiro de 2015, a senadora Boxer postou um vídeo dela conversando com o neto mais velho, Zach, eu me lembrei daquela comemoração. Ela falou sobre assuntos que a interessavam, as questões que defendera ao longo de três décadas no Congresso — uma classe média forte, o direito de escolha da mulher, o meio ambiente, os direitos civis, os direitos humanos — e deixou claro que não desistiria delas. Mas, como disse a Zach, ela queria voltar para casa, para a Califórnia. Por isso não concorreria à reeleição.

As eleições seriam quase dois anos depois, em novembro de 2016, mas eu tinha uma decisão a tomar. Deveria entrar na disputa para suceder a senadora Boxer? Seria uma oportunidade de levar para o cenário nacional as questões que estávamos promovendo na Procuradoria-Geral da Califórnia. Eu me tornar senadora dos Estados Unidos seria uma extensão natural do trabalho que eu já estava fazendo — defendendo as famílias que sentem o peso da estagnação salarial, do aumento dos custos de moradia e da diminuição das oportunidades; as pessoas presas em um sistema de justiça criminal falido; os alunos explorados por créditos predatórios e sobrecarregados por mensalidades de valores astronômicos; as vítimas de fraude e de crimes corporativos; as comunidades de imigrantes, as mulheres, os idosos. Eu sabia que era importante estabelecer de quem eram as vozes representadas na mesa onde são definidas as prioridades e as políticas nacionais.

Anunciei minha candidatura em 13 de janeiro de 2015. No fim, outras 33 foram anunciadas. Doug, que estava acompanhando sua primeira grande campanha, teve de se acostumar a um novo tipo de escrutínio. Ainda rimos da vez em que um repórter me perguntou quem me interpretaria em um filme sobre a minha vida. Eu me esquivei, disse que não sabia. Doug não foi tão prudente. Ele respondeu à pergunta e a matéria foi publicada com a declaração de que ele estava "encantado" com a perspectiva de ser interpretado por Bradley Cooper.

Enfrentei a disputa como havia feito em todas as outras, me encontrando com o máximo de pessoas que eu podia, ouvindo atentamente as preocupações delas e mapeando um plano de ação. Conforme a campanha avançava, minha equipe e eu cruzamos o estado no que chamamos de ônibus Kamoji, por causa de uma enorme caricatura minha em emoji pintada na porta de trás.

Por causa das "primárias da selva", uma exclusividade da Califórnia em que os partidos não fazem processos separados nas eleições primárias — há uma única cédula e os dois candidatos mais votados seguem em frente, sem importar a sigla a que pertencem —, acabei me vendo em um segundo turno contra a colega democrata Loretta Sanchez, membro antigo do Congresso. Ela era uma oponente difícil e determinada que lutou até o fim. Tive a sorte de contar em minha equipe com algumas das melhores pessoas do ramo — meu brilhante coordenador de campanha, Juan Rodriguez, e meus consultores estratégicos de longa data Sean Clegg e Ace Smith, além de Ellie Caple e um grupo de funcionários e voluntários extraordinariamente dedicados. Helena, minha afilhada, estava entre eles. Ela começou uma newsletter, entrevistando a equipe e descrevendo nossos esforços. Nossa equipe permaneceu junta em cada etapa do caminho, e eu não teria conseguido sem eles.

A campanha de dois anos passou ao mesmo tempo rápida e lentamente. Mas mesmo me concentrando no meu estado, na minha campanha e no trabalho que eu tinha para fazer, alguma coisa muito feia e alarmante estava infectando a eleição presidencial. As primárias republicanas estavam se transformando em uma corrida em direção ao fundo do poço — em direção à raiva, à culpa e ao atiçamento das chamas na fogueira da xenofobia. E o homem que venceu a corrida cruzou todos os limites da decência e da integridade — gabando-se de ter abusado sexualmente de mulheres; zombando de pessoas com deficiência; incitando o ódio racial; demonizando imigrantes; atacando heróis de guerra e famílias de soldados mortos; e fomentando hostilidade, até mesmo ódio, contra a imprensa.

Como resultado, a noite da eleição de 2016 não foi uma noite de comemorações. Ela não tinha mais a ver com a disputa que acabara de terminar, mas com a luta que nitidamente estava começando. Com base nas palavras de Coretta Scott King, lembrei ao público que a liberdade deve ser defendida e conquistada por toda geração.

"É da própria natureza da luta pelos direitos civis, pela justiça e pela igualdade que, quaisquer que sejam os ganhos que obtivermos, eles não serão permanentes. Portanto, devemos permanecer atentos", disse. "Compreendam isso e não se desesperem. Não se angustiem. Não joguem as mãos para o alto em desespero quando a hora é de arregaçarmos as mangas e lutarmos por quem somos."

Quando me dirigi aos meus apoiadores naquela noite, eu não sabia exatamente o que estava por vir. Mas de uma coisa estava certa: precisaríamos nos manter fortes e permanecer unidos.

Na quinta-feira, dia 10 de novembro, menos de 48 horas depois da minha eleição, visitei a sede da Coalizão pelos Direitos Humanos dos Imigrantes de Los Angeles, a Chirla.

A Chirla é uma das mais antigas organizações defensoras dos direitos dos imigrantes de Los Angeles. Foi fundada em 1986, após o presidente Reagan, um ex-governador da Califórnia, assinar a Lei de Reforma e Controle da Imigração, que, entre outras coisas, legalizava a situação dos imigrantes sem documentação que tivessem entrado nos Estados Unidos antes de 1982. A missão original da Chirla era informar aos imigrantes sobre o processo através do qual eles poderiam solicitar a legalização de sua situação no país e orientá-los sobre seus direitos em relação ao trabalho. A Chirla treinou organizadores comunitários, desafiou leis anti-imigrantistas como a Proposta 187 da Califórnia, que proibia imigrantes sem documentos de terem acesso a serviços públicos não emergenciais, e acabou organizando um portfólio nacional, fazendo coalizões por todo o país. Foi o primeiro lugar onde eu quis falar oficialmente como senadora eleita.

Angelica Salas, a infatigável diretora-executiva da Chirla, estava lá para me cumprimentar quando cheguei. A sala estava cheia. Cheia de mulheres fortes e corajosas — de mulheres muito jovens a mães, avós e bisavós —, de mulheres trabalhadoras que faziam tudo, desde o trabalho doméstico ao de assistência de saúde em casa. Algumas delas falavam fluentemente inglês, outras falavam apenas espanhol, e todas estavam prontas para a luta.

Por sua coragem, dignidade e determinação, aquelas mulheres me fizeram lembrar da minha mãe. De pé ao lado delas, pensei na dualidade da experiência de ser imigrante nos Estados Unidos.

Por um lado, é uma experiência caracterizada por uma extraordinária sensação de esperança e de propósito, uma crença profunda no poder do Sonho Americano — uma experiência de possibilidade. Ao mesmo tempo, é uma experiência muitas vezes marcada por estereótipos e preconceito, na qual a discriminação, tanto explícita quanto implícita, faz parte da vida cotidiana.

Minha mãe foi a pessoa mais forte que já conheci, mas sempre tive a sensação de que precisava protegê-la. Imagino que, em parte, esse instinto de proteção venha do fato de eu ser a filha mais velha. Mas eu também sabia que minha mãe era um alvo. Percebia isso e ficava furiosa. Tenho muitas lembranças da minha mãe, uma mulher brilhante, sendo tratada como se fosse burra por causa de seu sotaque. Lembranças dela sendo seguida com desconfiança por funcionários de uma loja de departamentos — porque certamente uma mulher de pele escura como a dela não teria como pagar pelo vestido ou pela blusa que havia escolhido.

Também me lembro de sua seriedade em relação a qualquer contato com funcionários do governo. Sempre que voltávamos de viagens ao exterior, ela se certificava de que Maya e eu nos comportássemos da melhor maneira ao passarmos pela alfândega.

"Endireitem o corpo. Não riam. Não se agitem. Documentos nas mãos. Estejam preparadas."

Ela sabia que cada palavra que falasse seria julgada e queria que estivéssemos preparadas. A primeira vez que Doug e eu passamos juntos pela alfândega, minha memória muscular entrou em ação. Como sempre, estava me preparando, me certificando de que tudo estava certo e em ordem. Enquanto isso, Doug estava super-relaxado. Fiquei frustrada por ele estar encarando o momento de forma tão descomprometida. E ele ficou genuinamente perplexo, e me perguntou com inocência:

"Qual é o problema?"

Fomos criados em realidades diferentes. Aquele momento foi uma revelação para nós dois.

Ao mesmo tempo que somos uma nação de imigrantes, somos também uma nação que teme imigrantes. O medo do outro permeia toda a cultura americana, e pessoas inescrupulosas no poder têm explorado esse medo em busca de vantagem política. No primeiro movimento significativo de um terceiro partido nos Estados Unidos, em meados da década de 1850, o chamado Know-Nothing Party [Partido Não Sabe Nada] ganhou popularidade com uma plataforma anti-imigração. Em 1882, um ato do Congresso proibiu os imigrantes chineses de entrarem no país. Em 1917, o Congresso anulou o veto do presidente Woodrow Wilson, a fim de estabelecer uma série de novas restrições aos imigrantes, incluindo uma exigência de alfabetização. Preocupações com o número crescente de recém-chegados do Hemisfério Sul e do Leste Europeu resultaram na imposição de cotas de imigração em 1924. Em 1939, quase mil judeus alemães fugindo dos nazistas em um navio chamado *St. Louis* não tiveram permissão de entrar no país. Um plano para permitir a entrada de vinte mil crianças judias foi rejeitado. E, logo depois, o governo colocou cerca de 117 mil pessoas de ascendência japonesa em campos de concentração.

Mais recentemente, conforme a globalização roubava milhões de empregos do país, atingindo grande parte da classe média, os imigrantes se tornaram alvos convenientes. Quando a Grande Recessão devastou a parte rural dos Estados Unidos, uma série de políticos republicanos apontou a imigração como o problema, mesmo quando eles mesmos obstruíram um projeto de lei que teria criado novos empregos. Apesar do importante papel que desempenharam na construção e formação dos Estados Unidos, os imigrantes que vêm para cá em busca de uma vida melhor sempre foram um bode expiatório conveniente.

Nosso país foi construído por muitas mãos, por pessoas de todas as partes do mundo. E, ao longo dos séculos, os imigrantes ajudaram a erguer e a abastecer a economia — garantindo mão de obra para industrializar o país e cérebros para criar inovações que transformaram a sociedade. Os imigrantes e seus filhos foram as mentes criativas por trás de muitas das nossas marcas mais conhecidas — de Levi Strauss a Estée Lauder. Sergey Brin, o cofundador do Google, é um imigrante russo. Jerry Yang, cofundador do Yahoo!, veio de Taiwan. Mike Krieger, cofundador do Instagram, é um imigrante brasileiro. Arianna Huffington, cofundadora do *Huffington Post*, nasceu na Grécia. Na verdade, em 2016, pesquisadores da National Foundation for American Policy descobriram que mais da metade das *start-ups* com mais de 1 bilhão de dólares de valor de mercado no Vale do Silício foram fundadas por um ou mais imigrantes.[1]

Fiquei de pé no púlpito da Chirla, com uma bandeira americana e balões com estrelas e listras ao fundo, enquanto uma mãe — uma diarista do Vale de San Fernando — falava em espanhol sobre seu medo de ser deportada. Eu mal consegui traduzir suas palavras, mas entendi o significado e pude sentir sua angústia. Era visível em seus olhos, em sua postura. Ela queria poder dizer aos filhos que tudo ficaria bem, mas sabia que não podia.[2]

Pensei nos quase seis milhões de crianças americanas que moram em uma casa com pelo menos um membro da família sem documentos e no trauma e no estresse que a eleição provocou.[3] Eu tinha ouvido muitas histórias de planos de segurança sendo colocados em prática, mães dizendo aos filhos: "Se a mamãe não voltar para casa logo depois do trabalho, ligue para sua tia ou seu tio para vir buscá-lo." Isso me lembrou dos planos de segurança que vi quando estava trabalhando com vítimas de violência doméstica. Em ambos os casos, era necessário haver um plano de contingência para minimizar um dano iminente.

Ativistas que trabalham com famílias nos contaram que as crianças tinham medo de ir à escola, porque não sabiam se os pais ainda estariam em casa quando voltassem. Pais cancelaram consultas com o pediatra dos filhos com medo de que o órgão de Serviço de Imigração e Controle Alfandegário [ICE, na sigla em inglês], estivesse esperando por eles. E eu sabia que, naquele momento, os pais estavam tendo de enfrentar decisões angustiantes sobre o que fazer com seus filhos americanos se eles, os pais, fossem deportados. As crianças deveriam ficar com um parente nos Estados Unidos? Deveriam ir embora para um país que não conheciam? Qualquer uma das opções era dolorosa de imaginar. E eu sabia que não eram apenas imigrantes sem documentos que estavam apavorados. De acordo com uma pesquisa publicada na *American Behavioral Scientist*, todos os imigrantes latino-americanos — fossem cidadãos, fossem residentes legais ou sem documentos — sentiam medo da deportação na mesma medida.[4] Queria que eles soubessem que eu pretendia protegê-los.

"Este é um momento para a criação de coalizões em nosso país", falei, lembrando do trabalho que eu tinha visto e feito ao longo dos anos. "Vamos lutar pelos ideais americanos", continuei, "e não vamos desistir até termos vencido".

Deixei a Chirla dois dias depois da eleição, sentindo-me ao mesmo tempo encorajada e preocupada. Eu sabia que estávamos nos preparando para a batalha juntos. Mas também sabia que éramos os azarões nessa luta. Teríamos de nos preparar para tudo o que estava por vir.

As coisas estavam acontecendo rápido demais. Na semana seguinte, Doug e eu atravessamos o país em direção a Washington, D.C., para a orientação de novos senadores. Um grupo bipartidário de senadores e seus cônjuges nos hospedou por três dias cheios de sessões, durante as quais fomos informados sobre as regras e os procedimentos do Senado, sobre ética e sobre como organizar um gabinete. Doug analisou a pasta dos cônjuges como se fosse um estudioso dos textos talmúdicos.

Nathan Barankin, meu segundo em comando no Departamento de Justiça da Califórnia, concordou em se mudar com a família para Washington, D.C., e começou o processo intensivo de seleção e avaliação da minha nova equipe, na função de chefe de gabinete. Tivemos apenas o período entre o dia da eleição e o Ano-Novo para montar um gabinete praticamente do zero — debruçados sobre cerca de cinco mil currículos em busca de profissionais para preencher uma série de cargos de relações com políticos e eleitores, cargos na área de comunicação, correspondência e muito mais. Para mim era importante contratar uma equipe diversificada — veteranos, mulheres, pessoas de etnias diversas. Eu queria que minha equipe em Washington e nossos gabinetes estaduais refletissem as pessoas que representávamos.

Naquela época, Ella estava no último ano do ensino médio, o que significava que Doug passaria pelo menos duas semanas por mês em Los Angeles. Essa era a parte mais difícil, ficar longe de Ella. Antes de me tornar senadora, eu tinha ido a todas as competições de natação e partidas de basquete das quais ela participava. Kerstin e eu costumávamos constranger Ella, sentadas uma ao lado da outra, berrando seu nome. Eu detestava a ideia de ter que perder alguns desses jogos agora. Detestava saber que teríamos muito menos tempo pessoalmente, ainda mais porque ela estava prestes a ir para a faculdade, como acontecera com Cole anos antes. Eu estava determinada a voar para a Califórnia o máximo de fins de semana que pudesse, o que era importante para mim por muitos motivos — ver meus eleitores, sentir como estava a situação no estado em primeira mão e, o que era mais importante, preparar a refeição da família no domingo.

O pior foi quando, vários meses depois, percebi que não conseguiria estar presente na formatura de Ella. James Comey, o diretor do FBI que fora demitido, recebera um convite para testemunhar perante o Comitê de Inteligência do Senado sobre a investigação na Rússia e sobre sua demissão exatamente naquele dia, e, dada a importância daquele momento para a segurança nacional do país, não havia como eu não estar presente. Quando liguei para dar a notícia, Ella foi muito compreensiva, mas eu me senti péssima. Depois disso, conversei com algumas colegas minhas. Maggie Hassan me animou.

"Nossos filhos nos amam por quem somos e pelos sacrifícios que fazemos", disse ela. "Eles entendem."

No caso de Ella e Cole, tenho muita sorte em saber que isso é verdade. Quando a audiência acabou, corri para o aeroporto e peguei o primeiro voo para a Califórnia. Perdi a cerimônia de formatura, mas cheguei em casa a tempo para o jantar em família.

Doug e eu alugamos um apartamento temporário não muito longe do Capitólio, e o mobiliamos com o mínimo de móveis — um par de banquetas, uma cama, um sofá-cama para quando as crianças nos visitassem e, para Doug, uma TV enorme. Com as coisas acontecendo tão rapidamente, não havia muito tempo de sobra para fazer compras ou para cozinhar — embora, uma noite, eu tenha preparado chilli de peru em quantidade suficiente para durar duas semanas, e congelado.

Fui empossada em 3 de janeiro de 2017 pelo vice-presidente Joe Biden, em seu último mês no cargo, e me instalei em um gabinete no subsolo junto com outros senadores recém-eleitos. Embora nem todos os comitês do Senado tivessem assentos disponíveis, fui nomeada para quatro com base na minha experiência e nos meus antecedentes: Inteligência, Segurança Interna, Orçamento e Meio Ambiente e Obras Públicas.

Uma semana depois, o Comitê de Segurança Interna realizou uma audiência de confirmação para o general John Kelly, que havia sido nomeado secretário de Segurança Interna. Escolhi perguntar a ele sobre o programa Ação Diferida para Chegadas na Infância [Daca, na sigla em inglês], que foi criado em 2012 pela administração Obama para proteger jovens que chegam ao país sem documentos e são elegíveis para deportação, além de permitir que eles consigam vistos de trabalho.

"Centenas de milhares de beneficiários do Daca em todo o país estão com medo, pelo que essa nova administração pode fazer com eles e com seus familiares sem documentação", disse.

Expliquei que, a fim de se qualificarem para o programa, os beneficiários enviaram uma extensa documentação ao governo federal, que incluía informações detalhadas sobre si mesmos e seus entes queridos. O caso de cada pessoa foi analisado e examinado de acordo com critérios específicos. O jovem em questão não poderia ter sido condenado por um crime, uma contravenção significativa ou três ou mais contravenções. Não poderia ter sido considerado uma ameaça à segurança pública ou nacional. Deveria estar na escola ou já ter obtido um diploma ou certificado do ensino médio, ou ter sido dispensado com honras das Forças Armadas. Precisava fornecer prova de identidade, prova de tempo e ingresso nos Estados Unidos, histórico escolar ou comprovante de situação militar e informações biométricas. Apenas se conseguisse passar por essa extensa verificação, esse jovem seria aceito pelo Daca.

Além disso, no ato da inscrição, o Departamento de Segurança Interna [DHS, na sigla em inglês] garantiu que seguiria sua prática de longa data de não usar as informações coletadas para fins de aplicação da lei, exceto em circunstâncias muito limitadas.

"Esses jovens", falei para o general Kelly, "atualmente estão preocupados que as informações que forneceram de boa-fé ao nosso governo possam ser usadas para rastreá-los e levar à sua extradição".

Centenas de milhares deles haviam confiado no governo dos Estados Unidos.

"O senhor concorda em não usar essas informações contra eles?", perguntei.

Kelly não respondeu diretamente à pergunta.

Na sequência, li para ele um documento do governo — perguntas frequentes sobre o programa Daca. Entre elas, havia o seguinte questionamento: "Se o meu caso for encaminhado ao ICE para fins de imigração ou se eu receber um aviso de comparecimento, as informações relacionadas aos meus familiares e guardiões também serão encaminhadas ao ICE para fins de imigração?" A resposta a essa pergunta no documento do governo foi não.

"Está disposto a manter essa política?", perguntei. Mais uma vez, Kelly foi evasivo. Eu o pressionei. "Pretende usar os recursos limitados de aplicação da lei do DHS para deportar [beneficiários do Daca] do país?" Mais uma vez, ele se recusou a responder à pergunta diretamente. "O senhor concorda que as agências locais e estaduais de aplicação da lei estão em uma situação privilegiada para proteger a segurança pública de suas comunidades?"

"Concordo", disse ele.

"Está ciente de que os líderes das forças da lei estaduais e locais de todo o país declararam publicamente que contam com a cooperação das comunidades de imigrantes para denunciar atividades criminosas e se apresentarem como testemunhas do crime?"

"Eu li isso."

"E sabe que quando o governo solicitou batidas policiais indiscriminadas contra imigrantes, muitas delegacias locais ficaram preocupadas e reclamaram que houve uma diminuição do número de imigrantes que relatavam crimes contra si próprios e contra outros?"

"Eu não estava ciente disso."

"Será uma prioridade sua tomar ciência do impacto sobre as comunidades de imigrantes, no que se refere à relutância deles em denunciar crimes contra si mesmos, seus familiares ou outros, porque estão preocupados que o DHS possa orientar batidas policiais contra comunidades inteiras de imigrantes?"

"A senhora pode contar com o meu empenho. Eu me informarei a respeito. Volto a dizer que, de verdade... a lei vai me guiar, se eu for confirmado, em tudo o que eu fizer."

Aquilo não era suficiente.

Como ex-promotora distrital e ex-procuradora-geral, eu tinha muita experiência com o assunto. Sabia que as vítimas de crimes — fossem estupro, abuso sexual infantil, fosse fraude — simplesmente não procurariam o auxílio da lei se acreditassem que seriam tratadas como criminosas. Eu também sabia que os predadores usavam aquele conhecimento a seu favor, explorando a vulnerabilidade de certos grupos os quais eles sabiam que permaneceriam em silêncio. Não quero que a vítima de um crime tenha medo de acenar para uma viatura a fim de pedir ajuda. Esse tipo de sistema serve aos predadores, não ao público. Isso deixa todos nós menos seguros. Como procuradora-geral, eu havia criado uma legislação para ajudar a garantir que os imigrantes sem documentos que se apresentassem para testemunhar sobre crimes ou para denunciá-los fossem protegidos da deportação ao fazerem isso. Eu sabia que aquilo ajudaria os promotores a conseguir condenações e, ao mesmo tempo, fortaleceria a relação de confiança entre a aplicação da lei e as comunidades de imigrantes.

No fim, votei contra a confirmação de John Kelly e pressionei meus colegas a fazerem o mesmo. Ele não estava preparado para cumprir as promessas que fizera à nação, e eu não estava preparada para colocá-lo no comando delas.

Se ele alguma vez foi informado sobre as consequências da imposição indiscriminada da lei sobre os imigrantes, nunca saberei. O que sei é que nos primeiros cem dias do governo, as detenções de imigrantes aumentaram em mais de 37%.[5] O governo decidiu fazer de todos os imigrantes sem autorização de permanência no país uma prioridade para a deportação, independentemente de serem membros da comunidade que cumpriam a lei, a não sei por não ter o visto. As prisões de imigrantes sem documentos, mas sem antecedentes criminais, quase duplicaram.

As políticas tiveram consequências ainda piores para as crianças. Conforme documentado pelo Center for American Progress, os funcionários do ICE invadiram um frigorífico no Tennessee e prenderam 97 trabalhadores.[6] Foi uma das maiores invasões a um local de trabalho em dez anos. Ao todo, 160 crianças tiveram o pai ou a mãe presos na operação. No dia seguinte, 20% dos alunos latinos em um condado próximo faltaram à escola porque os pais temiam que eles — ou seus filhos — também fossem presos.[7] Em 2016, um quarto de todas as crianças com menos de cinco anos nos Estados Unidos vivia com famílias de imigrantes.[8] Essas crianças passaram a viver com o medo de que, a qualquer momento, os pais pudessem ser abruptamente arrancados deles.

Filhos de imigrantes também enfrentaram um novo tipo de tormento. Professores em todo o país relataram picos de bullying ecoando a retórica do governo. As crianças estão sendo intimidadas por colegas, que dizem que elas serão deportadas, que seus pais serão deportados, que elas deveriam voltar para onde vieram. O estilo de bullying de um homem poderoso e proeminente vem sendo imitado e adotado como um grito de guerra por pessoas que cometem o mesmo tipo de agressão por toda parte.

É claro, não são apenas os filhos de imigrantes que são afetados. De acordo com o Migration Policy Institute [Instituto de Políticas de Migração], por exemplo, pelo menos 20% dos professores da primeira infância são imigrantes.[9] Os imigrantes também representam uma grande porcentagem de pessoas que trabalham na indústria de cuidados com a primeira infância — e esses números triplicaram nas duas últimas décadas.[10] Esses cuidadores — essencialmente mulheres — ajudavam na criação de milhões de crianças todos os dias. Os riscos para sua segurança e proteção em nosso país, devido à fiscalização excessiva da imigração, são um risco para todos nós. Isso não pode ser esquecido.

Em 20 de janeiro de 2017, participei da posse presidencial junto com outros membros do Congresso. Meus colegas senadores e eu nos reunimos no Senado e caminhamos, em duplas, através do edifício do Capitólio, saindo da Frente Oeste para a plataforma de posse, onde estrados e cadeiras foram arrumados para a cerimônia. No caminho para os nossos lugares, recebemos capas de chuva de plástico. Doug estava sentado com seus novos amigos no setor dos cônjuges, mais perto do palco do que eu. Ele se virou e acenou para mim.

Por alguma reviravolta do destino, a chuva caiu exatamente quando a cerimônia de transição terminou. Alguns partidários do presidente tomaram aquilo como um sinal, uma bênção, mas, para mim e tantos outros, nuvens carregadas estavam se instalando.

A renovação, na verdade, decidiu se revelar no dia seguinte. Antes do Dia da Posse, ativistas haviam planejado uma Marcha das Mulheres em cidades de todo o país. Mas, dada a forma orgânica e descentralizada como a marcha se organizou — desencadeada por uma postagem no Facebook de uma avó no Havaí, no dia seguinte à eleição, e organizada em questão de semanas por um grupo diversificado de ativistas, muitas das quais não se conheciam até aquele momento —, ninguém sabia exatamente como aquilo aconteceria.

A realidade superou todas as expectativas: mais de quatro milhões de pessoas saíram às ruas em todo o país, com marchas irmãs ao redor do mundo.

Em Washington, a multidão era tão grande que lotou todo o percurso, de ponta a ponta — um mar vibrante de pessoas de todas as idades, raças, sexos e orientações sexuais usando gorros cor-de-rosa. Os manifestantes carregavam cartazes feitos a mão que expressavam a vasta gama de emoções que todos nós sentíamos, da descrença à determinação, ao horror, ao propósito e à esperança: ESTAMOS EM 2017. QUE PORRA É ESSA?... MESMO ASSIM, EU LUTO... GAROTAS SÓ QUEREM TER DIREITOS FUNDAMENTAIS... HOMENS DE QUALIDADE NÃO TÊM MEDO DE IGUALDADE... NÓS, O POVO.

Vi avós de cabelos brancos e estudantes universitários de cabelos azuis; hipsters de camisas de flanela e mães usando casacos acolchoados; crianças em carrinhos de bebê e adolescentes em cima das árvores; homens e mulheres solidários, lado a lado. Surpreendentemente, em meio à multidão, encontrei tia Lenore, que me deu um abraço gigante de urso. Ela me contou que sua filha Lilah, que na época era líder do Sindicato Internacional dos Trabalhadores em Serviço [SEIU, na sigla em inglês], também estava no meio da multidão. Todos ali tinham saído para marchar juntos, carregando a bandeira da justiça social que Lenore e minha mãe haviam erguido quando eram estudantes em Berkeley, meio século antes.

Pediram que eu falasse e, enquanto subia ao palco, me senti profundamente impactada pelo tamanho e pela força da multidão que se estendia até muito além de onde eu conseguia ver. Havia tantas pessoas que as redes de celular tinham caído, mas sua energia era contagiante. Ninguém conseguia se mexer, mas todos pareciam entender que a marcha era um vislumbre de um novo tipo de coalizão cuja verdadeira força ainda não havia sido testada.

"Mesmo se você não estiver sentado na Casa Branca, mesmo se não for membro do Congresso dos Estados Unidos, mesmo se não dirige um supercomitê corporativo de ação política, você tem poder. E nós, o povo, temos poder!", declarei aos manifestantes. "E não há nada mais poderoso do que um grupo de irmãs determinadas, marchando lado a lado com seus parceiros, filhos, irmãos e pais, defendendo o que sabemos que é certo!"

Falei sobre os problemas das mulheres, ou o que eu vejo como problemas das mulheres: economia, segurança nacional, saúde, educação, reforma da justiça criminal, mudanças climáticas. Eu disse que se você é uma imigrante e não quer que a sua família seja separada, sabe que a reforma das leis da imigração é um problema das mulheres. Eu disse que se você é mulher e está se matando de trabalhar para pagar seus empréstimos estudantis, sabe que o fardo esmagador da dívida estudantil é um problema das mulheres. Eu disse que se você é uma mãe negra tentando criar um filho, sabe que o movimento Black Lives Matter é um problema das mulheres. "E se você é mulher, sabe que merecemos um país com igualdade de remuneração e acesso à assistência médica, incluindo acesso legal e seguro ao aborto, protegido como direito fundamental e constitucional." Afirmei que juntas éramos poderosas e não podíamos ser ignoradas.

Alguns dias depois, Doug e eu estávamos jantando no nosso novo apartamento em D.C., sentados em banquetas diante do balcão da cozinha, quando um boletim de notícias surgiu na TV. O presidente havia assinado uma ordem executiva proibindo viagens para os Estados Unidos de sete países de maioria muçulmana — Iraque, Irã, Líbia, Somália, Sudão, Síria e Iêmen — por um período de noventa dias. Ele proibiu a entrada de refugiados nos Estados Unidos por 120 dias e, no caso de refugiados da Síria, por tempo indeterminado.

Os passageiros começaram a ser detidos nos aeroportos, sem direito a um advogado. As famílias entraram em pânico porque seus entes queridos não conseguiam sair da área de segurança do aeroporto. Recebi ligações de ativistas e advogados, incluindo Meena, que correram para os aeroportos a fim de tentar ajudar as pessoas detidas. Instaurou-se o caos.

Então, liguei para John Kelly. Àquela altura, ele havia sido confirmado como secretário de Segurança Interna e eu precisava descobrir o que estava acontecendo e garantir que qualquer pessoa detida tivesse acesso a um advogado. Havia muitas maneiras pelas quais o secretário Kelly poderia ter mostrado sua capacidade de reação, ele poderia ter fornecido muitas informações. Na verdade, o povo americano tinha direito àquelas informações e, por conta do meu papel de supervisão no Comitê de Segurança Interna do Senado, eu pretendia obtê-las. No entanto, a resposta dele foi ríspida:

"Por que está ligando para a minha casa para falar sobre isso?"

Aquela foi a principal preocupação dele.

Quando desligamos, ficara nítido que ele não entendia a profundidade do que estava acontecendo. John Kelly me disse que retornaria a ligação, mas nunca o fez. E, no dia seguinte, a nação irrompeu em protestos espontâneos, pois sabia muito bem que o veto migratório era, na verdade, uma proibição a muçulmanos e que havia poucas coisas mais antitéticas em relação aos ideais dos nossos fundadores. Está consagrada na Primeira Emenda a ideia de que não apenas os Estados Unidos não estabeleceriam nenhuma religião oficial para si, como o governo não tem autoridade para proibir as atividades de ninguém com base na religião professada.

Eu era nova em Washington e ainda estava aprendendo como as coisas funcionavam. Esse episódio me ensinou que ligar para aquele secretário de Segurança Interna tinha sido um esforço inútil. Precisávamos de uma lei. O primeiro projeto de lei que apresentei no Senado foi o Access to Counsel Act, que proíbe oficiais federais de negarem o acesso a um advogado a qualquer pessoa detida em sua chegada aos Estados Unidos. Mas estávamos em uma luta árdua que ficou ainda pior devido às circunstâncias políticas do momento.

Quatro dias após a proibição do veto migratório ter sido executada, Neil Gorsuch foi nomeado para a Suprema Corte para preencher um lugar que estava vago desde a morte de Antonin Scalia, ocorrida quase um ano antes. O presidente Obama havia nomeado um juiz de corte de apelação altamente respeitado nos Estados Unidos, Merrick Garland, para ocupá-la. No entanto, em uma manobra de obstrução partidária sem precedentes, os republicanos se recusaram a realizar sequer uma audiência para a nomeação de Garland. E foram recompensados pela recalcitrância. Gorsuch foi confirmado pelo Senado em abril de 2017, deslocando o equilíbrio de poder na Corte na direção dos juízes conservadores. Quinze meses depois, o juiz Gorsuch deu o voto decisivo em uma das questões mais vergonhosas na história recente da Corte: a decisão de manter o veto migratório determinado pelo presidente.

CAPÍTULO SEIS

# Somos melhores do que isso

Em 16 de fevereiro de 2017, fiz meu discurso de posse no plenário do Senado dos Estados Unidos. Fui tomada pelo sentimento de humildade. Nos últimos anos, o Senado tem sido mencionado, na maioria das vezes, por seus impasses e partidarismo. Reverenciado no passado como o principal órgão deliberativo do país, ele muitas vezes provou ser o contrário. Entretanto, naquele momento, vinham à minha mente os gigantes que por ali passaram e o extraordinário trabalho realizado naquele mesmo plenário. Ali nasceu o New Deal, que salvou a economia. Ali o seguro social abriu passagem, bem como o Medicaid e o Medicare. A Lei dos Direitos Civis, a Lei do Direito ao Voto e a Guerra contra a Pobreza foram defendidas e aprovadas nessa instituição. Na minha cadeira já se sentou Eugene McCarthy, apoiador do Immigration and Nationality Act of 1965 [Lei de Imigração e Nacionalidade de 1965], que aboliu o sistema de cotas e estabeleceu normas visando à reunificação das famílias dos imigrantes.

Iniciei meu discurso exatamente como quem me conhece esperava. "Antes de mais nada, apresento-me hoje imbuída do sentimento de gratidão por todos aqueles que nos permitiram chegar até aqui. No meu caso, o primeiro agradecimento é dirigido à minha mãe, Shyamala Harris."

Contei a história dela de imigração, de autodeterminação, a história que fez de mim e de Maya as pessoas que somos e nos tornou norte-americanas. "E sei que hoje, lá do alto, ela está nos vendo. E, conhecendo minha mãe, sei que deve estar dizendo: 'Kamala, o que está acontecendo aí embaixo? Precisamos defender nossos valores!'"

Não poupei palavras. Discursei sobre a série de ações executivas sem precedentes tomadas nas primeiras semanas do governo, ações que atingem as comunidades religiosas e as de imigrantes como uma frente fria, "invadindo o coração de milhões de pessoas honestas e trabalhadoras com um medo arrepiante".

Falei sobre o gigantesco impacto dessas ações no estado da Califórnia, pois o vejo como o microcosmo da essência dos norte-americanos. Expliquei que lá há fazendeiros e ambientalistas, soldadores e tecnólogos, republicanos, democratas, independentes e mais veteranos e imigrantes — com ou sem visto — do que em qualquer outro estado de nossa nação. Quando mencionei o Daca, reiterei o que dissera na audiência com o secretário de Segurança Interna, John Kelly: havíamos prometido aos beneficiários do programa não usar suas informações pessoais contra eles, e não poderíamos voltar atrás na promessa feita àquelas crianças e às suas famílias.

Falei como promotora de larga experiência e ex-procuradora-geral do maior estado do país ao afirmar que o banimento de muçulmanos e as medidas contra a imigração representavam e representam ameaça real à nossa segurança pública. Em vez de nos deixar mais seguros, os crescentes ataques e atos do Poder Executivo infundem medo.

Estudos comprovaram que os latinos têm 40% menos probabilidade de ligar para a polícia quando são vítimas de um crime. Esse clima de medo leva as pessoas à clandestinidade, a mergulhar nas sombras, tornando-as menos propensas a denunciar crimes contra si ou contra os demais. Ou seja, diminui o número de vítimas que denunciam crimes e de testemunhas que se apresentam para denunciá-los.

Também falei sobre as consequências econômicas, ressaltando que os imigrantes representam 10% da mão de obra da Califórnia e contribuem com 130 bilhões de dólares para o Produto Interno Bruto do estado.

Os imigrantes são donos de pequenos negócios, cultivam a terra, tomam conta de crianças e idosos, trabalham em nossos laboratórios, frequentam nossas universidades e servem no nosso Exército. Portanto, essas medidas não são apenas cruéis. Elas são responsáveis por um efeito dominó e prejudicam nossa segurança pública e nossa economia.

Encerrei meus comentários com um apelo à ação: temos a responsabilidade de impor limites e dizer "não". Como poder em pé de igualdade com o Executivo, é nosso dever preservar os ideais do nosso país.

No mês seguinte, convidei uma jovem de Fresno, formada pela Universidade da Califórnia em Merced, pesquisadora na área biomédica e participante do Daca, para uma sessão conjunta do Congresso. Os pais de Yuriana Aguilar se mudaram com a família do México para Fresno quando a menina tinha apenas cinco anos. Nenhum deles tinha visto de permanência. Trabalhavam na agricultura e sustentavam a família vendendo legumes. Contudo, como lembra Yuriana, "de alguma maneira tinham consciência de que para ser bem-sucedido é preciso ter educação".[1] Yuriana levou a mensagem dos pais para o coração — literalmente. Hoje, ela trabalha no Rush Medical College, em Chicago, onde pesquisa sobre o funcionamento do sistema elétrico do coração. O Daca lhe possibilitou dar continuidade aos estudos e obter um ph.D.

Yuriana descreveu como chorou de alívio ao ouvir pela primeira vez sobre a criação do Daca. Então, retornou à pesquisa, visando contribuir para que outras pessoas levem vidas mais saudáveis. Como ela diz: "A ciência não tem fronteiras, não há limites para seus avanços." Minha mãe teria adorado conhecê-la.

Quando falamos sobre os beneficiários do Daca, observamos que o compromisso de Yuriana de retribuir ao nosso país é a regra e não a exceção. A grande maioria dos beneficiados está empregada — mais de 75% do total. Eles vestem a camisa da nossa nação, estudam em nossas universidades e trabalham em pequenas e grandes empresas dos

Estados Unidos. Na verdade, se fossem deportados, estima-se que a economia do país como um todo poderia perder cerca de 460 bilhões de dólares em apenas uma década.[2] Esses jovens contribuem para nosso país de muitas e consistentes maneiras.

Não me esqueci de Yuriana um só instante durante a situação dramática que se iniciaria naquele ano. Ela foi a primeira pessoa em quem pensei quando, no dia 5 de setembro de 2017, o procurador-geral da República, Jeff Sessions, anunciou de modo cruel e arbitrário que o governo encerraria o programa Daca, jogando o destino de milhares de pessoas no limbo.

Sem esse programa, os jovens trazidos para os Estados Unidos ainda crianças ficam diante de uma escolha terrível: podem morar aqui sem visto e com medo da deportação ou deixar o único país que conhecem. Não há caminho a trilhar para a obtenção da cidadania. Não podem sair do país e entrar na fila de candidatos à imigração. Não há fila. E essa é a questão para este governo.

O Congresso pode resolver isso. Na Câmara dos Deputados e no Senado transita um projeto de lei bipartidário que contou com a minha participação — o DREAM Act [sigla em inglês para a lei de Desenvolvimento, Alívio e Educação para Menores Estrangeiros] —, o qual permite a esses jovens trilharem o caminho rumo à cidadania. Cada dia que o DREAM Act permanece sem aprovação é mais um dia em que eles precisam viver com medo — apesar de terem feito tudo o que lhes pedimos.

Conheci muitos *dreamers*\* ao longo dos anos e tive convívio quase diário com alguns durante meu primeiro ano no Senado. Corajosos, foram a Washington para participar de reuniões com membros do Congresso e contar suas histórias. Certo dia, eu deveria encontrar cinco *dreamers* da Califórnia que faziam parte de um grupo formado por jovens oriundos de diversas partes do país. Como os outros também

---

\* Termo em inglês para "sonhadores", em referência à lei e ao sonho de conseguir uma vida melhor. (N. T.)

quiseram participar, convidei todos para minha sala de reuniões. A sala ficou lotada, só havia espaço em pé e tinha gente encostada nas paredes.

Fiquei impressionada com um dos meninos da Califórnia, Sergio, aluno da Universidade da Califórnia em Irvine. Ele contou a história da mãe: ela trabalhava no México e, por não conseguir ganhar o suficiente para seu sustento, decidiu se mudar para os Estados Unidos e oferecer ao filho a oportunidade de uma vida melhor. Ele falou de quanto tinha estudado a vida inteira e de como grande parte de sua energia era dedicada a ajudar pessoas a conseguir assistência médica. Como tantos *dreamers*, ele escolhera colocar a vida a serviço do próximo. E isso é o que chama a atenção nesse grupo: eles de fato acreditam na promessa do país. E esse é o país deles também.

Havia muita paixão nos olhos de Sergio. Mas eu sabia que ele sentia medo. A decisão do governo de suspender o Daca tinha sido totalmente desmoralizante, contrária à história de acolhimento do nosso país, contrária à promessa de oportunidade na qual Sergio confiara... E, quando ele e muitos dos que estavam na sala buscaram em meus olhos um sinal de esperança de que ficariam bem, lutei para combater a dor de saber como a situação era equivocada e injusta e que, sozinha, não poderia interferir no resultado. Ainda hoje me dói.

Três dias depois de Jeff Sessions anunciar as novas medidas, a Universidade da Califórnia entrou com um processo contra o governo "por errônea e inconstitucionalmente violar os direitos da universidade e de seus alunos" ao anular o programa levando em conta "apenas um capricho irracional do Executivo". A presidente do sistema de ensino da Universidade da Califórnia, Janet Napolitano, trabalhara como secretária de Segurança Interna no mandato do presidente Obama e fora responsável pela elaboração e supervisão do Daca em sua concepção original. Para ela, e para todos nós, o assunto era pessoal.

Em 10 de janeiro de 2018, o Tribunal Federal da Califórnia acatou o pedido da universidade e emitiu uma liminar temporária válida para todo o território nacional e barrou a decisão governamental. Foi um imenso alívio, pois o programa prosseguiu e a ação do governo foi suspensa. Mas a palavra em vigor é "temporária". O Congresso ainda deve agir de modo que propicie a esses jovens proteção permanente contra a deportação, que só pode ser obtida por meio da legislação. Até lá, os *dreamers* continuarão sentindo o medo constante de que uma nova decisão da Corte possa afastá-los de suas famílias e do único país que conhecem como lar. E, com uma permanente maioria conservadora na Suprema Corte, há fortes indícios para acreditar que tal revogação possa estar próxima.

Fevereiro de 2018 foi um mês decisivo na luta contra a imigração. O governo manteve sua cruel e revoltante conduta, chegando a ponto de remover a referência aos Estados Unidos como "nação de imigrantes" da declaração de princípios da agência responsável pelos serviços de cidadania e imigração. Nesse ínterim, o governo e muitos republicanos do Congresso de fato transformaram os *dreamers* em reféns.

Como parte dos debates de leis de orçamento para financiamento do governo, o Senado concordou em votar a favor do DREAM Act, o que abriria espaço para a cidadania dos *dreamers*. Mas foi feita uma armadilha. Em troca, a legislação incluiu 25 bilhões de dólares dos contribuintes para a construção de um muro na fronteira com o México.

Opus-me a tal decisão por uma série de razões. A partir de uma perspectiva puramente financeira, a medida constituía um total desperdício do dinheiro dos contribuintes. Acredito piamente em manter a segurança das fronteiras — mas especialistas concordam que um muro não resultará na proteção delas. Além do mais, receei que esses bilhões de dólares fossem usados para implementar a agenda anti-imigração do governo — incluindo batidas visando à Califórnia e a seus habitantes, bem como a famílias por todo o país. Pelo mesmo valor, tantas outras coisas poderiam ser feitas, desde montar um reforço em larga escala para complementar o combate à crise de opioides até expandir a banda larga nas áreas rurais e aprimorar sua infraestrutura, em situação bastante crítica.

Mas existe uma razão ainda mais forte para me opor ao muro. Um muro inútil na fronteira sul não passaria de um símbolo, um monumento em oposição não apenas a tudo o que valorizo, mas também aos valores fundamentais sobre os quais este país foi erguido. A Estátua da Liberdade é o monumento símbolo de nossa imagem no mundo. As palavras de Emma Lazarus — "Dê-me seus cansados, seus pobres, suas massas encurraladas ansiosas por respirar liberdade" — traduzem nosso verdadeiro caráter: somos um país generoso que respeita e acolhe os que enfrentaram uma dura jornada para chegar às nossas costas, muitas vezes fugindo do perigo. Somos um país generoso que vê nosso espírito genuinamente otimista e empreendedor naqueles que aspiram a viver o Sonho Americano. Como eu poderia votar a favor da construção do que seria pouco mais que um monumento destinado a enviar a fria e dura mensagem "FORA"?

O debate relativo à imigração é com frequência definido por falsos dilemas. Lembro-me de uma reunião na Prefeitura de Sacramento, à qual um grupo de apoiadores do presidente compareceu. Um dos homens disse que eu parecia mais preocupada com os imigrantes sem documentos do que com o povo americano. Era um exemplo de falso dilema. Sinto profunda preocupação com ambos. De igual modo, o debate relativo ao orçamento oferecia um falso dilema: dar verbas ao governo ou se opor ao muro. Eu acreditava que podíamos fazer ambas as coisas.

No fim, foram apresentados dois projetos de lei. Orgulho-me de ter apoiado o primeiro, um acordo bipartidário elaborado pelos senadores Chris Coons, democrata de Delaware, e pelo falecido John McCain, republicano do Arizona, que incluiu medidas para proteger os *dreamers* da deportação e lhes forneceu condições de obter a cidadania, e não incluiu verbas para o muro. Eu não podia apoiar a outra proposta, que aprovava o DREAM Act em troca do muro, independentemente da pressão sofrida. Votei contra. No fim, nenhum dos projetos se tornou lei.

A luta a favor dos *dreamers* continua. E vou dizer aqui no que acredito: esses jovens foram trazidos para o nosso país, em muitos casos antes mesmo de aprenderem a falar ou a andar, sem que lhes tenham oferecido alguma escolha. Os Estados Unidos são o único país que conhecem. É o lar deles e contribuem para mantê-lo. Então, não vou desistir até serem reconhecidos como os norte-americanos que de fato são.

Existe uma região na América Central,[3] conhecida como Triângulo Norte, composta por três países: El Salvador, Guatemala e Honduras. Juntos esses países têm a ameaçadora característica de fazerem parte dos lugares mais violentos do mundo. Entre 1979 e 1992, El Salvador foi arrasado pela guerra civil, que deixou um saldo de cerca de 75 mil mortos. Entre 1960 e 1996, uma guerra civil na Guatemala resultou na morte de duzentos mil habitantes. Em Honduras não houve guerra civil, mas a violência nos países vizinhos infiltrou-se em suas fronteiras, transformando-o em um dos locais mais perigosos para se viver.

Mesmo após o fim dos conflitos, a violência continuou. Uma economia em frangalhos, a alta taxa de pobreza, as poucas ofertas de emprego, a abundância de armas e a destruição de gerações levaram à formação de organizações criminosas bem estruturadas cujos instrumentos para controlar territórios e grandes áreas da região são o assassinato, o estupro e outros tipos de violência sexual. Desde então, o número de vítimas de assassinato e sequestro no Triângulo Norte da América Central excede o de algumas das mais brutais guerras do mundo. Entre 2011 e 2014, quase cinquenta mil pessoas foram assassinadas no Triângulo Norte, e apenas 5% das mortes resultaram em condenação judicial.[4]

Para os habitantes desses países, a vida costuma ser definida pelo terror. Violência de gangues, tráfico de drogas e corrupção crescem em uma escalada desenfreada. Estima-se que as maiores e mais conhecidas dessas organizações criminosas transnacionais, a MS-13 e a Mara 18,[5] reúnam 85 mil membros espalhados pelo mundo. Tais membros extorquem proprietários de pequenos negócios e moradores de bairros pobres obrigando-os a pagar centenas de milhões de dólares todos os anos. Quem não paga tem a própria vida e a de seus familiares ameaçada. As gangues recrutam rapazes para suas fileiras por meio de ameaças e de intimidação, e as adolescentes, conhecidas como "namoradinhas" das gangues, são submetidas a violência sexual.

Sem dúvida, para as mulheres e meninas desses países, a violência é sistêmica. Em julho de 2014, o UN Special Rapporteur on Violence Against Women [Comitê Especial da ONU sobre Violência contra as Mulheres] relatou que a morte violenta de mulheres em Honduras cresceu 263,4% entre 2005 e 2013.[6] Há relatos de crianças roubadas, estupradas, assassinadas — em Honduras, assassinos degolaram uma menina de onze anos e enfiaram a calcinha em sua boca.[7] Se existisse um marco zero para brutalidade e desolação, este seria o Triângulo Norte.[8]

A única opção é a fuga. Assim, centenas de milhares de habitantes escaparam da região para países vizinhos e chegaram aos Estados Unidos pelo México. No passado, recebemos de braços abertos solicitantes de asilo de acordo com o direito internacional, garantindo-lhes status de proteção especial, levando em conta a gravidade das adversidades sofridas. Às vezes, chegavam famílias inteiras. Na maioria das vezes, porém, é impossível pagar pela travessia, deixando aos pais a seguinte e excruciante escolha: manter os filhos junto de si e correrem risco de morte ou mandá-los para os Estados Unidos, cientes de que, se sobreviverem à perigosa travessia, terão chances de ficarem a salvo e livres?

No verão de 2014, uma onda migratória sem precedentes, formada por dezenas de milhares de crianças e de adolescentes fugindo da violência do Triângulo Norte, chegou aos Estados Unidos trazida por redes de contrabando humano.

Na época, eu era procuradora-geral e assistia em casa ao noticiário noturno quando vi uma imagem que me comoveu demais. Em Murrieta, Califórnia — uma cidade entre Los Angeles e San Diego —, vários ônibus transportavam cerca de 140 crianças sem documentos e seus pais para um centro federal de detenção. Uma multidão bloqueava a rua, agitando bandeiras e cartazes e gritando "Ninguém quer vocês!", "Vocês não são bem-vindos!" e "Voltem para casa!". Crianças dentro dos ônibus olhavam pelas janelas e se deparavam com rostos cheios de raiva e sarcasmo. O único erro que cometeram foi fugir da terrível violência.

E a rejeição não partia apenas dos que protestavam nas ruas. Ao mesmo tempo, Washington se mobilizava para agilizar o processo e mandar, sem demora, crianças e famílias sem visto de volta a seus países. O objetivo era avaliar e tomar decisões quanto à política de asilo em cerca de duas semanas. Mas devo ressaltar: o processo exige que alguém defina se o requerente está de fato fugindo de um perigo real. Isso significa obrigar crianças a narrar os fatos e cada uma contar sua história de modo compreensivo.

Por ter participado em um processo de caso de violência sexual infantil, eu sabia que levaria muito tempo para conquistar a confiança da criança, e muito mais tempo para que ela conseguisse contar sua história no tribunal. E o pior foi saber que essas crianças em busca de asilo não tinham direito a advogados para orientá-las durante o processo. E isso é de extrema importância. Se você não tem advogado, os riscos de não conseguir asilo chegam a quase 90%. No entanto, caso tenha acompanhamento legal, esse percentual cai para 50%.[9] Considerando que a deportação levaria de volta essas crianças ao centro do perigo, ter ou não um advogado era uma questão de vida ou morte.

Eu precisava fazer alguma coisa a respeito, e sabia que não tinha tempo a perder. Então, telefonei para sócios de alguns dos mais conceituados escritórios de advocacia da Califórnia, bem como para advogados corporativos de grandes empresas da mídia como a Walt Disney e a Warner Bros. Entertainment, e pedi que comparecessem ao meu escritório para colaborar e garantir que essas crianças, algumas de apenas oito anos, tivessem advogados e, portanto, acesso a um julgamento justo. Representantes de dúzias de empresas de advocacia compareceram à sala de reuniões do meu escritório no centro de Los Angeles, e assumi o papel de leiloeira.

"Tudo bem, posso conseguir quinhentas horas de *pro bono* de você? E de você? E quanto a você? E à sua empresa? O que podem fazer por nós?" Pouco depois, marcamos uma reunião semelhante na Carolina do Norte, onde fiz o mesmo. Reunimos os advogados particulares que trabalhariam em uma das agências prestadoras de serviços advocatícios a menores desacompanhados. Em seguida, apresentei um decreto para liberar 3 milhões de dólares a outras entidades sem fins lucrativos que ofereciam representação legal às crianças.

Essa foi a minha primeira experiência com a crise no Triângulo Norte e suas consequências em famílias e crianças. Mas não seria a última.

Em janeiro de 2017, uma das primeiras determinações do novo governo foi assinar um decreto revogando o status temporário de proteção aos imigrantes do Triângulo Norte. A consequência disso é que aproximadamente 350 mil imigrantes estão para perder o direito de morar e trabalhar nos Estados Unidos.[10] O governo também ordenou a alteração na maneira de analisar os processos de asilo, dificultando aos imigrantes o estabelecimento de bases legais para permanecerem nos Estados Unidos. Entre fevereiro e junho de 2017, o número de solicitantes considerados elegíveis para asilo caiu 10%.[11]

Em março de 2017, em entrevista à CNN, o secretário de Segurança Interna, John F. Kelly, foi questionado sobre um relato de que estaria considerando separar à força pais e filhos na fronteira, de modo a impedir a entrada de mais pessoas do Triângulo Norte nos Estados Unidos. "Faria basicamente quase tudo para impedir o povo da América Central de empreender, através de redes, essa perigosa, perigosíssima jornada do México aos Estados Unidos", respondeu, confirmando que o assunto estava sob consideração.

Pouco depois, Elaine Duke, secretária de Segurança Interna, compareceu diante do Homeland Security Committee [Comitê de Segurança Interna]. "Há previsão da data em que essa lei entrará em vigor?", perguntei, tentando avaliar a probabilidade de algo tão atroz ocorrer.

"A decisão ainda não foi tomada", respondeu ela. "O secretário — conversei com ele pessoalmente a respeito — ainda estuda a possibilidade. Estão examinando uma ampla gama de medidas, e esse foi considerado um possível método de dissuasão, mas nenhuma decisão foi tomada e, no momento, não há plano de implementação."

A resposta era inaceitável. No mês seguinte, quando Kelly compareceu diante do Comitê, coloquei-o contra a parede. Ele se mostrou evasivo quanto à medida estar sendo considerada, mas não a descartou.

"Então, o senhor não pretende instituir uma norma de procedimento escrita, que é a política desse departamento, de não separar as crianças das mães a não ser que a vida da criança corra perigo?"

"Não preciso fazer isso."

Continuei pressionando em busca de respostas até o fim de 2017 e durante 2018, mas o DHS não se posicionava. Então, no dia 6 de abril de 2018, o procurador-geral, Sessions, anunciou a política de tolerância zero na fronteira, ou seja, a administração acusaria criminalmente qualquer adulto que cruzasse a fronteira de modo ilegal, não importando o motivo, e tal punição poderia incluir a separação de pais e filhos. Tomamos conhecimento dessa decisão pelo *The New York Times*, vários dias depois de setecentas crianças terem sido separadas dos pais desde outubro — cem das quais com menos de quatro anos.[12] E isso enquanto o DHS insistia em não haver qualquer política de separação.

Há poucas coisas mais cruéis, mais desumanas, mais perversas do que arrancar uma criança dos braços dos pais. Instintivamente, todos deveríamos reconhecer isso como verdade. Caso, porém, precisássemos de provas, bastaria ler a declaração publicada pela dra. Colleen Kraft, presidente da American Academy of Pediatrics [Academia Americana de Pediatria], em nome da organização, afirmando estar estarrecida com a nova política. A dra. Kraft descreveu o estresse e o trauma descomunais gerados pela separação da família, "capaz de causar danos irreparáveis, desestabilizando a arquitetura do cérebro infantil e afetando sua saúde a curto e a longo prazo".[13] Essa opinião é compartilhada pela American Medical Association [Associação Médica Americana], que solicitou o fim da política, observando que as crianças separadas à força dos pais pelo governo dos Estados Unidos podem ficar marcadas pelo resto da vida.

O governo alegou que não separaria famílias em busca de asilo caso chegassem por portas de entradas oficiais, e não por outros pontos da fronteira. Mas isso não era verdade. Há relatos de uma menina de seis anos da República Democrática do Congo que foi tirada da mãe quando ambas chegaram pela porta de entrada legal de San Diego — ainda que a mãe tenha conseguido provar a perseguição sofrida e os motivos para solicitar asilo. Esse foi apenas um dos inúmeros casos documentados de separação familiar em portas legais de entrada. Uma criança cega de seis anos foi tirada da mãe. E outra, de dezoito meses, também. Isso não era apenas uma tragédia, mas uma violação da lei internacional. Um caso óbvio de abuso dos direitos humanos. E o impacto negativo não recaía apenas nas crianças. Por causa do trauma de ser separado da esposa, de ter o filho de três anos arrancado de seus braços e de ter sido preso em uma solitária, um homem hondurenho tirou a própria vida.

Em 15 de maio, Kirstjen Nielsen, confirmada como secretária de Segurança Interna após a nomeação de Kelly como chefe de gabinete da Casa Branca, compareceu diante de nosso comitê. Expressei minha enorme preocupação com os repetidos ataques do governo a algumas das comunidades mais vulneráveis, em particular às crianças e às grávidas, impostos pelo DHS. Chamei a atenção para o cancelamento do programa Daca, a separação de crianças na fronteira e a diretriz da agência que autorizava maior número de detenções de grávidas. Expressei minha preocupação sobre o novo sistema de compartilhamento de informações entre o Office of Refugee Resettlement [Órgão de Reassentamento de Refugiados] e o ICE. Tal sistema provocaria um arrepio nos apoiadores, que receariam se apresentar para cuidar de menores desacompanhados, pois poderiam ser eles próprios deportados.

Também observei que, na semana anterior, o *The Washington Post* havia publicado uma reportagem na qual Nielsen considerava sabotar um acordo que garante padrões de cuidado para crianças imigrantes, como o fornecimento de refeições e de recreação, além de propor que sejam colocadas em ambientes com o menor número de restrições possível.

Eu lhe disse que o governo vinha fornecendo de modo constante informações equivocadas ao comitê, chegando ao cúmulo de alegar que o objetivo das políticas consideradas cruéis, como o padrão rotineiro de separar famílias, visava ao interesse das crianças.

"Então, esta é minha pergunta: é verdadeiro o que consta na matéria do *The New York Times* da última quinta-feira, relatando que a senhora recebeu instruções do presidente para separar pais e filhos que cruzem a fronteira dos Estados Unidos como medida para deter a imigração ilegal? A senhora foi orientada a separar pais e filhos como estratégia de dissuasão da imigração clandestina?"

"Não fui orientada a agir assim com o objetivo de dissuasão, não."

"Qual o propósito de separar os pais dos filhos?"

"Minha decisão é de que todos os que não cumpram a lei sejam punidos. Se for pai, ou solteiro, ou se por acaso tiver família, e cruzar a fronteira fora das portas de entrada, a pessoa estará sujeita à punição por ter infringido a lei em vigor nos Estados Unidos."

Voltei a pressionar. "Então seu departamento vai separar as crianças dos pais..."

"Não. O que faremos é processar pais que descumpram a lei, como fazemos todos os dias nos Estados Unidos da América."

"Mas, caso essa pessoa tenha um filho de quatro anos, o que planeja fazer com essa criança?"

"De acordo com a lei, a criança será encaminhada para o HHS [Departamento de Saúde e Serviços Humanos, na sigla em inglês], onde ficará sob os cuidados e a custódia do governo."

"Ou seja, serão separadas dos pais. Então eu gostaria de saber..."

"Como é feito nos Estados Unidos da América todos os dias."

"Então, as crianças serão separadas dos pais. Quando isso acontece, algum protocolo de comportamento é seguido? O pessoal encarregado de afastar a criança dos pais vem recebendo treinamento a fim de agir da maneira menos traumática possível? Espero que providenciem treinamento. Então gostaríamos de receber informações a respeito dos treinamentos e de quais são os protocolos para separar uma criança dos pais."

"Será um prazer lhes fornecer informações acerca do treinamento", disse. Nunca recebemos tais informações. Mais uma vez, Nielsen repetiu uma falsa alegação, mantida ao longo de todo o processo: "Repito, não é nossa política afastar crianças dos pais. Nossa política estabelece que, caso você infrinja a lei, será processado. A opção de se dirigir a uma porta de entrada e não entrar ilegalmente em nosso país só cabe a você."

Vamos dar nome aos bois. A Casa Branca e o DHS estão manipulando crianças — bebês — como joguetes com o objetivo de implementar uma política profundamente desumana e equivocada visando impedir a imigração. O procurador-geral, Jeff Sessions, admitiu a diretriz — com orgulho, ao que parece, ao citar um versículo para justificar esse abuso:

"Aqueles que violam as leis da nossa nação estão sujeitos a punição. Gostaria de citar o apóstolo Paulo e sua clara e sábia mensagem em Romanos 13: 'Todos devem sujeitar-se às autoridades governamentais, pois não há autoridade que não venha de Deus; as autoridades que existem foram por Ele estabelecidas.'"[14] Parece que ele esqueceu ou omitiu todos os ensinamentos de Cristo.

Empregando uma dose extra de crueldade, Sessions aboliu o direito de mulheres e crianças de buscarem asilo para escapar da violência doméstica.[15]

Costumo descrever o equilíbrio da nossa democracia como um peso apoiado em quatro pilares: três independentes (os poderes do governo — harmônicos entre si) e uma imprensa livre e independente. À medida que essa terrível situação sofreu desdobramentos, a mídia trabalhou de modo incansável para preservar nossos verdadeiros valores. Equipes de repórteres seguiram para a fronteira sul, filmando, apresentando e relatando os fatos em tempo real, mostrando aos norte-americanos o que ocorria, levando a crise para dentro das nossas salas de estar. A intensa cobertura diária manteve o público informado e inspirou o clamor responsável por, enfim, forçar o governo a retroceder, ao menos temporariamente.

Em 20 de junho de 2018, o presidente assinou um decreto pondo fim à prática de separação das famílias. Mas a história não terminou aí. Em vez de separar famílias, a nova política do governo decidiu manter as famílias por tempo indefinido atrás das grades. No momento em que escrevo, prender crianças inocentes continua sendo a política dos Estados Unidos. Elas continuam sendo mantidas separadas dos pais. E, mesmo após a sanção do decreto, ainda lemos manchetes como esta publicada no jornal *Texas Tribune*: "Crianças de colo são obrigadas a comparecer sozinhas nos tribunais."

Em um dia quente e seco no fim de junho, visitei o Centro de Detenção de Otay Mesa, localizado perto da fronteira, entre a Califórnia e o México. Já estive em muitas prisões. Ao menos na aparência, Otay Mesa era idêntica às outras. Para entrar na instalação, rodeada por cercas de arame farpado, é preciso passar por inúmeros postos de controle. Abre-se um portão e você deve esperar que ele seja fechado antes de outro ser aberto à sua frente. Para quem está detido ali, esse é um sinal evidente de que se está trancado e afastado do mundo.

Uma vez no prédio, encontrei mães que foram separadas dos filhos. Elas usavam macacões azuis com a palavra "detenta" em letras maiúsculas nas costas. Solicitei aos funcionários permissão para termos alguma privacidade. Eles se colocaram a cerca de vinte metros de distância. Pedi às mães que contassem suas experiências e pude compreender o profundo trauma pelo qual passaram.

Olga contou que não via os quatro filhos — de dezessete, dezesseis, doze e oito anos — havia quase dois meses e não fazia ideia de onde se encontravam. Ela fugira de avião para o México por não suportar a violência doméstica sofrida em Honduras. No abrigo Tapachula, no México, soube de uma caravana que ajudava quem buscava asilo a entrar nos Estados Unidos. Não lhe cobrariam nada e a deixariam em Tijuana, no sul da fronteira. Forneceram comida durante a viagem para ela e a família e ofereceram ajuda no processo de obtenção de asilo. Ela disse ter viajado de avião, trem, ônibus e até a pé em alguns trechos, embora fosse possível muitas vezes pedir carona. As pessoas que encontrou pelo caminho se mostravam dispostas a ajudar.

Ao chegar a Tijuana, ela e a família foram encaminhadas a igrejas e abrigos, e por fim se apresentaram à Patrulha da Fronteira dos Estados Unidos. Então, foram levados a uma cela e receberam instruções de esperar até o julgamento. Seus filhos foram tirados dela, sem qualquer aviso prévio ou explicação. Ela implorou aos agentes da Patrulha da Fronteira que lhe dissessem para onde os filhos seriam levados. Apresentou as certidões de nascimento. Precisava de respostas. Desesperadamente. Mas não recebeu qualquer resposta. Só sabia que as três filhas estavam juntas e o filho se encontrava sozinho. Por fim, uma assistente social conseguiu autorização para que ela falasse com as crianças por telefone, mas elas não tinham certeza de onde estavam. Por um momento, Olga acreditou que todos estavam em Nova York, e apesar de dizerem que passavam bem era difícil imaginar que isso fosse verdade.

Outra mulher proveniente de Honduras contou uma história semelhante. Também fugira do país por sofrer abuso, e trouxera o filho, Mauro, de oito anos. O filho também foi tirado de sua cela sem qualquer explicação. Os agentes de deportação disseram que Mauro estava em Los Angeles, embora nem eles tivessem certeza. A mãe trouxera o menino por acreditar que ele estaria em segurança nos Estados Unidos. Mas ela perdera as esperanças.

O Departamento de Segurança Interna afirmara que famílias em busca de asilo que se apresentassem nas portas de entrada não seriam separadas. Mas quando outra mulher em Otay Mesa, Morena, deixou El Salvador e se apresentou com os dois filhos — de doze e cinco anos — na porta de entrada terrestre de San Isidro, os filhos foram arrancados dela. Morena implorou aos agentes que não levassem as crianças, mas foi em vão. Precisou esperar quinze dias até receber autorização para ligar e falar com elas, porque não dispunha de dinheiro para pagar os 85 centavos por minuto cobrados dos detentos. Precisou trabalhar no centro de detenção para juntar o dinheiro. Por sete dias seguidos de trabalho, Morena recebera apenas 4 dólares. Olga trabalhou doze dias e recebeu a mesma quantia, 4 dólares. Elas contaram que, ao tentarem denunciar o abuso, os agentes gritaram com elas. Vinham sofrendo abuso verbal constante e eram obrigadas a trabalhar de madrugada depois de dias exaustivos à espera das audiências.

Seis semanas transcorreram e Morena ainda não tinha conseguido entrar em contato com os filhos. Ela ligou para onde eles supostamente tinham sido levados, mas o telefone tocava, tocava e ninguém atendia. Contou que só recebiam permissão para usar o telefone em horários em que os filhos estavam na sala de aula e indisponíveis. Morena disse que seu desespero de não ver ou falar com os filhos por tanto tempo era tamanho que mal conseguia comer.

Quando falei com os guardas do centro de detenção, apesar das inúmeras perguntas, não recebi respostas satisfatórias. Disseram, por exemplo, que ofereciam videoconferências a qualquer hora e sem cobrança. Garantiram que as ligações telefônicas também eram gratuitas. Mas, quando perguntei às mães se tinham conhecimento disso, elas responderam que não. Nem sequer sabiam da disponibilidade de videoconferências. E, quando voltei a Washington e participei da audiência do Comitê de Justiça com Matthew Albence, diretor-executivo de operações de execução e remoção do ICE, nossa conversa sobre o tema foi reveladora.

Contei a Albence que, durante minha visita a Otay Mesa, tive oportunidade de conversar com mães detidas que recebiam 1 dólar por dia para prestar serviços tais como lavar banheiros ou roupas. "Tem conhecimento dessa política? Ou dessa prática?", perguntei.

"Muitos dos indivíduos sob custódia do ICE têm autorização para se inscreverem em programas de trabalho voluntário", respondeu ele. "Não é obrigatório. O serviço é voluntário. Muitos optam por isso apenas para passar o tempo enquanto esperam a audiência ou a expulsão..."

"Acha que alguém escolhe, por livre e espontânea vontade, limpar banheiros para passar o tempo? Foi isso o que o senhor disse?"

"Posso dizer que muitos indivíduos sob nossa custódia se apresentam como voluntários para trabalhar em nosso programa."

"Para limpar banheiros? É isso o que o senhor está dizendo?"

"Não sei todas as tarefas confiadas a esses indivíduos, mas, repito: o trabalho é voluntário."[16]

Voluntário? Acho que não.

A resposta mais chocante que ouvi quando estive em Otay Mesa veio dos funcionários do centro de detenção quando eu perguntava: "Quem são os responsáveis pela coordenação do processo de reunificação dessas famílias?" Eles se entreolhavam com olhar vago por alguns segundos, até um deles (que parecia ser mais velho que os demais) responder: "Eu." Mas logo em seguida essa pessoa admitia que não tinha noção de qualquer plano ou iniciativa de reunificação.

Posteriormente, soubemos que os registros federais vinculando pais a filhos tinham desaparecido. Em certos casos, por razões incompreensíveis, eles foram destruídos. Quando um tribunal federal determinou a união das famílias dentro de um prazo de trinta dias, oficiais do governo tiveram de recorrer a testes de DNA para tentar descobrir quais crianças pertenciam a qual família.[17]

Antes de sair do centro de detenção, tranquilizei as mães afirmando que elas não estavam sozinhas — muita gente as apoiava e lutava por elas — e que eu faria tudo ao meu alcance para ajudá-las. Enquanto caminhava pelo comprido estacionamento em direção à saída, vi a materialização dessa solidariedade. Centenas de pessoas reunidas do outro lado da cerca, em vigília, prestavam solidariedade às famílias. Gente de todas as idades e procedências — crianças, estudantes, pais e avós — tinha viajado até Otay Mesa para compartilhar a angústia e o sofrimento das mães ali confinadas.

Aproximei-me do grupo de apoiadores, muitos carregando cartazes. ESTAMOS CON USTEDES... FAMÍLIAS DEVEM FICAR JUNTAS... NÃO DESISTIREMOS. Sob o abrasador sol de verão, contei à imprensa o que tinha presenciado:

> Essas mães deram seus depoimentos, diria até que compartilharam suas histórias, histórias pessoais de desrespeito aos direitos humanos cometidos pelo governo dos Estados Unidos. E somos muito melhores que esse desrespeito, e precisamos lutar contra ele. Tudo isso é contrário a todos os princípios que valorizamos. Princípios que mostram quem somos e nos dão orgulho de sermos norte-americanos. Mas não temos motivos para sentir orgulho disso.[18]

Essas mães enfrentaram com os filhos a perigosa viagem até os Estados Unidos por saberem que o perigo de ficar no país natal era ainda pior. Elas têm direitos legais de pedir asilo, mas, ao chegarem, são chamadas de criminosas. São tratadas como criminosas. Isso não é sinal de uma sociedade civilizada, nem sinal de compaixão. O governo dos Estados Unidos envergonhou imensamente o povo norte-americano.

Os valores em jogo aqui são bem mais importantes do que os debates relativos à imigração.

Nada faz com que uma criança se sinta mais protegida do que ser posta na cama por um dos pais no fim do dia, do que ganhar um beijo e um abraço, uma história de boa-noite, do que pegar no sono ao som da voz dos pais. Nada é mais importante para os pais do que conversar com o filho à noite antes de dormir, responder a suas perguntas, confortá-lo e tranquilizá-lo quanto a seus medos, certificando-se de que o filho sabe que está tudo bem. Esses rituais fazem parte da vida de pais e filhos em qualquer lugar do mundo. Fazem parte da experiência humana.

Quando as reuniões familiares começaram, ouvimos histórias assustadoras que demonstraram quão vergonhosas foram as ações dessa administração. O *Los Angeles Times* publicou uma reportagem sobre um menino de três anos separado do pai ao cruzarem a fronteira. "Às vezes, Andriy acorda de madrugada gritando no beliche que divide com a mãe e o irmãozinho caçula."[19] Assistimos ao vídeo de Jefferson, de seis anos, que encontrou o pai depois de quase dois meses de separação. O corpo da criança estava coberto de brotoejas; o rosto, machucado; os olhos, vazios. O pai chorou e abraçou o menino. Jefferson estava tenso e não reagia.[20] Também descobrimos, graças ao *PBS NewsHour*, a história de um bebê de catorze meses devolvido aos pais depois de 85 dias, cheio de piolhos e, ao que tudo indicava, sem nunca ter tomado banho.[21] Difícil imaginar alguma coisa mais cruel do que esse gritante abuso de crianças patrocinado pelo Estado.

Uma mulher separada dos filhos disse ter sido mantida em uma cela com cerca de cinquenta outras. Ela contou que os agentes disseram que aquelas mulheres não tinham autorização para comer porque perguntavam pelos filhos. Uma grávida desmaiou de fome.[22] Ela contou também que os filhos não tinham sapatos ou cobertas no centro de detenção e que algumas pessoas nas celas eram obrigadas a dormir em pé. As crianças eram humilhadas, chamadas de "animais" e de "burros".[23] Com certeza, esses são apenas os exemplos dos quais temos conhecimento. Eles representam os horrores dos milhares de outros exemplos que talvez jamais conheçamos. Essas crianças, arrancadas dos pais, sofrerão traumas permanentes em consequência das medidas tomadas por essa administração. Esse comportamento não é apenas imoral, é desumano. Aprovei um projeto de lei no Senado defendendo que todos os agentes de imigração usem câmeras corporais com o objetivo de impedir más condutas, para que haja transparência e prestação de contas por seus atos.

Sociedades são julgadas pela maneira como tratam suas crianças — e a história nos julgará severamente por isso. A maioria dos norte-americanos tem consciência disso. A maioria dos norte-americanos está chocada e envergonhada.[24] Somos melhores do que isso. E precisamos consertar os erros cometidos pelo atual governo em nosso nome.

## CAPÍTULO SETE

# Todo corpo

"Como está se adaptando?", perguntei.

"Por enquanto, tudo bem", respondeu Maya. "Mas o inverno ainda não chegou." Era 2008, e Maya tinha chegado de Nova York para nos visitar. Mudara-se havia pouco para a cidade, onde assumira o cargo de vice-presidente de democracia, direitos e justiça na Fundação Ford. Não era a primeira vez que morávamos em cidades diferentes, mas por muitos anos nossas casas ficavam a uma curta distância de carro. Agora ela estava a quase cinco mil quilômetros de distância. Eu também estava me adaptando.

Esperávamos num restaurante por nossa mãe, que propusera o almoço. Nós três estávamos animadíssimas por estar na mesma cidade, ainda que por um curto espaço de tempo. Tínhamos percorrido um longo caminho desde as planícies de Berkeley, mas ainda éramos Shyamala e as meninas.

"A fundação tem feito coisas incríveis", disse Maya. "E vou..."

Interrompeu a frase no meio. Olhava por cima de meu ombro. Eu me virei para trás. Nossa mãe tinha acabado de entrar. Mamãe — a pessoa menos vaidosa que conheci — parecia preparada para uma sessão de fotos. Usava roupa de seda colorida, maquiagem (o que era raríssimo) e tinha ido ao salão. Minha irmã e eu nos entreolhamos.

"O que está acontecendo?", sussurrei para Maya, quando mamãe se aproximou da mesa.

Ela ergueu uma das sobrancelhas e deu de ombros. Parecia tão confusa quanto eu.

Abraçamos e elogiamos mamãe. Ela se sentou. O garçom trouxe uma cesta de pães. Olhamos o cardápio e fizemos nossos pedidos, conversando trivialidades.

E então minha mãe respirou fundo e segurou nossas mãos por cima da mesa.

"Fui diagnosticada com câncer de cólon", contou ela.

Câncer? Minha mãe? Ah, não, por favor, não!

Sei que muitos de vocês podem entender as minhas emoções naquele instante. Ainda hoje, quando me lembro, sou invadida pela ansiedade e pelo medo. Foi um dos piores dias da minha vida.

E a dura realidade da vida é que, cedo ou tarde, nós ou um de nossos entes queridos teremos de enfrentar uma doença grave. Como minha mãe compreendeu, depois de uma vida inteira examinando células cancerígenas no microscópio, não importa quem somos ou de onde viemos, nossos corpos são basicamente iguais. Funcionam da mesma maneira — e da mesma maneira também se decompõem. Ninguém está livre disso. Em determinado momento, quase todos nós teremos de enfrentar um prognóstico que exigirá profunda interação com o sistema de saúde.

São muitos os sentimentos que nos invadem diante dessa constatação: dor, preocupação, depressão, medo. E tudo piora pelo fato de o sistema de saúde dos Estados Unidos estar falido. Embora nosso governo gaste mais em saúde do que qualquer outro país desenvolvido, os resultados não correspondem às expectativas. É difícil acreditar, mas em muitas regiões do país, a expectativa de vida vem diminuindo, e quando se trata de mortalidade materna, somos um dos treze países em que as taxas aumentaram ao longo dos últimos 25 anos.[1] Enquanto isso, as classes trabalhadoras se veem sobrecarregadas por despesas médicas, uma das principais causas da falência individual nos Estados Unidos.

Quero deixar claro o meu imenso respeito por todos — homens e mulheres — que exercem a medicina. Para muitos, a escolha da profissão advém do profundo desejo de ajudar o próximo — desde ajudar uma criança a vir ao mundo até prorrogar o tempo de alguém na Terra. Mas nossa nação é palco de uma bizarra dicotomia: somos ao mesmo tempo o país dotado das instituições médicas mais avançadas e inovadoras do mundo e da disfunção estrutural que priva milhões de americanos de igual acesso ao tratamento médico, um direito humano básico.

Ao contrário de muitas outras nações ricas, os Estados Unidos não asseguram atendimento médico universal para nossos cidadãos. Pelo contrário, os americanos necessitam de seguros privados para cobrir os custos de seus tratamentos, à exceção de idosos, pessoas com deficiências incapacitantes ou baixa renda, que têm direito ao Medicare ou ao Medicaid. Em termos gerais, o plano de saúde privado é um benefício fornecido pelos empregadores, e a cobertura é variável, assim como a parcela da mensalidade a ser paga pelo empregado. Há anos esses valores vêm aumentando — e em proporções bem mais elevadas que os salários. Um sistema no qual o acesso à assistência médica depende da renda gera enormes disparidades. Um estudo feito em 2016 nos Estados Unidos constatou uma diferença de dez anos na expectativa de vida entre as mulheres mais abastadas e as mais pobres.[2] Isso significa que o fato de ser pobre reduz mais a expectativa de vida do que o consumo de cigarro por toda a existência.

O ACA, Affordable Care Act [Lei de Proteção e Cuidado ao Paciente], também conhecido como Obamacare, percorreu um longo caminho e sua meta era facilitar o acesso aos convênios médicos e tornar seus preços mais acessíveis, oferecendo subsídios a quem não pudesse bancar os custos dos planos de saúde e expandindo o Medicaid de modo a atender milhões de pessoas. Mas depois de entrar em vigor, os líderes republicanos o transformaram em uma questão partidária e trataram de sabotá-lo, desmontá-lo e subvertê-lo. Aliás, o líder do Senado declarou abertamente que deveria ser rejeitado "do princípio ao fim".[3] Seus argumentos variaram de comparar o ACA[4] à tributação colonial do rei George III a sugerir que um dia o presidente daria um jeito de decretar o pagamento de apenas um parto hospitalar por família.[5] Contudo, apesar de todas essas atitudes e falsidades, o Partido Republicano não se preocupou em elaborar uma alternativa séria. Brincavam de políticos jogando com a vida das pessoas — como ainda o fazem.

Desde sua aprovação, mais de cem ações judiciais foram movidas com a finalidade de contestar o ACA. Governadores republicanos impediram dezessete estados de expandir o Medicaid, deixando milhões de cidadãos — em locais como a Flórida, o Texas, o Missouri e o Maine — sem condições de pagar pelo serviço. Em inúmeros estados, legisladores republicanos aprovaram leis que restringem a capacidade de funcionários da área de saúde de ajudar a população a contratar planos de saúde, apesar de a lei fornecer financiamento para esse propósito específico.

Em 2017, a primeira ordem executiva do novo governo ordenou às agências federais "exercer toda autoridade e arbítrio disponíveis a fim de rejeitar, adiar e indisponibilizar isenções ou retardar a implementação de qualquer cláusula ou disposição do [Affordable Care] Act que impusesse tributação fiscal". O governo suspendeu pagamentos de partilha de custos do ACA, que teriam possibilitado seguros de saúde mais acessíveis às famílias de classe média e a indivíduos, vindo inclusive a cancelar uma campanha publicitária na qual alertavam a população do prazo de inscrições abertas em 2017, chegando a ponto de não veicular anúncios já pagos. O resultado desses esforços foi a profunda incerteza e instabilidade no mercado de seguros, que, por sua vez, gerou acréscimo nas mensalidades e obrigou todos no país a, pura e simplesmente, abrir mão dos planos de saúde.

Não satisfeitos, somaram-se mais de cinquenta investidas dos membros republicanos do Congresso visando revogar por completo o ACA.

Em julho de 2017, a tentativa de acabar com o Obamacare foi frustrada por apenas três votos — mas, com certeza, tentarão de novo. Cancelar o ACA resultaria na perda de seguro-saúde para dezenas de milhões de pessoas.[6] Permitiria que as companhias de seguros voltassem a estabelecer limites de idade, levando incontáveis norte-americanos à falência, e permitiria às companhias seguradoras mais uma vez negar cobertura com base em doenças preexistentes, de asma a pressão alta, de diabetes a câncer. Todos nos lembramos de como o sistema funcionava no passado. E sabemos que não podemos retroceder.[7]

No início de 2011, pouco depois de ter sido eleita procuradora-geral da Califórnia, fui à dentista fazer um checkup. A higienista dental, Chrystal, e eu nos conhecíamos de outras consultas, mas fazia tempo que não a via. Chrystal perguntou como iam as coisas. Contei que tinha sido eleita. E perguntei como ela estava. Contou que estava grávida. Que boa notícia!

Como higienista dental, trabalhava em vários consultórios, mas não em horário integral. Isso aconteceu antes de o ACA entrar em vigor, então Chrystal pagava um plano de saúde com cobertura básica — o suficiente para cobrir seus exames anuais. Quando descobriu a gravidez, entrou em contato com a companhia de seguros para contratar a cobertura pré-natal.

Mas a proposta foi rejeitada, pois alegaram que havia uma condição preexistente.

Fiquei alarmada.

"Você está passando bem? O que aconteceu?", perguntei. "Qual a condição preexistente?"

E ela repetiu que estava grávida. Por isso a companhia de seguros não aprovara seu pedido. Ao procurar outra companhia de seguros, mais uma vez sua proposta foi rejeitada. Por quê? Condição preexistente. Qual? Estar grávida. Eu não podia acreditar no que ouvia.

A jovem foi obrigada a esperar até o sexto mês de gravidez para ter direito a uma ultrassonografia. Por sorte, conseguiu fazer o acompanhamento pré-natal numa clínica gratuita em São Francisco. Graças a Deus, Chrystal teve um menino forte e lindo chamado Jaxxen, e ambos passam bem.

Mas pare para pensar nisso por um segundo. Este é o mundo ao qual podemos retroceder se abolirem o ACA: o plano de saúde recusar cobertura a mulheres por perpetuarem a espécie. Lembremo-nos das palavras de Mark Twain: "O que seria, senhor, dos homens sem as mulheres? Seriam escassos, senhor, tremendamente escassos."

O Affordable Care Act proporcionou bastante alívio. Contudo, realidades estruturais ainda tornam a assistência médica demasiado cara para as classes trabalhadoras. Como qualquer um que tenha ido ao médico sabe, além dos prêmios, também há pagamentos deduzíveis e coparticipação para a compra de remédios controlados e outros serviços médicos com que se preocupar, o que acabaria resultando no desembolso de milhares de dólares.

Em comparação com pessoas de outros países ricos,[8] os americanos pagam preços absurdamente altos por remédios controlados. Em 2016, por exemplo, a mesma dose de Crestor,[9] medicamento receitado para o controle de colesterol alto, era 62% mais cara nos Estados Unidos do que do outro lado da fronteira, no Canadá. Essa disparidade é constatada em todos os remédios. Cinquenta e oito por cento dos norte-americanos tomam remédios controlados;[10] um em cada quatro consome quatro ou mais medicamentos; e dentre os que atualmente tomam tais remédios, um em cada quatro acha difícil arcar com as despesas.

Por que os norte-americanos pagam um preço tão superior pelos remédios de que necessitam? Porque, ao contrário de muitos outros países desenvolvidos, o governo dos Estados Unidos não negocia preços de remédios controlados. Quando um governo adquire remédios por atacado, pode negociar preços melhores e repassar essa economia aos consumidores — à semelhança da economia feita ao comprar em supermercados atacadistas. Contudo, o atual sistema norte-americano de assistência médica não permite tais acordos.

O Medicare, que abrange cerca de 55 milhões de pessoas, podia ter um incrível poder de barganha e reduzir consideravelmente os preços dos remédios controlados mediante uma negociação. Mas parlamentares de ambos os partidos, sob o comando do lobby farmacêutico, proibiram o Medicare de praticar tais negociações. O sistema privado de seguro-saúde tem autorização para negociar, mas dado o número relativamente pequeno de inscritos, dispõe de pouca margem de manobra para obter significativa redução de preços.

A alternativa para negociar preços mais baixos é importar medicamentos mais baratos de outros países. Imagine, por exemplo, que você precise do Crestor. E se pudesse adquiri-lo no Canadá com um desconto significativo? Um dos meus primeiros votos no Congresso consistia em autorizar aos americanos a compra de remédios do nosso vizinho do Norte.[11] A emenda recebeu expressivo apoio bipartidário, mas o poderoso lobby farmacêutico encarregou-se de derrubá-la.

As empresas farmacêuticas exercem grande influência sobre o Congresso há anos, e seu poder vem se intensificando. Um relatório da CREW, Citizens for Responsibility and Ethics in Washington [Cidadãos pela Responsabilidade e Ética em Washington], localizou 153 empresas e organizações fazendo lobby na área de tarifas de remédios em 2017,[12] número que havia quadruplicado ao longo dos cinco anos anteriores. Em 2016, receando que o Congresso pudesse de fato agir para controlar o preço dos medicamentos, a PhRMA, grupo comercial que representa as maiores indústrias farmacêuticas dos Estados Unidos, aumentou a taxa de adesão de seus associados em 50% com o intuito de arrecadar 100 milhões de dólares a mais para o combate.[13] Não causa surpresa o fato de que, ao longo da última década, as empresas farmacêuticas gastaram cerca de 2,5 bilhões de dólares com lobby.[14] Imaginem quantos testes de novos remédios poderiam ter sido financiados com essa importância.

Tais esforços também contribuíram para impulsionar um sistema no qual empresas farmacêuticas podem suprimir a competição com maicas genéricas, impossibilitando que versões com preços mais razoáveis cheguem ao mercado durante anos a fio. Enquanto isso, continuam a aumentar os preços sem o menor escrúpulo.

Tomem por exemplo a empresa farmacêutica Mylan. Em sete anos, a Mylan aumentou o preço do Penepin — um medicamento capaz de salvar vidas em caso de choque anafilático — em quase 500%. Entre outubro de 2013 e abril de 2014, a empresa aumentou em 573% o preço do Pravastatina, uma estatina indicada para reduzir o colesterol e evitar doenças cardiovasculares.[15] Nesse mesmo período, o Albuterol, utilizado para o tratamento corriqueiro de asma, também da Mylan, pulou de 11 para 434 dólares.[16] Não é preciso ser promotor público para perceber que há algo errado num salto de preço de 4.000%.

Medicamentos controlados não são artigos de luxo. Pelo contrário. Não queremos precisar deles! Ninguém alimenta o sonho de ser alérgico a amendoim ou de sofrer de doença cardíaca ou de asma. Nunca me esquecerei do pavor que senti quando Meena teve uma crise de asma infantil tão forte que Maya precisou ligar para o atendimento de emergência. É desumano, é uma injustiça que empresas ganhem fortunas explorando o fato de seus clientes não conseguirem, literalmente, viver sem seus produtos.

Ao mesmo tempo que essas empresas farmacêuticas aumentam seus preços de modo considerável, também cortam gastos em pesquisa e desenvolvimento de novos medicamentos. Em janeiro de 2018, por exemplo, a Pfizer anunciou que deixaria de participar das pesquisas ligadas à neurociência, ou seja, abandonaria os estudos dedicados às doenças de Alzheimer e Parkinson, que juntas afetam dezenas de milhões de pessoas no mundo.

Muitos de nossos concidadãos estão sendo esmagados pelo peso dos altos preços dos medicamentos e precisam optar entre tomar os remédios necessários ou comprar outros bens de primeira necessidade, como comida, por exemplo. Sem mencionar o perigo que correm, em termos financeiros, caso entrem em uma sala de emergência.

Apesar de meu oponente em 2010 na disputa pela Procuradoria-Geral ter declarado vitória na noite da eleição, nós sabíamos que a diferença no número de votos era pequena demais para isso. Nós nos amontoamos ao redor dos computadores e viramos a noite conferindo as atualizações da apuração. Levou 21 dias para que todas as cédulas de votação fossem contabilizadas, e fui declarada a vencedora. Todo voto conta! Da esquerda para a direita: Justin Erlich, Dereck Johnson, Tony West, eu, Meena, Maya, Ace Smith e Brian Brokaw.

A juíza da Suprema Corte da Califórnia, Tani Cantil-Sakauye, diante de quem fiz o juramento da posse do mandato no California Museum for Women, em Sacramento. Maya segura a bíblia da sra. Shelton.

O governador Jerry Brown assina nossa Declaração de Direitos dos Proprietários de Imóveis da Califórnia. O porta-voz John Pérez, o presidente do Senado estadual Darrell Steinberg e a integrante da Assembleia Nancy Skinner foram de grande ajuda no processo de aprovação dessa lei.

Minha equipe e eu viajamos para a Cidade do México com o objetivo de aprofundar nossa colaboração com procuradores-gerais mexicanos no combate a organizações criminosas transnacionais. Da esquerda para a direita: Mateo Munoz, Travis LeBlanc, eu, Michael Trancoso, Brian Nelson e Larry Wallace.

Celebrando o casamento de Sandy Stier (esquerda) e Kris Perry (direita) na galeria da Prefeitura de São Francisco em 28 de junho de 2013.

Em 30 de setembro de 2013, subi no palco da California Endowment para o lançamento estadual de nossa iniciativa de combate à evasão escolar no ensino fundamental. Expliquei que 82% da população carcerária é composta de pessoas que abandonaram os estudos no ensino médio. Também foi o dia em que o pessoal da minha equipe conheceu Doug.

Em 10 de outubro de 2013, processamos a faculdade Corinthian Colleges, Inc., que havia enganado estudantes e investidores por todo o estado. Conseguimos trabalhar para que as dívidas estudantis de seus alunos fossem perdoadas.

Um dos melhores dias da minha vida foi quando me casei com Doug. Nosso casamento foi celebrado no fórum de Santa Barbara, na Califórnia, em 22 de agosto de 2014.

No fórum no dia do nosso casamento, com a minha família. Da esquerda para a direita: Tony, tia Chinni, Maya, eu, tia Sarala, tio Subash (marido da Chinni) e Meena.

Doug me parabeniza por ter sido reeleita procuradora-geral em novembro de 2014. Estamos na Delancey Street Foundation, organização comandada por minha querida amiga Mimi Silbert.

Em visita ao Pitchess Detention Center, em Castaic, no dia 11 de março de 2015, onde começávamos o Back on Track Los Angeles. Em uma parceria com o Departamento do Xerife e a Fundação Ford, nosso objetivo era oferecer serviços aos detentos que os auxiliasse em sua reintegração à sociedade. Da esquerda para a direita: eu, o xerife de Los Angeles Jim McDonnell, Dan Suvor, Doug Wood e Jeff Tsai.

Um passeio de manhã com vista para a baía junto com minha querida Ella. (Março de 2015)

Venus Johnson — minha procuradora-geral adjunta e chefe de gabinete — e eu, resolvendo questões relativas à polícia. Não tenho como agradecer a Venus o suficiente por sua liderança. (Abril de 2016)

Fazendo campanha por todo o estado em nosso ônibus, com um Kamoji sempre acenando para os transeuntes. Minha equipe de campanha, da esquerda para a direita: Juan Rodriguez, Ellie Caple, Sean Clegg, Jill Habig e Daniel Lopez.

Chrisette Hudlin, minha melhor amiga, fez seus filhos (meus afilhados) Helena e Alexander entrarem no espírito da campanha. Helena era uma voluntária ativa na sede de campanha, onde começou a própria newsletter, entrevistando integrantes da equipe. Ela foi uma das entrevistadoras mais duronas com quem já lidei.

Doug e eu pulando do ônibus Kamoji no último dia de campanha. Prontos para a ação! (7 de novembro de 2016)

Nathan Barankin e eu nos conhecemos há muito tempo. Ele era meu braço direito no escritório da Promotoria-Geral em Sacramento e foi comigo para Washington, D.C., como meu chefe de gabinete.

Comemoração da noite de eleição no Exchange LA. (8 de novembro de 2016)

O então vice-presidente Biden em meu juramento como senadora dos Estados Unidos na Antiga Câmara do Senado, no Capitólio. (3 de janeiro de 2017)

Representantes do Congresso se juntaram à Marcha das Mulheres em Washington em 21 de janeiro de 2017. Da esquerda para a direita: Brenda Lawrence (Democrata, Michigan), Yvette Clarke (Democrata, Nova York), Barbara Lee (Democrata, Califórnia), Sheila Jackson Lee (Democrata, Texas), Grace Meng (Democrata, Nova York), eu, Stephanie Schriock (presidente do Emily's List), Jackie Speier (Democrata, Califórnia) e Doris Matsui (Democrata, Califórnia).

Tenho orgulho de ter me formado na Howard University, uma instituição que inspira, estimula e desafia seus estudantes a assumirem papéis de liderança. Tive a honra de fazer um discurso de formatura na minha alma mater. (13 de maio de 2017)

Cole se formou na Colorado College em 22 de maio de 2017. Doug, Kerstin e eu fomos comemorar com ele.

A devastação e as perdas para as vítimas dos incêndios de Santa Rosa foram indescritíveis.

Em visita aos socorristas durante os incêndios em Santa Rosa, no norte da Califórnia. Esse bombeiro perdeu sua casa no mesmo incêndio que teve que combater. Sua bravura e seu sacrifício foram extremamente comoventes. Nunca vou esquecê-lo. (Outubro de 2017)

Viajando com uma delegação a Porto Rico para avaliar a vasta destruição causada pelo furacão Maria. Foi fundamental testemunhar a devastação sentida por nossos compatriotas. (Novembro de 2017)

Com John Laird, secretário da Agência de Recursos Naturais da Califórnia, em uma visita ao lago Oroville, onde danos à barragem do reservatório de água causaram inundações e forçaram a retirada temporária de mais de cem mil pessoas.

Em 20 de março de 2018, o Comitê de Inteligência do Senado promoveu uma coletiva de imprensa na qual apresentamos nossas descobertas e recomendações relativas a ameaças à infraestrutura das eleições. Da esquerda para a direita: Sen. Richard Burr (Republicano, Carolina do Norte), Sen. Susan Collins (Republicano, Maine), eu, Sen. Mark Warner (Democrata, Virgínia), Sen. James Lankford (Republicano, Oklahoma), Sen. Martin Heinrich (Democrata, Novo México), Sen. Joe Manchin (Democrata, Virgínia Ocidental) e Sen. Angus King (Independente, Maine).

Em 24 de março de 2018, juntei-me a milhões de pessoas por todo o país na Marcha pelas Nossas Vidas, para advogar por leis justas de segurança com armas de fogo. Participei da marcha em Los Angeles, onde me encontrei com jovens líderes da Brotherhood Crusade, que estão trabalhando para evidenciar o impacto da violência armada na comunidade.

Em 22 de junho de 2018, defendendo o fim da terrível prática de separação familiar, visitei o Otay Mesa Detention Center, no sul da Califórnia, onde mães que haviam sido separadas de seus filhos estavam presas. Conheci essas mulheres na prisão e lhes dei acesso a uma coletiva de imprensa do lado de fora.
À minha esquerda está uma grande líder: Angelica Salas, da Chirla.

Com Doug e Meena na Parada do Orgulho LGBTQIA+ de São Francisco. (Junho de 2018)

Marchando na parada do Dia de Martin Luther King em Los Angeles. Da esquerda para a direita: Heather Hutt, Areva Martin, eu, o rabino Jonathan Klein, Doug, Cole, Ella e Angelica Salas. (15 de janeiro de 2018)

Nessa plateia estão sobreviventes de agressão sexual que encararam bravamente forças poderosas e se recusaram a ser silenciadas. A coragem dessas pessoas me inspira.

Com alguns *dreamers*. Que encontremos tempo entre as marchas e os gritos para dançar, cantar e rir — para sermos guerreiros alegres.

Ao longo de seis meses, a *Vox* analisou mais de 1.400 contas referentes a atendimentos de emergência e descobriu uma série de desconcertantes histórias a respeito de pacientes pegos de surpresa pelas tarifas escandalosas. Num dos casos, os pais levaram o bebê ao pronto-socorro porque ele tinha caído e batido a cabeça. Não havia sangramento, mas os pais, preocupados, chamaram uma ambulância para levá-lo ao hospital. Após o exame, os médicos concluíram que o bebê passava bem. Deram-lhe uma mamadeira e o bebê recebeu alta, menos de quatro horas depois de dar entrada no ambulatório. Quando a conta chegou, os pais descobriram que deviam quase 19 mil dólares ao hospital.[17] Em outro caso, uma mulher quebrou o tornozelo e foi submetida a uma cirurgia de emergência. Apesar de ter plano de saúde, a companhia de seguros considerou o valor cobrado muito alto. Recusou-se a pagar a quantia total e cobrou à paciente 31.250 dólares.[18] Em outro caso ainda, um paciente, vítima de um acidente de moto, confirmou por telefone, antes de entrar na sala de cirurgia, que o hospital para o qual tinha sido levado era credenciado. Era, de fato, mas não o cirurgião que o operou. Resultado: uma conta de 7.294 dólares.[19]

E se você for um dos mais de 43 milhões de americanos que precisam de tratamento psíquico em determinado momento do ano? Mesmo que tenha plano de saúde, é dificílimo encontrar médicos credenciados. Quase metade dos psiquiatras não aceita plano de saúde. Em termos gerais, os prestadores de cuidados de saúde mental não se sentem incentivados a assinar contratos e a fazer parte da rede de credenciados das empresas de seguro-saúde, pois a taxa de reembolso é muito baixa. Em consequência, caso necessite de tratamento psíquico, é provável que o paciente precise procurar um médico fora da rede. E como o tratamento continuado é absurdamente caro, as pessoas tendem simplesmente a abandoná-lo. Os diagnósticos de depressão vêm crescendo nos Estados Unidos, em especial entre os jovens.[20] Contudo, cada vez mais, só as pessoas com recursos para pagar do próprio bolso têm acesso aos cuidados de que necessitam.

O problema em relação ao tratamento mental não se refere apenas ao custo, mas também à falta de profissionais competentes. Segundo o Departamento de Saúde e Serviços Humanos, os Estados Unidos precisarão acrescentar dez mil profissionais de saúde mental até 2025 apenas para atender à demanda exigida. E quando você se concentra no problema em nível regional, o desafio é ainda maior. O Alabama tem apenas um profissional da área para 1.260 pessoas;[21] o Texas, apenas um para 1.070 pessoas; a Virgínia Ocidental, um para cada 950 pessoas. Um relatório da New American Economy constatou que cerca de 60% dos condados americanos não contam com um psiquiatra sequer.[22] Nos condados rurais, onde vivem 27 milhões de pessoas, há apenas 590 psiquiatras[23] — ou seja, 1 para 45.762 habitantes.

Mesmo no Maine, estado que oferece o melhor serviço de assistência mental do país, 41,4% dos adultos com transtornos psíquicos não recebem tratamento.[24] Pare um minuto para pensar nisso. Imagine se, em sua cidade, quatro de cada dez pernas quebradas não fossem cuidadas, quatro de cada dez infecções não fossem tratadas, quatro de cada dez ataques cardíacos fossem ignorados. Diríamos "Mas é inaceitável!" — e com razão. Também é inaceitável que distúrbios psíquicos não sejam cuidados, tratados e acompanhados.

O tratamento contra o câncer da minha mãe passou a seguir uma espécie de rotina sombria. Durante o dia, eu a levava ao hospital para a sessão de quimioterapia. Víamos muitas vezes as mesmas pessoas — homens e mulheres de todas as idades — ligadas à máquina que injetava em seus corpos as drogas tóxicas que lhes salvariam a vida, como desejado. A rotina assumiu uma estranha familiaridade, uma sensação anormal de normalidade. Se eu precisasse, poderia deixá-la e buscá-la no fim da sessão, mas preferia esperar e lhe fazer companhia, e ela também preferia.

Por vezes, a químio lhe tirava o apetite. Em outras, sentia fome, e então eu comprava os croissants amanteigados que ela adorava em uma padaria das redondezas. Mais de uma vez, precisou dar entrada no hospital em decorrência de complicações, e lembro-me de muitos dias e noites penosos sob aquelas lâmpadas fluorescentes. Quando minha mãe dormia, eu percorria os compridos corredores, dando uma olhada dentro dos quartos enquanto passava. Às vezes, os pacientes olhavam para mim. Outras vezes, não. E com muita frequência estavam ali sozinhos. Saí dessa experiência convencida de que ninguém deveria enfrentar uma internação hospitalar sem apoio — e de que muitas pessoas não contam com assistência.

A situação de minha mãe podia ser devastadora. A quimioterapia deixa a pessoa esgotada; inúmeras vezes, de tão exausta, ela só pensava em dormir. Isso sem contar a grande quantidade de remédios, os possíveis efeitos colaterais, as contraindicações e os acompanhamentos necessários. E se o seu organismo apresentasse uma reação adversa a um novo medicamento, como aconteceu mais de uma vez? Tive que coordenar seus cuidados, garantir que seus médicos conversassem entre si e assegurar que recebesse o tratamento adequado. Muitas vezes me perguntei como minha mãe teria se saído se não estivéssemos a seu lado para falar por ela.

Saí dessa experiência acreditando que deveríamos designar advogados com experiência médica para que todos os que lidassem com doenças graves tivessem ao lado um defensor confiável e competente. Afinal, decidimos que todos têm direito a um advogado quando a liberdade está em jogo. Assim agimos por compreendermos que a maioria das pessoas não fala a língua dos tribunais, e, mesmo quando falam, em situações de extrema tensão, é difícil manter um raciocínio objetivo. O mesmo acontece nos hospitais. As emoções estão à flor da pele. As pessoas são colocadas em um novo ambiente em que falam uma língua específica, com termos e frases complexos com os quais não estão familiarizadas. E precisam tomar decisões sentindo dor ou assustadas ou sob o efeito de muita medicação — ou as três opções ao mesmo tempo. Espera-se que tenham força suficiente para se monitorarem quando se sentem profundamente vulneráveis. Deveríamos ter advogados especializados para carregar esse fardo, deixando aos pacientes e às suas famílias a tarefa de se concentrar na recuperação.

Também devemos ser honestos quanto ao nosso sistema de saúde. Em 1985, Margaret Heckler, a então secretária de Saúde e Serviços Humanos, divulgou um relatório pioneiro da Força-Tarefa da Secretaria relativa à saúde dos negros e das minorias. Como ela escreveu na época, apesar do significativo progresso, em termos amplos, do quadro da saúde nos Estados Unidos, "havia uma constante disparidade entre o número de mortes e de doenças de negros e de outras minorias norte-americanas e a população de nossa nação como um todo".[25] Em suas palavras, essa disparidade era "uma afronta tanto aos nossos ideais quanto ao permanente gênio da medicina americana".

Eu cursava a faculdade quando ela encomendou esse estudo. O que vimos nas três décadas desde então? As disparidades foram reduzidas, mas são abrangentes — e as comunidades não brancas pagam o preço. De acordo com o Kelly Report on Health Disparities in America [Relatório Kelly sobre Disparidades na Área da Saúde] de 2015, a taxa de mortalidade entre os negros americanos, levando-se em conta oito das dez principais causas de falecimento, é superior à de qualquer outro grupo.[26]

Em cidades onde existe segregação racial, como Baltimore, há uma diferença de vinte anos entre a expectativa de vida dos moradores de bairros pobres negros e a dos moradores das áreas mais ricas e brancas. "A expectativa de vida de um bebê nascido em Cheswolde, no extremo noroeste de Baltimore, é de 87 anos",[27] escreve Olga Khazan no jornal *The Atlantic*. "A quinze quilômetros de distância, em Clifton-Berea, perto do local onde a série *A escuta* foi filmada, a expectativa de vida é de 67 anos, quase a mesma de Ruanda, e doze anos abaixo da expectativa média norte-americana."

Essas disparidades começam na sala de parto. Bebês negros correm duas vezes mais riscos de morrer na primeira infância do que bebês brancos,²⁸ uma disparidade surpreendente, maior até do que a vigente em 1850, quando a escravidão ainda era legal. Na verdade, as taxas de mortalidade infantil entre os negros é hoje mais alta do que entre as crianças brancas na época do Relatório Heckler. Em outras palavras as crianças negras, hoje, têm menos chances de sobreviver durante o primeiro ano de vida do que as crianças brancas no início dos anos 1980.²⁹

As mulheres negras correm também, no mínimo, três vezes mais riscos de morrer em função de complicações na gravidez do que as brancas³⁰ — um abismo estarrecedor que transcende a situação socioeconômica. Um importante estudo realizado na cidade de Nova York constatou que mulheres negras com diploma universitário têm mais probabilidades de enfrentar graves complicações na gravidez ou no parto do que mulheres brancas que nem sequer concluíram o ensino médio.³¹

Uma série de fatores deixa homens, mulheres e crianças negras em desvantagem. Centenas de anos de discriminação institucionalizada em termos de moradia, emprego e acesso à educação deixaram a população negra norte-americana mais propensa à falta de acesso aos cuidados médicos, a morar em bairros pobres com opções limitadas de alimentação saudável e a ter menos recursos de cuidados de saúde nas comunidades.

E uma vez que os negros norte-americanos têm mais probabilidade que os seus pares brancos de nascerem e serem criados em famílias de baixa renda, em bairros com alto índice de criminalidade, são mais propensos a viver um fenômeno conhecido como estresse tóxico, consequência do trauma provocado por fatores que vão desde testemunhar a violência até vivenciá-la. Esse trauma gera não apenas angústia psíquica, mas também alterações físicas. Tomando emprestadas as palavras da dra. Nadine Burke Harris, especialista em estresse tóxico e fundadora do Center for Youth Wellness [Centro de Bem-Estar da Juventude], em Bayview-Hunters Point, "a adversidade vivida pela criança entranha-se em sua pele e tem potencial para alterar sua saúde".³²

Um estudo constatou que crianças que passam por pelo menos seis experiências adversas podem ter a expectativa de vida reduzida em mais de vinte anos.³³ O estresse psicológico leva à hipertensão, provocando maiores taxas de mortalidade infantil e maternal, entre outros problemas. A pesquisa revelou que certos níveis de estresse reduzem nossos telômeros, as estruturas que unem nossos cromossomos. À medida que envelhecemos, nossos telômeros vão encurtando até as células começarem a morrer, o que leva à doença. Um estudo da Universidade de Michigan mediu o comprimento do telômero em centenas de mulheres³⁴ e constatou que as mulheres negras eram, biologicamente, sete anos mais velhas do que as mulheres brancas da mesma idade.

Mas apenas as circunstâncias ambientais não podem explicar as disparidades em termos de saúde.

A verdade é que os negros norte-americanos recebem menos cuidados quando vão ao médico. Pacientes brancos têm 10% mais chances de serem examinados para diagnóstico de colesterol alto do que os negros americanos,³⁵ embora as taxas de doenças cardíacas e de derrame sejam mais altas entre os negros. Os pacientes negros também têm menos chances de serem tratados com procedimentos para desobstruir artérias bloqueadas.³⁶ Mulheres brancas têm mais chance de fazer mamografias do que as negras e as latinas.³⁷ E mulheres negras correm mais risco de ter os sintomas descartados pelo médico, independentemente de sua situação econômica.³⁸

Quando teve bebê, a estrela do tênis Serena Williams, uma das mais importantes atletas de todos os tempos, passou por sérias complicações. Um dia depois de precisar passar por uma cesariana, Williams começou a sentir dificuldade para respirar. Tendo em vista seu histórico de embolia pulmonar, ou coágulos de sangue, suspeitou que estava tendo outra crise. Em entrevista à revista *Vogue*, disse que saiu do quarto do hospital para não deixar a mãe preocupada, e avisou à enfermeira que precisava de uma tomografia computadorizada e de um anticoagulante intravenoso imediatamente. Mas a enfermeira mostrou-se cética. Achou que Serena Williams devia estar confusa em função dos analgésicos. Serena insistiu. Em vez de fazer a tomografia e ministrar o anticoagulante intravenoso, o médico chegou com um aparelho de ultrassonografia.[39]

"Fiquei perplexa: um Doppler?", recorda. "Já disse que preciso de uma tomografia e de heparina injetável", insistiu ela com a equipe médica.

Quando afinal a levaram para a tomografia, constataram que ela estava com a razão.

"Eu fiquei assim, tipo, ouçam a dra. Williams!", contou à *Vogue*.

Em consequência de outras complicações pós-parto que exigiram cirurgia, ficou de cama seis semanas. Se alguém como Serena Williams está sujeita a passar por tamanho calvário,[40] imagine o que acontece com outras pacientes que descrevem sintomas e são ignoradas.

O que leva a tais desigualdades quando se trata de cuidar de nossos concidadãos? Crescentes pesquisas sugerem que parte do problema é inconsciente, um preconceito implícito, semelhante ao que vemos nas delegacias de polícia. Todos nós absorvemos estereótipos e suposições sociais, muitas vezes sem ao menos nos darmos conta. Contudo, caso não sejam examinados, correm o risco de nos levar a comportamentos discriminatórios, que podem ter profundas consequências em áreas como a aplicação da lei, a justiça criminal, a educação e a saúde.

Alguns membros esclarecidos da área médica empenham-se em corrigir o problema. Na Escola de Medicina de São Francisco, no primeiro ano letivo, todos os alunos assistem a uma aula sobre o efeito discriminatório gerado por esses preconceitos. Antes de iniciada a aula, recebem um teste de associação que avalia suas atitudes inconscientes, não apenas em relação à raça, mas também ao gênero, ao peso e à idade. A pesquisa revelou que 75% dos alunos submetidos ao teste — independentemente da raça — demonstram preferência inconsciente pelos brancos.[41]

Como resolvemos o problema? Para começar, confessando a incômoda verdade de que o preconceito existe. Só então será possível dividir o problema em partes, a serem combatidas uma após outra. Em primeiro lugar, precisamos que todas as escolas de medicina do país incluam aulas de treinamento de preconceito implícito. Quando aprendemos que o preconceito implícito é real, e que todos o temos, isso permite pensar em nossas atitudes cotidianas e tomar decisões mais acertadas.

Também precisamos que as faculdades de medicina se empenhem de modo proativo a trazer mais diversidade à área. Desde 2013, apenas cerca de 9% dos médicos de nosso país não são brancos[42] e apenas 4% são negros. Esse é o primeiro abismo a ser transposto, se pretendemos transpor os outros. Não vai ser fácil. Será um desafio geracional. Mas é hora de começar.

Entretanto, para melhorar os resultados em todos os sentidos é necessário modificar o sistema de saúde em si. Acredito que a assistência médica deva ser um direito, mas num sistema no qual a qualidade do atendimento depende de sua posição social, não há como negar que a assistência médica ainda é um privilégio em nosso país. E precisamos que isso mude. Por isso necessitamos do Medicare for All.

Imagine se a cobertura do serviço de saúde nos Estados Unidos tomasse como base não quanto cada um pode pagar, mas as necessidades médicas. O objetivo do sistema seria maximizar os cuidados com a saúde em vez de maximizar os lucros. Isso, em si, seria revolucionário. Ficar doente já não representaria correr risco de falência. Os empregadores deixariam de pagar fortunas pelos planos de saúde dos funcionários. E o sistema em si seria muito mais eficiente, como constatamos ao comparar os altos custos administrativos das seguradoras privadas de saúde com os baixos custos do Medicare.

Contudo, mesmo que num estalar de dedos o Medicare for All se transformasse em realidade, não seria o bastante para remediar todos os problemas do sistema.

Em primeiro lugar, precisamos aumentar radicalmente o financiamento para os Institutos Nacionais de Saúde [NIH, na sigla em inglês] de modo a poderem acompanhar o progresso e as inovações da indústria farmacêutica. Lembro-me do orgulho de minha mãe por trabalhar como revisora e colaboradora, com outros especialistas de sua área, para os NIH. Ela costumava mencionar a época em que trabalhava lá com tamanha reverência que eu, menina, imaginava Bethesda, Maryland, local da agência, como um lugar cheio de castelos e torres. Posso ter me enganado quanto à arquitetura, mas não a respeito da beleza da colaboração científica e, com certeza, não quanto ao fato de os NIH serem um tesouro nacional. Se quisermos que nossos filhos encontrem a cura para as mais terríveis doenças da humanidade, deveríamos investir em nossos pesquisadores médicos, em vez de confiar em companhias interessadas em direcionar o dinheiro para seus acionistas.

Também precisamos proteger pacientes e contribuintes de fraudes. E isso significa examinar com microscópio figuras mal-intencionadas. Considere o lucro das companhias de diálise, que oferecem um dos piores exemplos de prática imprópria.

A diálise é um processo pelo qual uma máquina limpa o sangue de pacientes vítimas de falência renal. A doença renal ainda é a nona principal causa de morte nos Estados Unidos,[43] mas, para alguém com falência renal, a diálise é um tratamento imprescindível na manutenção da vida do paciente e uma importante ponte entre a perda da função renal e a obtenção de um transplante de rins (uma alternativa mais barata e com prognóstico muito melhor de vida). Em todo o país, cerca de quinhentos mil pacientes são submetidos a hemodiálise, comparecendo três vezes por semana para um procedimento de filtragem das substâncias tóxicas do sangue, de várias horas de duração, por meio de uma máquina que funciona como um rim artificial, realizando a função de um rim saudável.

Quem são esses pacientes? A imensa maioria provém de comunidades de baixa renda. Pessoas que moram em determinadas localidades têm mais probabilidade de sofrer de falência renal, consequência em grande parte de diabetes e hipertensão. A população negra desenvolve insuficiência renal a uma taxa 3,5 vezes superior à da população branca,[44] e constitui quase um terço de todos os pacientes norte-americanos em tratamento de hemodiálise.

As duas maiores empresas de diálise, a DaVita Inc. e a Fresenius Medical Care, encontraram-se em maus lençóis. Em 2016, a Fresenius se comprometeu a pagar 250 milhões de dólares para resolver milhares de processos. De acordo com o *The New York Times*, "a Fresenius enviou um memorando interno aos médicos dos centros de hemodiálise da empresa comunicando que o uso indevido de um dos produtos da empresa parecia causar um acentuado aumento de mortes súbitas por parada cardíaca".[45] Contudo, a empresa decidiu não avisar os médicos de clínicas não pertencentes à Fresenius, que continuaram usando o produto mesmo depois de o memorando ter vazado para a Food and Drug Administration (FDA), agência reguladora de medicamentos e alimentos do governo americano.

Em 2014, a DaVita aceitou pagar 350 milhões de dólares para resolver alegações de propinas,[46] num esquema em que a empresa supostamente vendeu participação em suas clínicas a médicos e a grupos de médicos que, em troca, indicavam essas clínicas a seus pacientes. Em 2015, a empresa concordou em pagar 495 milhões de dólares para saldar um caso de delação, no qual era acusada de fraude por sobretaxar o Medicare. Em 2017, a DaVita foi processada por manter suas clínicas com carência de funcionários, ao mesmo tempo que exigia rapidez nos atendimentos e alta rotatividade, colocando a vida dos pacientes em risco. Chegou a hora de combater esse tipo de procedimento.

Por fim, precisaremos reestruturar a política de saúde pública visando à oferta de melhores tratamentos psíquicos a todos os americanos. Esse esforço deverá ser iniciado para garantir maior número de profissionais da área de saúde mental no programa Medicare. Só existe uma solução para esse problema: precisamos aumentar as taxas de reembolso do Medicare. Como o maior contratante de serviços de assistência médica, o governo federal deve ser o primeiro a garantir que os profissionais da área de saúde mental recebam o que merecem.

Também precisamos encorajar uma nova geração de americanos a trabalhar nessa especialidade. Vamos criar um modelo semelhante ao

Teach for America* ou ao Corpo da Paz, um sistema de aprendizado cuja missão primordial seja obter interessados em servir ao país e treiná-los para a prestação de serviços mentais.

Acabemos também com as leis que eliminam financiamentos para os serviços de saúde mental. Uma antiga lei, conhecida como "exclusão dos IMD", por exemplo, proíbe o Medicaid de pagar tratamentos mentais em estabelecimentos médicos com mais de dezesseis leitos. Essa regra esvaziou os hospitais psiquiátricos e deixou um maior número de pessoas com transtornos mentais graves entregue à própria sorte.

Por fim, acredito que deveríamos fornecer tratamento psíquico a pedido. E quando digo "a pedido", isso significa que, independentemente de quem você seja ou de onde esteja, o tratamento psiquiátrico estará disponível caso precise. Além de exigir muito mais profissionais, atingir esse objetivo exigirá investimentos na expansão da telemedicina para que os pacientes possam acessar os serviços onde quer que morem. Isso é importante, sobretudo, para as pessoas das áreas rurais, onde quase cem hospitais fecharam nos últimos anos. Até o momento, estudos provaram que a telemedicina costuma ser tão eficaz quanto o tratamento presencial. Pesquisas e desenvolvimentos adicionais podem, com certeza, aprimorar sua eficácia.

Dias antes de assumir o cargo de senadora, li uma matéria num jornal de Chillicothe, uma cidadezinha no sudeste do condado de Ross, em Ohio, localizada no sopé dos montes Apalaches, com extensos campos de soja e milho, e cuja linha do horizonte é demarcada pelas chaminés de uma fábrica de papel que funcionou ininterruptamente por mais de cem anos. A maior fábrica de caminhões da Kenworth

---

* Organização formada por uma rede de professores de elite, jovens selecionados entre os melhores alunos das melhores universidades, em qualquer área de conhecimento, que são treinados para dar aula em escolas localizadas nas áreas de renda mais baixa do país. (N. T.)

fica em Chillicothe e paga salários "de classe média". O hospital da cidade é um dos maiores empregadores do condado. Mas a grandiosa história e o orgulho que, no passado, definiram essa cidade americana típica vêm sendo substituídos pela sensação de desespero.

Setenta e sete mil pessoas vivem no condado de Ross. Só em 2015, os médicos do condado prescreveram 1,6 milhão de comprimidos de opioides.[47] No mesmo ano, 38 pessoas morreram de overdose acidental.[48] No ano seguinte, outras quarenta perderam a vida.[49] "Agora, nessas comunidades, é mais fácil conseguir heroína do que pizza",[50] declarou Teri Minney, diretor do Ross County's Heroin Partnership Project [Projeto contra a Heroína em Parceria com o Condado de Ross], ao *The Washington Post*. "Entregam em domicílio." Segundo o *Post*, no condado de Ross, os usuários de drogas com frequência se injetam em locais públicos, na esperança de que, se tiverem uma overdose, paramédicos ou policiais os reanimem. "Num dia de setembro, a polícia e os paramédicos atenderam treze casos isolados de overdose, um deles fatal:[51] um homem morreu num apartamento na Main Street. Nesse ínterim, uma mulher teve uma overdose dentro de um carro estacionado num posto de gasolina em Valero com a filha de dois anos no banco de trás."

Como ocorreu em outras regiões com altos índices de uso de opioides, a taxa de crimes violentos e de roubos também aumentou,[52] bem como o número de bebês que nascem viciados em opioides e de crianças que precisam de adoção. Segundo as autoridades locais, duzentas crianças foram colocadas sob os cuidados do Estado em 2016,[53] das quais 75% têm pais viciados em opioides. A explosão de casos exigiu que o condado praticamente dobrasse as verbas destinadas à assistência infantil,[54] que chega hoje a mais de 10% de seu orçamento. Um dos lugares mais felizes de Ohio está coberto por uma névoa de desesperança.

Histórias similares repetem-se em todos os estados do país. O custo de vidas humanas abalou a nação em sua essência. Comunidades inteiras foram destruídas. E a propagação de opioides não discrimina.

Atinge pessoas em todas as áreas demográficas, infectando áreas rurais, urbanas e da periferia da mesma maneira. Para muitos, o que começou como um desejo legítimo de reduzir a dor transformou-se em vício avassalador. A dor agora não advém de problemas de coluna ou do tratamento pós-cirúrgico, mas da síndrome da abstinência. "É como ter gripe e ficar estirado no meio da rua vomitando, enquanto as pessoas passam por cima de você",[55] descreveu ao *The Washington Post* um dos viciados de Chillicothe.

A propagação de opioides já matou mais de 350 mil americanos nas últimas duas décadas. Mas a crise no sistema médico nacional que enfrentamos é resultado da falência da intervenção na saúde pública, a partir do momento em que aprovaram a venda do OxyContin. É uma história diferente da que testemunhamos durante a disseminação de crack — agora, em vez de a droga ser vendida nas esquinas por traficantes, gente de terno, gravata e jalecos brancos comercializa a droga enquanto os fabricantes escondem os perigos provocados pelo consumo.

Tudo começou em 1995, quando a FDA aprovou o OxyContin e autorizou seu fabricante, a Purdue Pharma, a anunciar que, ao contrário dos opioides anteriores (Percocet e Vicodin), o "OxyContin, em tese, reduz" o risco de abuso e dependência porque age por mais tempo. A Purdue Pharma aproveitou-se dessa alegação e, em 1996, iniciou a maior campanha de marketing na história da indústria farmacêutica com base na noção de que o OxyContin não causava dependência química. Os executivos da empresa prestaram depoimento no Congresso comprovando as afirmações nesse sentido e realizaram um programa de convencimento de médicos e pacientes no sentido de que a dor deveria ser tratada de maneira mais agressiva do que no passado, o que poderia ser alcançado sem medo de dependência, desde que o analgésico fosse o OxyContin. Isso apesar de os funcionários da empresa terem recebido informações de que as pílulas vinham sendo esmagadas e inaladas, e de que médicos estavam sendo processados criminalmente por venderem receitas do analgésico a pacientes.

De acordo com uma cronologia desenvolvida pela revista *Mother Jones*, em 2002 os médicos nos Estados Unidos prescreviam 23 vezes mais OxyContin do que em 1996. Em 2004, o Federation of State Medical Boards [Federação dos Conselhos Médicos Estaduais] pediu, inclusive, a imposição de sanções a médicos que não combatessem a dor com todo o vigor.

Fábricas de comprimidos começaram a pipocar em todo o país, e médicos vendiam receitas e comprimidos em troca de dinheiro vivo. Entre 2007 e 2012, três importantes distribuidoras de remédios, a McKesson, a Cardinal Health e a AmerisourceBergen tiveram um lucro de 17 bilhões de dólares ao saturar a Virgínia Ocidental com opioides.[56] Em 2009, a população dos Estados Unidos consumia mais de 90% da hidrocodona do mundo e mais de 80% da oxicodona.[57] Em 2012, dezesseis anos depois de o OxyContin chegar ao mercado, médicos prescreveram 259 milhões de receitas de opioides.[58] Para se ter uma perspectiva nítida do que isso representa, o número de domicílios nos Estados Unidos é de cerca de 126 milhões.

No fim dos anos 1990, o uso de heroína nos Estados Unidos sofreu um declínio drástico em comparação com o pico ocorrido nos anos 1960 e 1970. Mas quando o número de viciados em opioides disparou no início dos anos 2000, os traficantes de heroína encontraram um público altamente motivado a consumir seu produto, bem mais barato e mais fácil de obter do que os remédios controlados. De acordo com os NIH, praticamente 80% dos americanos viciados em heroína começam com receitas de opioides.[59]

O perigo se agravou em 2013 quando o fentanil, um opioide sintético, uma das drogas mais mortíferas do mundo, cinquenta vezes mais potente que a heroína, chegou da China e entrou na composição da heroína norte-americana. O Centro para Controle e Prevenção de Doenças [CDC, na sigla em inglês] estima que 72 mil óbitos ocorreram por overdose nos Estados Unidos só em 2017. Ou seja, quase o dobro do número de mortes dez anos antes. Em 2018, o CDC publicou um relatório no qual estabelecia que as mortes por opioide continuam aumentando em quase todas as regiões do país.[60]

Quando eu era procuradora-geral, fiz da luta contra os opioides uma de minhas principais prioridades. Desmantelamos uma organização transnacional de tráfico de drogas, em larga escala, em 2011 e apoiei uma legislação que dificultava a impressão de receituários falsificados. Fomos atrás de fábricas de comprimidos e fechamos supostos centros de reabilitação que prescreviam uma quantidade exagerada de analgésicos, levando os pacientes à morte. Quando a verba para o programa de monitoramento de drogas do meu departamento foi cancelada, lutamos com o máximo de afinco até eu conseguir reaver o orçamento. O sistema permitiu aos farmacêuticos e aos médicos o rápido acesso ao histórico de receitas médicas a fim de se certificar de que o paciente não marcava consulta com vários médicos diferentes só para obter os mesmos analgésicos. Fomos atrás de criminosos que vendiam opioides on-line, anunciados na Craigslist, e processamos uma empresa farmacêutica por inflacionar os preços para o tratamento de dependência química de opioides.

Como o governo federal reagiu? Não como deveria. Segundo uma investigação conjunta feita pelo programa *60 Minutes* e pelo jornal *The Washington Post*, em 2017 o Congresso "de fato retirou da Agência de Fiscalização de Drogas [DEA, na sigla em inglês] a sua mais potente arma no combate às grandes indústrias farmacêuticas suspeitas de distribuir receitas de narcóticos nas ruas do país[61] [...] A lei foi o coroamento de uma campanha multifacetada da indústria farmacêutica visando enfraquecer os agressivos esforços de fiscalização da DEA contra as empresas de distribuição de medicamentos, fornecedores de médicos e farmacêuticos corruptos que anunciavam os narcóticos ilegalmente".

Em 2017, o governo declarou a crise de opioides uma "emergência" de saúde pública, mas o financiamento para lidar com o problema consistia em apenas — não, não estou brincando — 57 mil dólares. A quantia representa menos de 1 dólar por vítima de overdose naquele ano. É inconcebível! E se os republicanos tivessem êxito em rejeitar o Affordable Care Act, teriam cancelado a cobertura para o tratamento de dependentes químicos de três milhões de americanos.

Essa crise merece uma mobilização federal consistente. Precisamos declarar estado de emergência nacional, o que propiciaria, de imediato, o aumento de financiamento para ajudar a combater a doença — e conceder a lugares como Chillicothe, em Ohio, mais recursos para arcar com os tratamentos de viciados, os serviços hospitalares, a formação profissional etc.

Precisamos enfrentar o desafio em todas as frentes. Iniciaríamos o combate fornecendo programas de tratamento de apoio aos "pré-contempladores", como são chamadas pelos especialistas as pessoas ainda relutantes em iniciar o tratamento.

Precisamos assegurar que os dependentes químicos tenham acesso a tratamento com acompanhamento médico e dosagem indicada e controlada de medicamentos (MAT) — drogas como a buprenorfina, que evita as sensações e os sintomas de abstinência sem produzir a excitação causada pela heroína ou o OxyContin. Muitos seguros de saúde arcam com o custo de opioides, mas cobram mais de 200 dólares por mês pela buprenorfina.[62] Isso tem de ser mudado. Precisamos mudar isso.

Ao mesmo tempo, precisamos criar um padrão federal relativo ao tratamento de transtornos por uso de substâncias tóxicas. No momento, em muitos estados de nosso país, é possível abrir uma clínica para tratamento de dependentes químicos sem qualquer qualificação. Não há exigência quanto a treinamento adequado ou tratamento baseado em evidências. Em consequência, um grande número de norte-americanos que encontraram força e coragem para se internar em clínicas de reabilitação descobre que, apesar de todas as despesas, não recebe cuidados adequados e o tratamento não funciona.

Também precisamos restabelecer a autoridade da DEA de punir os maiores fabricantes e distribuidores farmacêuticos por seu papel na criação e manutenção da crise. E precisamos investir recursos nos esforços de aplicar leis que cessem o fornecimento do fentanil importado da China.

Por fim, precisamos compreender que, no fundo, este é um assunto de saúde pública e não um caso de justiça criminal. Não podemos continuar a repetir os erros da fracassada guerra contra as drogas que colocou tantos viciados em crack na cadeia. É normal ao ser humano querer parar de sentir dor, seja física ou emocional, e as pessoas sempre encontrarão meios para tanto. Às vezes, isso significa buscar ajuda; outras, viciar-se em heroína. Nossa tarefa não é punir nossos amigos, membros da família e vizinhos mandando-os para a cadeia. Mas, sim, ajudá-los a encontrar um caminho viável para lidar melhor com a dor.

À medida que a situação da minha mãe piorou, ela precisou de mais cuidados do que seríamos capazes de lhe propiciar. Quisemos contratar uma cuidadora para ajudá-la — e a mim. Minha mãe, porém, não quis ajuda.

"Estou bem. Não preciso de ninguém", dizia, embora mal conseguisse sair da cama. Seria preciso brigar para convencê-la, e eu não queria brigar. O câncer, doença à qual devotou a vida a combater, causava estragos. O corpo cedia. A medicação a incapacitava, a impedia de ser ela mesma. Eu não queria ser a pessoa responsável por lhe tirar a dignidade.

Então nos adaptamos. Eu preparava pratos elaborados para ela, e a casa ficava tomada com os cheiros da infância, lembranças de tempos mais felizes. Quando não estava trabalhando, quase sempre eu lhe fazia companhia. Contava histórias, ficávamos de mãos dadas, ajudava minha mãe a suportar o sofrimento decorrente da quimioterapia. Comprei chapéus depois que perdeu os cabelos, e tentei lhe proporcionar o máximo de conforto comprando roupas macias.

O declínio não é lento, contínuo, como eu aprenderia. O processo não é gradual. Minha mãe chegava a um estágio onde permanecia por semanas ou meses, e então, da noite para o dia, descia para o estágio inferior. Durante uma fase especialmente difícil, consegui convencê-la a passar duas semanas no Lar para Idosos da Comunidade Israelita, lugar conhecido pelo atendimento atencioso e eficiente, onde ela teria o acompanhamento 24 horas de que necessitava. Fizemos uma maleta e a levamos de carro à casa de repouso. A equipe foi gentilíssima com nossa família. Fizeram um tour com minha mãe pelo estabelecimento, mostraram seu quarto, apresentaram-na aos médicos e enfermeiras e explicaram a rotina de seu tratamento.

Em determinado momento, uma das médicas me chamou de lado.

"Como está a minha promotora pública?", perguntou.

A pergunta me pegou desprevenida. De tão concentrada no bem-estar de minha mãe, eu não pensava em mais nada, mas a pergunta partiu o escudo de força de que me munira para não me trair. Comecei a soluçar. Sentia medo. Estava triste. E, acima de tudo, não estava preparada.

Ela me perguntou se eu já tinha ouvido falar de "luto antecipatório". Não, mas a expressão fazia todo sentido. Usava a negação como mecanismo de defesa. Não conseguia acreditar que precisaria me despedir. Ainda que tivesse consciência disso. E já tinha iniciado o luto pela perda de minha mãe. Era válido compreender o que me acontecia. Rotular as coisas pode ajudar a lidar com elas, como eu já tinha aprendido. Não nos impede de sentir a emoção, mas pode transferi-la de lugar, caso consiga nomeá-la. E agora eu podia.

Quando terminou o tour, abri a mala de minha mãe para ajudá-la na mudança. Mas os planos dela eram outros. Sentada de pernas cruzadas na cama, do alto de seu 1,50 metro, disse com firmeza:

"Muito bem, este lugar é bonito. Mas agora vamos embora."

"Mamãe, você vai passar duas semanas aqui, esqueceu?"

"Não, não vou. Ná-ná-não. Não vou ficar aqui duas semanas." Voltou-se para a equipe médica, ainda no quarto. "Foi ótimo. Obrigada. Agora vamos embora."

E assim fizemos.

Não demorou muito, voltou a ser internada. Nessa ocasião, comecei a perceber outra mudança. Desde que me entendo por gente, minha mãe adorava assistir aos noticiários e ler jornal. Quando eu e Maya éramos crianças, insistia para que nos sentássemos em frente à TV e assistíssemos a Walter Cronkite todas as noites antes do jantar. Ela adorava assimilar tudo o que acontecia no mundo. Mas, de repente, perdeu o interesse. Sua mente tão ativa tinha decidido que já chegara ao limite. Embora ainda abrisse espaço para nós, as filhas.

Lembro-me de que eu tinha acabado de entrar na corrida para o cargo de procuradora-geral e ela quis saber como estava indo.

"Mamãe, esses caras estão dizendo que vão dar um chute no meu traseiro."

Minha mãe estava deitada de lado. Ela girou, olhou para mim e abriu um sorriso gigante. Sabia quem tinha criado. Sabia que seu espírito de luta vivia em mim.

Chegada a hora de contar com acompanhamento, acabou concordando em levarmos uma enfermeira do hospital para casa. Maya e eu ainda não acreditávamos que ela pudesse morrer, tanto que quando ela disse que queria ir à Índia, reservamos passagens e começamos a planejar a viagem. Discutimos como acomodá-la no avião e contratamos uma enfermeira para nos acompanhar na viagem. Vivíamos todas num enorme estado de ilusão, sobretudo eu. Não aguentava a ideia de dizer não à minha mãe — não porque ela não suportaria, mas porque eu não suportaria. Quando se tratava de contratar uma enfermeira para cuidar dela, ou ficar numa casa de repouso, ou viajar para a Índia, não queria aceitar o significado de dizer não a ela. Não queria aceitar que seu tempo chegava ao fim.

Uma noite, Maya, Tony, Meena e eu estávamos na casa de mamãe quando tia Mary e tia Lenore, que haviam feito uma viagem à cidade, chegaram para uma visita. Decidi cozinhar de novo. Nunca me esquecerei daquela noite — preparei a receita de ensopado de carne de Alice

Waters. Tinha dourado os cubos de carne e os cozinhava em vinho tinto, e de repente meu cérebro deu um estalo e registrou o que acontecia ao meu redor. Tive uma hiperventilação — não conseguia respirar direito. Achei que fosse desmaiar. De súbito, a ilusão desapareceu. Eu tinha de encarar a realidade. Ia perder minha mãe e não podia fazer nada para evitar isso.

Tínhamos telefonado para nosso tio na Índia avisando que mamãe estava muito doente para viajar. Ele pegou um avião em Nova Délhi para visitá-la. Agora me dou conta de que ela esperou o irmão chegar, esperou para se despedir. Faleceu na manhã seguinte.

Uma das últimas perguntas à enfermeira, sua última preocupação, foi: "Minhas filhas vão ficar bem?"

Seu foco era ser nossa mãe até o fim. E, embora eu sinta saudades dela todos os dias, levo-a comigo aonde quer que eu vá. Penso nela todo o tempo. Às vezes levanto a cabeça e converso com ela. Eu a amo tanto. E não há nenhuma honra ou título mais valioso neste mundo do que dizer que sou filha de Shyamala Gopalan Harris. Essa é a verdade que mais prezo.

## CAPÍTULO OITO

# Custo de vida

Quando me preparava para escrever este livro, passei um bom tempo folheando álbuns de fotos, relembrando momentos com Maya e mexendo em caixas velhas, que continham inclusive coisas guardadas por minha mãe. Foi uma bênção. Tive a oportunidade de reviver boas lembranças que às vezes esquecemos.

Quando éramos crianças, nossa mãe sempre preparava *chiles rellenos* na época do Natal. Depois que ela faleceu, fiz de tudo para achar a receita. Procurei em todos os lugares possíveis, até na internet, mas nenhuma versão se parecia com a de mamãe. Senti-me tão frustrada... Como se tivesse perdido mais do que apenas o sabor de sua cozinha. E então, enquanto mexia em meus livros de culinária, encontrei um caderno, e assim que o abri, a receita escorregou das páginas e caiu no chão. Só de ver a letra de minha mãe já me senti em sua presença. Era como se ela estivesse ali, ainda cuidando de mim.

Encontrei também duas luvas de cozinha que eu e Maya havíamos confeccionado em teares de plástico. Qualquer leitor que tenha crescido nos Estados Unidos nos anos 1970 provavelmente sabe a que me refiro. Nossa mãe cuidava para que nunca ficássemos sem ter o que fazer, sobretudo na frente da TV. Foi onde aperfeiçoei meu ponto concha em crochê.

Mamãe adorava se expressar com as mãos, e não parava de usá-las — para cozinhar, para limpar, para consolar. Estava sempre ocupada. Para ela, o trabalho devia ser valorizado, ainda mais o trabalho árduo; e certificou-se de incutir em suas filhas a mensagem e a importância de trabalhar tendo um propósito.

Também nos mostrou, em diversas maneiras, quanto valorizava qualquer trabalho e não apenas o seu. Quando alguma coisa boa acontecia no laboratório, mamãe chegava em casa com flores para a nossa babá.

"Eu não teria conseguido o que fiz se você não fizesse o que faz", dizia. "Obrigada por tudo."

Ela via dignidade em qualquer trabalho que permitisse que a sociedade funcionasse. Acreditava que todos merecem respeito pelo trabalho exercido, e que o esforço árduo deveria ser recompensado e respeitado.

Eu escutaria o mesmo no Rainbow Sign, onde oradores falariam da campanha contra a pobreza organizada pelo dr. Martin Luther King Jr., em sua crença de que "todo trabalho é digno" e em seu esforço para transformar sua convicção em realidade.

Como parte dessa empreitada, o dr. King foi a Memphis em 1968 participar de uma manifestação de apoio a trabalhadores negros do setor de saneamento em sua reivindicação por salários e condições de trabalho decentes. Dia após dia, esses trabalhadores percorriam a cidade, a bordo de caminhões, recolhendo lixo. A prefeitura não fornecia uniformes; os trabalhadores eram obrigados a usar as próprias roupas para exercer suas funções. Trabalhavam em turnos longos sem água para beber nem para lavar as mãos. "A maioria das lixeiras tinha buracos",[1] contou um dos trabalhadores. "O lixo vazava e nos sujava." Ele descreveu como, ao voltarem para casa à noite e tirarem os sapatos e as roupas à porta, caíam vermes deles.

Recebiam pouco mais do que o salário mínimo por esse trabalho pesado e indispensável. Não recebiam hora extra. Tampouco tinham direito a licença médica. Caso se machucassem durante o expediente e ficassem impossibilitados de trabalhar — um acontecimento frequente —, corriam o sério risco de serem demitidos. E se o mau tempo impedisse a coleta do lixo, eram mandados de volta para casa sem pagamento. Muitos necessitavam de auxílio do governo para alimentar a família.

Quando a prefeitura se recusou a compensar a família dos dois trabalhadores do setor de saneamento que haviam sido mortos esmagados pelo compactador de lixo, a situação se tornou insustentável. Munidos de grande coragem, 1.300 trabalhadores da área de saneamento de Memphis entraram em greve, exigindo condições mais seguras de trabalho, melhores salários e benefícios e o reconhecimento de seu sindicato. Eles fizeram a greve por suas famílias, por seus filhos e por eles próprios. A greve era, acima de tudo, uma luta por dignidade. Os cartazes exibidos durante as passeatas diziam apenas EU SOU UM HOMEM.

Quando Martin Luther King chegou ao Bishop Charles Mason Temple, em Memphis, no dia 18 de março de 1968, uma multidão de 25 mil pessoas havia se reunido à espera de seu discurso.

"Tantas vezes não nos damos conta do trabalho e da importância daqueles que não trabalham no mundo corporativo, dos que não ocupam os supostos cargos de poder",[2] disse. "Mas permitam que eu diga a vocês, esta noite, que toda vez que desempenham um trabalho a serviço da humanidade e que contribui para a construção da humanidade, esse trabalho é digno e tem valor."

"Estamos cansados", continuou King.[3] "Estamos cansados de nossos filhos serem obrigados a frequentar escolas lotadas, de ensino e qualidade inferiores. Estamos cansados de sermos obrigados a viver em péssimas condições, em moradias precárias e dilapidadas [...] Estamos cansados de perambular pelas ruas em busca de empregos que não existem [...] Cansados de trabalhar todos os dias sem parar e não conseguir ganhar o suficiente para suprir as necessidades básicas de viver."

Dezesseis dias depois, King voltou a Memphis para a passeata em apoio aos grevistas e tornou a falar no Bishop Charles Mason Temple, onde declarou: "Eu estive no topo da montanha." Na noite seguinte, em 4 de abril de 1968, foi assassinado. Dois meses depois, em 5 de junho, Robert F. Kennedy também foi assassinado. As vozes mais veementes, dos líderes mais importantes na luta pela justiça econômica, haviam sido repentina e irremediavelmente silenciadas.

Isso aconteceu há meio século. Em alguns pontos, obtivemos um progresso incrível desde então. Em outros, mal saímos do lugar. Gosto sempre de lembrar que, se considerarmos a inflação, o salário mínimo federal atual é mais baixo do que era na época em que o dr. King falou, em 1968, dos "salários de fome". O que isso diz dos valores de nosso país a respeito da importância e da dignidade do trabalho?

O povo americano é muito trabalhador. Temos orgulho de nossa ética profissional. E, por gerações, a maioria de nós foi ensinada a acreditar que existem poucas coisas mais dignas do que ter um trabalho honesto que nos permita cuidar de nossa família. Crescemos acreditando que, se trabalhássemos com afinco e dedicação, seríamos recompensados por nosso esforço. Mas a verdade é que, para a maioria dos norte-americanos, não tem sido assim faz muito tempo.

Sempre que surge uma força para levar o Congresso a tomar a atitude correta, ativistas e líderes eleitos imploram ao povo norte-americano que telefone e escreva para seus representantes. Hoje em dia, as linhas ficam congestionadas com as ligações de norte-americanos engajados em uma ação espetacular: o exercício da democracia. E em alguns casos realmente fez a diferença. Acredito que a revogação do Affordable Care Act fracassou em 2017 porque os congressistas republicanos transformaram um tema não partidário — a assistência médica acessível — em partidário, e o povo se recusou a aceitar. Isso instou os cidadãos a entrarem na luta. E, em virtude da pressão feita sobre os senadores que eram peças-chave na votação, a vontade do povo prevaleceu. Isso significa que milhões de pessoas ainda dispõem de cobertura médica porque norte-americanos telefonaram e escreveram cartas.

Para mim, a leitura dessas cartas não é apenas para entender a posição do povo em importantes questões políticas, mas também para compreender como são suas vidas, tanto suas alegrias quanto seus receios. Quando escrevem para mim, muitas vezes sou o último recurso. Estão passando por dificuldades, e com problemas sérios, mas nada do que tentaram deu certo. E então recorrem a mim e compartilham as experiências que deixaram suas vidas de pernas para o ar.

*Cara senadora Harris,*

*Meu marido e eu trabalhamos em tempo integral, mas mesmo assim toda semana temos dificuldade para pagar as contas. Meu filho de dois anos tem [plano de saúde] com cobertura total e agradeço a Deus todos os dias por isso, mas não entendo por que eu e meu marido não podemos ter a mesma cobertura.*

*[...] Não conseguimos auxílio para a creche porque "ganhamos dinheiro demais", mas nem temos condições de pagar a mensalidade de 50 dólares da creche, então ficamos dependentes de familiares, [mas] eles têm seus próprios problemas, e em muitas ocasiões ficamos sem receber porque não conseguimos uma babá para poder ir trabalhar.*

*[...] Imploro, pela minha vida, que isso precisa mudar!! Por favor, pelo amor de Deus, AJUDE!! Isso não está certo. Estou confusa, com raiva, frustrada e me sinto traída pelo nosso governo! NUNCA peço ajuda a não ser quando preciso, e agora preciso de verdade!!*

Cada carta é única. Mas, juntas, narram a mesma história. É a história de norte-americanos aprisionados na crise do custo de vida em que tudo, desde a moradia e a assistência médica aos cuidados e educação dos filhos, custa mais caro do que costumava custar, mas os salários se encontram no mesmo patamar baixo há décadas. As cartas que recebo contam sistematicamente a história da classe média cada vez mais espremida, e de uma vida econômica pautada em imensa dificuldade.

Quando acordo no meio da noite com alguma preocupação, lembro-me de que, em inúmeros lares país afora, outra pessoa também não consegue pegar no sono por causa de problemas. Milhões de outras pessoas. E imagino que a maioria pensa em seus medos mais profundos: *Vou ser capaz de proporcionar uma vida digna para meus filhos? E se eu nunca conseguir pagar as contas? Como vou sobreviver até o fim do mês?*

O povo americano não abriu mão do Sonho Americano. Sei que isso é verdade. Mas quando não se consegue dormir, como sonhar?

Como sonhar quando, em média, um ano de creche para um bebê ou uma criança pequena é mais caro do que um ano de mensalidade em uma faculdade pública estadual?[4] Como sonhar quando o custo do ensino superior aumentou mais de três vezes que os salários desde os meus tempos de estudante nos anos 1980?[5] Como sonhar quando se está afogado em dívidas para pagar o empréstimo do crédito estudantil?

Como sonhar quando se ganha salário mínimo e se trabalha quarenta horas por semana, sabendo que em 99% dos condados norte-americanos não seria possível pagar o preço médio de mercado do aluguel de um apartamento de um quarto?

Como sonhar quando seu salário quase não se altera, não importa quanto se trabalhe, e você vê tudo custar cada vez mais? Como sonhar quando seu filho está doente, mas você não tem condições de arcar com a coparticipação ou a franquia?

A vida da classe média não é mais o que costumava ser. E, atualmente, não é o que deveria ser. Estar na classe média deveria significar segurança e estabilidade financeira. Mas como isso é possível quando o custo de vida é tão alto que você está sempre a um passo da catástrofe? Basta quebrar um osso. Uma doença. Ninguém espera que a vida seja fácil, mas a transmissão do carro enguiçar não deveria levar a uma crise de proporções épicas.

No entanto, para muitos, é assim. Um imprevisto e a poupança fica zerada. Mais um e a poupança para a aposentadoria também desaparece. E logo, logo a fatura do cartão estará além do razoável, mas que outra opção lhe resta? Você precisa consertar o carro, caso queira manter o emprego. Tem o aluguel ou a prestação da casa para pagar.

Segundo uma pesquisa realizada, 57% dos norte-americanos não têm reserva suficiente para cobrir uma despesa imprevista de 500 dólares. Essa foi uma das razões para a minha proposta do LIFT (Livable Incomes for Families Today) Middle Class Tax Act no Senado dos Estados Unidos, um projeto que cria uma importante taxa de crédito para a classe média com o intuito de prover 6 mil dólares por ano a famílias consideradas elegíveis — o equivalente a 500 dólares por mês. As famílias poderão receber o crédito como uma bolsa mensal, em vez de esperar pelo reembolso no ano seguinte. É um tipo diferente de rede de proteção, que impede trabalhadores esforçados de serem expulsos da classe média, ou lhes dá uma chance justa de conseguir essa posição para as suas famílias. Esse é o tipo de redução de impostos que podemos oferecer quando cessarmos de conceder intermináveis isenções fiscais às grandes corporações e aos muito ricos.

Penso no sr. e na sra. Shelton. Ela era professora de jardim de infância e ele trabalhava com construção civil, e com as duas rendas conseguiram comprar a casa de dois quartos com que sempre sonharam e pela qual tanto trabalharam. No entanto, enquanto escrevo, a casa está listada no site de vendas on-line Zillow por 886 mil dólares, ou seja, um valor impensável para os salários de uma professora e de um operário. Reconheço que a Califórnia se tornou absurdamente cara, mas esta é uma questão recorrente em todas as grandes metrópoles do país. De acordo com uma análise realizada em 2018 pela corretora de imóveis Redfin, em cidades como Denver e Phoenix menos de 1% das casas à venda pode ser comprada com o salário médio de um professor.[6]

Nas áreas rurais, os problemas relacionados à moradia não são tão graves, mas as comunidades foram devastadas pela falta de empregos. Segundo um relatório recente, apenas 3% do crescimento de ofertas de empregos no século XXI ocorreu em áreas rurais. Isso forçou os moradores a procurar por vagas em outras cidades, deixando-os com uma terrível escolha: ou enfrentar muitas horas de deslocamento até o trabalho ou se mudarem da cidade habitada por sua família durante uma geração, onde vivem seus amigos, onde os filhos jogam em ligas infantis de beisebol, onde sempre frequentaram a igreja.

Penso também nos trabalhadores que conheci ao longo da vida, trabalhadores profundamente desvalorizados nesta economia. Muitos anos atrás, graças ao SEIU, sindicato que representa milhões de trabalhadores, voltado sobretudo para cuidados de saúde, conheci uma mulher chamada Wendy e passei um dia com ela, observando com atenção como trabalhava. Havia trocado de emprego quando a mãe, idosa, adoeceu, e passou a ser cuidadora para ser capaz de assisti-la noite e dia. Ela fazia de tudo, incluindo tirar a mãe da cama para mudar-lhe a roupa, dar-lhe comida e banho, monitorar seus sinais vitais, colocá-la na cadeira de rodas e a levá-la para passear, enquanto falava sempre com ela para manter sua cognição alerta. Era um trabalho físico, mental e emocional meticuloso e exaustivo.

Contudo, em 2017, o salário médio dos cuidadores em casas de repouso nos Estados Unidos era baixo demais para manter uma família de quatro pessoas acima da linha da pobreza. E como em geral são terceirizados, não têm direito a benefícios. Isso, para mim, é um absurdo. À medida que a geração *baby boom* se aposenta, precisaremos de mais acompanhantes — 1,2 milhão em 2026.[7] E é essa a maneira que pretendemos recompensar esses cuidadores? O que isso quer dizer em relação ao valor que atribuímos à assistência dos norte-americanos mais velhos? O que isso quer dizer em relação ao respeito que temos por nossos idosos?

A crise enfrentada pela alta do custo de vida afeta sobretudo as mulheres. As mulheres ainda ganham, em média, oitenta centavos por dólar em comparação com os homens. Uma diferença mais acentuada e aflitiva para as mulheres negras norte-americanas, que ganham apenas 63 centavos para cada dólar ganho por um homem branco. Como aponta o National Women's Law Center [Centro Nacional de Leis para as Mulheres], isso significa que uma mulher negra que trabalhe em tempo integral o ano inteiro ganha 21 mil dólares a menos do que um homem branco na mesma função.[8] Essa discriminação afeta todos os membros de uma família. A situação das latino-americanas consegue ser ainda pior: ganham apenas 54 centavos por dólar.

Políticos adoram falar sobre o trabalho árduo. Mas está na hora de dizer umas boas verdades. A verdade é que já faz muito tempo que a economia deixou de recompensar e valorizar a maioria dos trabalhos árduos. E se quisermos mudar essa verdade, precisamos antes admiti-la.

Vamos começar refletindo a respeito de como chegamos a tal ponto.

Por várias décadas após a Segunda Guerra Mundial, os trabalhadores recebiam um aumento quando as empresas obtinham lucros. E o governo auxiliava a população, proporcionando ensino gratuito graças ao GI Bill, lei que oferecia uma série de benefícios para os veteranos de guerra. O crescimento da economia dependia de altos índices de produtividade. Nas três décadas após a guerra, a produtividade alcançou o espantoso avanço de 97%. A diferença é que, na época, todos compartilhavam da abundância. Nesse mesmo período, os salários dos trabalhadores aumentaram 90%.[9] E assim os Estados Unidos conseguiram criar a maior classe média do mundo.

Nos anos 1970 e 1980, contudo, os Estados Unidos corporativos decidiram que era hora de seguir o próprio caminho. Em vez de compartilhar os lucros com os empregados, as corporações decidiram que só precisavam se preocupar com os acionistas. Pela ótica das grandes empresas, quem tinha ações da empresa merecia os louros das riquezas, relegando quem fazia a empresa funcionar. Portanto, enquanto a produtividade cresceu 74% entre 1973 e 2013, a remuneração do trabalho aumentou apenas 9%.[10]

Nos anos 1980, o presidente Reagan fez dessa ideia o carro-chefe da plataforma econômica do Partido Republicano. Cortar impostos das corporações. Cortar impostos dos acionistas. Opor-se a aumentos do salário mínimo. Opor-se à própria ideia do salário mínimo. Desmantelar os movimentos sindicais, os defensores mais poderosos na luta a favor dos trabalhadores em Washington. Reduzir a fiscalização do governo. Ignorar os danos colaterais.

Esse foi o início de uma nova era pautada pelo egoísmo e pela ganância. E foi terrivelmente eficiente. Os lucros corporativos dispararam, mas os trabalhadores norte-americanos não recebem um aumento expressivo há quarenta anos. Mas parece que não tem problema um CEO ganhar mais do que trezentas vezes um trabalhador médio.[11]

O objetivo do crescimento econômico precisa ser o fortalecimento da economia. Mas se os trabalhadores só ficam com as migalhas, que tipo de economia estamos de fato incentivando?

Foi nesse contexto que adentramos o século XXI. O povo norte-americano ficou espremido entre forças além de seu controle — de um lado, a terceirização e as empresas *offshore* que retalharam o setor de produção; do outro, a pior recessão desde a Grande Depressão. De repente, os empregos desapareceram. Comunidades inteiras viraram cidades-fantasmas.

Li inúmeras cartas que ressaltam a importância da passagem do tempo. Um homem de 62 anos que perdeu tudo na Grande Recessão, que não possui nada de aposentadoria e com pouca vida útil em termos profissionais. Um casal enfrentando problemas de saúde na família e que precisa escolher entre pagar as despesas médicas ou não atrasar o aluguel. Essas pessoas precisam de ajuda agora; não podem esperar. Qualquer um, preso em uma época de desespero financeiro, lhe dirá que passa por uma emergência. Que não há tempo a perder. Hoje tem de ter jantar na mesa. Amanhã cedo tem de ter gasolina no tanque. As contas precisam ser pagas no dia seguinte. O aluguel vence no fim da semana. Não há nenhum tempo a perder.

Durante esse período, houve também um surto de predadores corporativos que tiraram vantagem de pessoas vulneráveis, muitas vezes levando-as à ruína. Dentre os piores desses predadores cito as faculdades geridas por empresas, que se tornaram as queridinhas de Wall Street durante esse tempo. Gerações de americanos cresceram escutando que a melhor chance de subir na vida é obtendo um diploma. E muitas pessoas levaram esse conselho a sério e foram atrás da graduação, algumas vezes a um custo alto demais.

*Cara senadora Harris,*

*Em determinado momento, considerei a ideia de ter dois empregos para sustentar a mim e o meu filho. Cheguei à conclusão de que a melhor solução seria voltar a estudar e continuar a trabalhar ganhando o salário mínimo, para que meu filho não passasse muito tempo sem me ver. Decidi que lidaria com a pobreza até conseguir terminar os estudos. Essa é a realidade de muitos americanos.*

O problema é que muitas pessoas se matricularam em faculdades geridas por empresas que prometiam uma ótima educação e um futuro brilhante, quando, na verdade, os diplomas oferecidos não valiam muita coisa.

Quando eu era procuradora-geral da Califórnia, processamos a Corinthian Colleges Inc., uma das mais fraudulentas faculdades geridas por empresas do país. Para atrair estudantes e investidores, seus representantes mentiam sem escrúpulos. Diziam aos investidores que mais de 60% de seus alunos ocupavam posições de destaque em empregos sólidos. Cobravam fortunas aos alunos pelos diplomas e diziam que alguns cursos atingiam indicadores de recrutamento de 100%, ainda que não houvesse provas de que um único formando estivesse empregado. Anunciavam cursos que não ofereciam e puniam os funcionários de telemarketing, caso revelassem a verdade aos futuros alunos.

O mais vergonhoso era o fato de visar a populações vulneráveis. Os alvos da Corinthian Colleges Inc. eram pessoas vivendo na linha da pobreza; gente que tinha decidido voltar a estudar e obter um diploma para poder proporcionar uma vida melhor para si e seus entes queridos;

gente que tinha perdido o emprego na Grande Recessão e acreditava que conquistaria melhores oportunidades no mercado de trabalho se tivesse mais conhecimento. Os documentos internos do Corinthian revelaram a postura da empresa em relação aos próprios alunos: consideravam os homens e as mulheres que constituíam seu alvo demográfico "isolados", "impacientes", "com baixa autoestima", com "poucas pessoas que se importam com eles", "estagnados" e "incapazes de enxergar e planejar direito" o próprio futuro. No meu entender, essa conduta em nada difere da adotada pelos predadores criminais que encontrei — e que visam, de modo deliberado, aos mais vulneráveis.

É evidente que a maioria das empresas públicas não age dessa maneira predatória. Contudo, o objetivo primordial da liderança corporativa — gerar valor para acionistas ainda que em detrimento dos trabalhadores — é responsável por muitos danos.

Por exemplo, para inflacionar o valor das ações, os executivos fazem uso de um processo conhecido como "recompra de ações", no qual uma companhia compra as próprias ações fora do mercado — muitas vezes gerando a valorização da ação. Deixando de lado a questão de se as recompras de ações são ou não um recurso legítimo, podemos reconhecer quão extrema se tornou essa prática.

Entre 2003 e 2012, segundo índice da S&P 500, as empresas alocaram 91% de seus faturamentos na recompra de ações e em dividendos para os acionistas. Sobraram, portanto, 9% para investir no restante da empresa, seja em pesquisas, seja no aumento dos salários dos empregados.

Qual a consequência disso tudo? Tem sido maravilhoso para o 1% dos norte-americanos super-ricos, que agora controlam 40% da riqueza nacional,[12] montante que chega a cerca de 40 trilhões de dólares.[13] Mas tem sido um pesadelo financeiro para a classe média. Segundo uma pesquisa realizada pela organização filantrópica United Way, 43% das famílias não têm condições de arcar com as despesas básicas:[14] um teto para morar, comida na mesa, escola, gastos com saúde, transporte e celular.

O que as pessoas devem achar de um governo que as abandonou? Como alguém se sente quando está na derrocada e ninguém aparece para prestar ajuda, mas quando liga a TV ouve a notícia de que a economia vai muito bem? Muito bem para quem?

Não vai nada bem para quem precisou se mudar para um lugar que fica a horas de distância do trabalho apenas para poder arcar com os custos de um lugar para morar. Não vai nada bem para quem tem de abrir mão do trabalho porque não tem como pagar a creche. Não vai nada bem para quem está renunciando ao sonho de ir para a faculdade porque sabe que não tem como pagar as mensalidades.

No entanto, apesar de milhões de americanos estarem por um fio, a Casa Branca pegou a tesoura. Em 2017, o governo cortou impostos de quem não precisava e aumentou os de quem não pode pagar. Sabotou o Affordable Care Act, aumentando as contribuições para os planos de saúde. Desencadeou uma guerra comercial que poderia levar ao aumento de preços de produtos necessários para todos, desde mantimentos a carros. Nomeou juízes que tinham o objetivo de acabar com os sindicatos. Cancelou o reajuste de salário dos funcionários civis federais — todos, de agentes de segurança da alfândega a inspetores sanitários, guardas-florestais, equipes médicas e outros. O governo, inclusive, suspendeu a política de cancelamento de dívida implementada por nós em prol de vítimas dos Corinthian Colleges. E, para completar, acabou com a neutralidade da rede, o que vai pela primeira vez permitir às empresas de internet cobrarem tarifa para o acesso a sites populares, acrescentando mais uma atitude inaceitável à pilha.

*Cara senadora Harris,*

*Sou aluno do ensino médio e quase todos os meus trabalhos escolares dependem da internet e das ferramentas disponíveis. Minha escola é pequena e não tem muito dinheiro. Além disso, venho de uma família pobre e meus pais precisam se virar para pagar as contas. Se acabarem com a neutralidade da rede, estarão basicamente tirando todas as ferramentas que a internet fornece a estudantes como eu para passarem nas provas, agravando ainda mais os problemas das famílias pobres de toda a nação.*

Estamos ficando sem tempo. Essa é a verdade nua e crua. E não apenas em termos de lidar com o que é tão urgente no momento. Estamos ficando sem tempo para lidar com as importantes mudanças que estão por vir. Com o uso cada vez maior da inteligência artificial, é provável que enfrentemos uma crise de automação, colocando em risco milhões de empregos.

As indústrias estão mudando. Caminhões autômatos podem tirar o trabalho de 3,5 milhões de caminhoneiros. Até o serviço de preparação de impostos pode sumir. O McKinsey Global Institute apurou que nada menos de 375 milhões de pessoas em todo o mundo precisaram encontrar novos empregos em virtude da automação,[15] e prevê que 23% das atuais jornadas de trabalho podem se tornar automatizadas em 2030.[16] Outro estudo sugere que a automação possa suprimir 2,5 milhões de empregos por ano no curto prazo.[17] Já vimos o que o desemprego acarreta. Mas nada ainda nos preparou para o que está por vir.

Também teremos de lidar com a realidade da mudança climática, que é uma crise tanto econômica quanto ambiental. Em 2017, eventos climáticos extremos nos Estados Unidos,[18] como furacões, tornados, secas e enchentes, mataram mais de 350 pessoas, desalojaram mais de um milhão e causaram prejuízos superiores a 300 bilhões de dólares. Especialistas preveem que a situação só tende a piorar — e muito! E o impacto econômico atingirá sobretudo os estados do Sul e do Meio-Oeste.[19] Depois que o furacão Harvey atingiu a costa do Golfo em 2017,[20] um estudo constatou que, em Houston, três de cada dez moradores afetados acabaram atrasando o aluguel ou a hipoteca; 25% encontraram dificuldade para comprar mantimentos.

A mudança climática também ameaça as indústrias. As variações na temperatura e nas correntes marítimas já causam prejuízos na indústria pesqueira. A indústria agrícola enfrenta riscos em múltiplas frentes: aumento de espécies invasoras, pestes, fungos e doença; redução das safras em função da mudança dos padrões climáticos; e a constante ameaça da seca.

Para resumir, temos muito trabalho pela frente. Trabalho pesado. Trabalho imprescindível. Temos tudo de que necessitamos — os ingredientes básicos — para construir no século XXI uma economia que seja justa e robusta, uma economia que recompense o trabalho de quem a sustém. Mas precisamos nos apressar. E precisamos estar dispostos a ser honestos.

É necessário reconhecer que os empregos do futuro exigirão que as pessoas, após o ensino médio, corram atrás de qualificação ou diploma universitário. Essa formação deixou de ser opcional. Se quisermos nos manter fiéis ao princípio de que todos os americanos merecem ter acesso à educação pública, não podemos deixar de financiá-la depois do ensino médio. Precisamos investir em nossa força de trabalho, agora e no futuro, e isso significa que precisaremos investir também na educação pós-ensino médio. Significa, entre outras coisas, que precisamos transformar em realidade o ensino superior gratuito.

Vamos ser honestos a respeito do custo das moradias. Não podemos ter uma sociedade funcional se a população não tem condições de morar nela. A crise habitacional não é uma questão que pode ser ignorada como se fosse uma realidade ordinária. Precisamos nos esforçar muito para alcançar o objetivo de mudar as leis de urbanização e incentivar a construção de moradias novas e com preços acessíveis para auxiliar quem hoje enfrenta sérias dificuldades para pagar o aluguel. Como medida inicial, apresentei um projeto de lei no Senado visando proporcionar algum alívio aos locatários sobrecarregados com o custo da moradia. Quem paga mais de 30% de sua renda em aluguel e serviços receberia um novo crédito fiscal reembolsável como ajuda de custo para as despesas de moradia. Mas há muito mais a ser feito.

Vamos ser honestos a respeito das creches. Se não encontrarmos uma maneira de torná-las acessíveis, não estaremos apenas relegando as pessoas à crise financeira, mas também dificultando a permanência das mulheres que desejam se manter no mercado de trabalho. Essa é uma das barreiras sistemáticas ao crescimento e ao sucesso profissional das mulheres. Precisamos acabar com isso.

E vamos ser honestos a respeito do que precisamos implementar. Para criar empregos bem remunerados, e para evitar que a economia sofra defasagem, devemos investir na reconstrução da infraestrutura do nosso país. É preciso construir e modernizar as estradas e pontes. Providenciar uma infraestrutura de banda larga em áreas rurais, cuja demanda ainda é muito alta. A instalação de novas usinas eólicas e linhas de transmissão. Aeroportos precisam ser modernizados e metrôs necessitam de reformas urgentes. Se não para nós, não deveríamos pelo menos resolver isso em prol de nossos filhos e netos?

Vamos também ser honestos sobre o movimento sindical, que vem sendo sistematicamente desmantelado pelo Partido Republicano. Menos de 7% da força de trabalho das empresas privadas é sindicalizada, e uma decisão da Suprema Corte em 2018 tornou facultativa a filiação sindical também no setor público. Muitos já assinaram o atestado de óbito do movimento sindical. Mas não podemos aceitar isso. Os sindicatos são os únicos que vão para Washington fazer o lobby exclusivamente em defesa dos trabalhadores. São os únicos a darem poder a empregados nos locais de trabalho. Em meio ao esforço republicano de esvaziar a classe média, foram os sindicatos que conseguiram aumentos salariais e mais benefícios para o trabalhador. Precisamos da nova aurora do movimento sindical nos Estados Unidos.

E vamos ser honestos sobre uma última verdade: as grandes corporações e os super-ricos dos países mais abastados do mundo podem arcar com os custos de pagar impostos justos, de modo a podermos corrigir nossa economia. É uma atitude necessária, é uma questão moral, além de ser uma iniciativa sábia.

## CAPÍTULO NOVE

# Inteligência na segurança

Quando cheguei ao Senado, fiquei surpresa ao descobrir que havia uma vaga aberta no seleto Comitê de Inteligência da Casa. Perguntei à extrovertida senadora Barbara Boxer o porquê. Ela me disse que o trabalho do comitê era fascinante, significativo e crucial para o país, mas que a maior parte dele ocorria a portas fechadas. Os membros do comitê não podiam falar publicamente sobre suas atividades, porque analisar as informações mais confidenciais do país envolvia os mais altos níveis de autorização de segurança. Consequentemente, explicou ela, em geral não era dada muita atenção ao comitê.

Isso não importava para mim. Eu sabia que, pela própria natureza do trabalho, se tivesse algo importante a dizer, poderia encontrar microfones receptivos. Mas, em termos de trabalho diário, eu queria ser informada em tempo real sobre as ameaças enfrentadas por meus constituintes e pelos Estados Unidos.

Então, entrei para o Comitê de Inteligência do Senado esperando que o trabalho fosse feito nas sombras, longe da imprensa e fora do foco do dia a dia das conversas nacionais. Mas, dias depois de tomar posse como senadora dos Estados Unidos, essas expectativas se inverteram. Em 6 de janeiro de 2017, a comunidade de inteligência divulgou uma avaliação pública que determinou que a Rússia conduzira várias operações cibernéticas contra os Estados Unidos, com a intenção de influenciar o resultado da eleição presidencial de 2016. De repente, nosso trabalho — uma investigação sobre o que dera terrivelmente errado — se tornaria um dos empreendimentos mais importantes na história do Senado.

Como a maior parte do que faço no comitê envolve informações confidenciais, há um limite real para o que posso escrever neste livro. Mas há momentos em que a inteligência divulga suas avaliações ao público, sem citar as fontes ou os métodos pelos quais as informações foram obtidas, escritas meticulosamente a fim de não revelar qualquer coisa que possa comprometer a segurança nacional ou colocar em perigo a vida das pessoas. E há momentos em que nosso comitê trabalha em estreita parceria com a inteligência para divulgar nossas próprias avaliações publicamente. Isso serve para que possamos equilibrar a necessidade crucial de o povo americano saber o que está acontecendo a partir da nossa perspectiva de supervisão com a necessidade igualmente crucial de manter secretos os esforços de coleta de informações. Eu posso fazer — e farei — referências a esse trabalho.

Duas vezes por semana, durante duas horas, os membros do Comitê de Inteligência se reúnem a portas fechadas para falar com homens e mulheres que lideram nossas dezessete agências de inteligência e receber *briefings* sobre as últimas informações. Não posso contar os detalhes do que falamos, mas posso dizer como é. Para começar, a sala em que nos reunimos é conhecida como SCIF, que significa Sensitive Compartmented Information Facility [Instalação de Informações Confidenciais por Compartimentos]. Ela foi projetada para impedir qualquer tipo de escuta. Antes de entrar, precisamos deixar nossos celulares em um armário do lado de fora. Lá dentro, fazemos anotações confidenciais a mão, e mesmo elas devem ser mantidas trancadas na SCIF.

Quando o comitê realiza audiências públicas, os democratas se sentam de um lado do estrado e os republicanos, do outro, enquanto ficamos diante de testemunhas e câmeras. Mas dentro da SCIF, longe das câmeras, o ambiente é muito diferente. Muitas vezes, os senadores tiram os paletós. Vamos ao que interessa. Não é apenas a ausência de câmeras e a disposição dos assentos que muda a dinâmica: é o próprio trabalho. O partidarismo rígido que paralisou grande parte de Washington de alguma forma desaparece quando entramos na sala. Lá, todos ficamos intensamente focados no peso do trabalho que realizamos e nas suas consequências. Simplesmente não há espaço para nada além de dirigir nosso foco para a segurança nacional dos Estados Unidos e a proteção da privacidade e das liberdades civis dos americanos. O público não pode estar presente, nem a mídia, nem outros senadores que não estejam no comitê. Somos apenas nós, para fazer supervisão com alcance global. É revigorante e até inspirador. É uma cena que eu gostaria que o povo americano pudesse ver, mesmo que apenas por um instante. É um lembrete de que, mesmo em Washington, algumas coisas podem ser maiores do que a política.

Meu trabalho no Comitê de Inteligência e no Comitê de Segurança Interna cobre uma ampla gama de questões, como montar e manter uma unidade de contraterrorismo no país e no exterior para desmantelar e destruir o Estado Islâmico, passando por proteger e defender nossas fronteiras, o desafio da proliferação nuclear e o equilíbrio sempre delicado entre a coleta de informações e a proteção das liberdades civis. Mas em vez de repassar a longa lista de problemas com que lidamos em toda a sua complexidade, quero me concentrar em algumas das ameaças que me mantêm acordada à noite.

Em primeiro lugar, penso na segurança cibernética, uma nova frente em um novo tipo de batalha. Se tivesse uma visão diária de ataques sendo realizados (de explosões em nossas cidades, de aviões de guerra russos, chineses, norte-coreanos e iranianos nos céus), o povo americano insistiria que respondêssemos à altura, com a certeza de que o futuro da experiência americana estaria em risco. Mas a guerra cibernética é silenciosa, e suas consequências costumam ser difíceis de entender antes que o dano ocorra. Às vezes, me refiro a isso como uma guerra sem sangue: não há soldados no campo de batalha, nem balas ou bombas. Mas a realidade é que a guerra cibernética visa transformar a infraestrutura em arma e, na sua pior versão, pode resultar em vítimas. Imagine um ataque cibernético a sinais de comutação de ferrovias, geradores de hospitais ou usinas nucleares, por exemplo.

Tanto a comunidade de inteligência quanto as empresas privadas travam, minuto a minuto, uma batalha defensiva contra ataques cibernéticos. Mas a realidade é que ainda não estamos preparados para esse novo tipo de terreno. A atualização de nossos sistemas e infraestrutura precisa ser seriamente tratada.

No momento, estamos sob ataque. Nossas eleições são a maior preocupação, especialmente devido aos nefastos (e eficazes) ataques do governo russo. A avaliação de janeiro de 2017 concluiu que "o presidente russo, Vladimir Putin, ordenou uma campanha de influência em 2016 visando à eleição presidencial dos Estados Unidos. Os objetivos da Rússia eram minar a crença pública no processo democrático norte-americano e difamar a secretária Clinton, prejudicando sua elegibilidade e potencial presidência". Embora muitos tenham se tornado insensíveis a isso durante o ciclo de notícias, é difícil exagerar o significado dessa descoberta. Com alto grau de confiança, a comunidade de inteligência avaliou que os serviços de inteligência da Rússia conduziram operações cibernéticas para invadir uma campanha presidencial dos Estados Unidos e divulgar os dados que coletaram com a intenção de influenciar o resultado da eleição.

Agentes e propagandistas russos exploraram as plataformas de mídia social dos Estados Unidos, como Facebook, Twitter e YouTube, para espalhar informações falsas e incendiárias sobre a secretária Clinton e fomentar divisões no nosso país. E o que considero muito revelador é exatamente a forma como fizeram isso.

Eles focaram em questões polêmicas, desde raça até direitos da comunidade LGBTQIA+ e dos imigrantes. Isso significa que eles sabiam que o racismo e outras formas de ódio sempre foram o calcanhar de Aquiles de nossa nação. Sabiam precisamente onde nos atacar, mirando de forma deliberada algumas das partes mais dolorosas e desagregadoras da história da nossa nação.

Eu disse isso pela primeira vez durante uma reunião do Comitê de Inteligência. Poucos dias depois, estava sentada à minha mesa no plenário do Senado, bem nos fundos. Havia escolhido aquela mesa por dois motivos: ela não era visível nas câmeras da C-SPAN, o que facilitava a minha concentração no trabalho. Mas, mais importante, era a mesa mais próxima da gaveta de doces.

Levantei o olhar e notei que o senador James Lankford, um republicano de Oklahoma, estava caminhando na minha direção, literalmente cruzando o corredor para conversar comigo.

"Kamala, venho ouvindo o que você tem dito sobre raça ser nosso calcanhar de Aquiles, e acho que você está no caminho certo", disse ele. "Pessoalmente, acho que começa com a pergunta: 'Você já recebeu em casa uma família que não se parece com você? Já teve esse tipo de interação?'. Acho que é um bom lugar para começar."

"Fico feliz em ouvir você dizer isso", disse a ele. "Precisamos começar de algum lugar."

Lankford e eu nos sentávamos um em frente ao outro em sessões fechadas do Comitê de Inteligência e, embora concordemos em pouquíssimas coisas quando se trata de política, eu o considerava genuinamente gentil e atencioso. Não demorou muito para construirmos uma amizade.

Junto com nossos colegas do comitê, passamos mais de um ano trabalhando com a comunidade de inteligência para entender as informações que levaram à avaliação de janeiro de 2017 sobre os ataques russos. Era de meu particular interesse a ameaça de interferência da Rússia em nosso processo eleitoral. Em maio de 2018, divulgamos nossas conclusões preliminares sobre a questão da segurança eleitoral. Informamos o público de que, em 2016, o governo russo realizou uma campanha cibernética coordenada contra as infraestruturas eleitorais de pelo menos dezoito estados, possivelmente até 21. Outros estados também viram atividades mal-intencionadas, que a comunidade de inteligência não conseguiu atribuir à Rússia. O que sabemos é que os agentes russos examinaram nossos bancos de dados de registro eleitoral em busca de vulnerabilidades. Tentaram invadi-los. E, em alguns casos, foram bem-sucedidos. Felizmente, em maio de 2018, nosso comitê não tinha visto qualquer prova de que contagens de votos ou listas de registro de eleitores tivessem sido alteradas. Mas, considerando nossas informações limitadas sobre auditorias estaduais e exames forenses do processo eleitoral dos próprios estados, não podemos excluir que as atividades de que ainda simplesmente não sabemos tenham sido realizadas com sucesso.

No relatório, levantamos preocupações sobre uma série de vulnerabilidades potenciais que permanecem em nossa infraestrutura eleitoral. Os sistemas de votação estão desatualizados, e muitos deles não têm registro de votos em papel. Sem um registro em papel, não há como auditar de forma confiável uma contagem de votos e confirmar que os números não foram alterados. Descobrimos que trinta estados usam urnas eletrônicas sem papel em algumas jurisdições e cinco estados as usam exclusivamente, deixando-as vulneráveis a manipulações que não podem ser reconciliadas ou revertidas. Também descobrimos que muitos dos nossos sistemas eleitorais estão conectados à internet, o que os deixam suscetíveis à ação de hackers. Mesmo os sistemas que não estão regularmente conectados à internet são atualizados por um software que precisa ser baixado on-line.

É enganoso sugerir ser possível uma segurança cibernética impenetrável. Nosso foco deve defender, detectar, dissuadir, gerenciar e mitigar qualquer esforço para nos prejudicar. Há até uma piada sombria: Qual é a diferença entre ser hackeado e não ser hackeado? Saber que você foi hackeado. A verdade dói, mas simplesmente não podemos nos dar ao luxo de sermos ingênuos.

Para ajudar os membros do Congresso e suas equipes a compreender a natureza do risco, convidei um professor de ciência da computação e engenharia da Universidade do Michigan para visitar o Capitólio e demonstrar a facilidade com que um hacker pode alterar o resultado de uma eleição. Nós nos reunimos em uma sala no Centro de Visitantes do Capitólio, onde o professor instalou uma urna de votação sem papel, como as usadas em vários estados, incluindo estados decisivos, a exemplo da Flórida, da Pensilvânia e da Virgínia. Havia quatro senadores nessa reunião — Lankford, Richard Burr, Claire McCaskill e eu —, e a sala estava cheia de funcionários que haviam comparecido para compreender melhor o processo.

O professor simulou um voto para presidente no qual era dada a escolha entre George Washington e Benedict Arnold, o infame traidor da Guerra de Independência Americana. Como se pode imaginar, nós quatro votamos em George Washington. Mas, quando o resultado voltou, Benedict Arnold havia prevalecido. O professor havia usado um código malicioso para hackear o software da urna de votação de uma forma que garantiu a vitória de Arnold, independentemente de como nós quatro tivéssemos votado.

Ele nos disse que a máquina era hackeada com muita facilidade, o suficiente para que, em uma demonstração em outro lugar, ele a transformasse em um console de videogame e jogasse Pac-Man nela. Dá para imaginar?

A infraestrutura eleitoral dos Estados Unidos consiste em máquinas desatualizadas e funcionários locais que muitas vezes têm pouco ou nenhum treinamento em ameaças cibernéticas. Quando pensamos em quantas grandes corporações experimentaram violações de dados, apesar de terem investido na melhor segurança cibernética que o dinheiro pode comprar, nossa vulnerabilidade se torna ainda mais gritante. Alguns podem achar que é alarmista falar dessa maneira, mas acho que devemos nos preparar para nos defendermos do pior cenário: aquele em que agentes estrangeiros atacarão essas máquinas obsoletas e manipularão a contagem dos votos. Dado o esforço sem precedentes da Rússia para minar a confiança em nosso processo eleitoral ao mesmo tempo que tenta interferir no resultado de uma eleição presidencial, não há dúvida de que o Kremlin está sendo impelido — junto com outros atores estatais e não estatais — a tentar novamente.

Na época, James Lankford e eu éramos os únicos membros do Senado que serviam ao mesmo tempo nos Comitês de Segurança Interna e de Inteligência. Como tal, éramos especialmente adequados para nos reunirmos de forma não partidária e desenvolvermos uma legislação para combater esses ataques. No fim de dezembro de 2017, junto com outros senadores, apresentamos um projeto de lei — o Secure Elections Act [Lei de Segurança Eleitoral], que protegeria os Estados Unidos de futuras interferências estrangeiras em nossas eleições.

A legislação — que surgiu de audiências e de depoimentos perante os Comitês de Segurança Interna e de Inteligência — melhoraria o compartilhamento de informações de segurança cibernética entre as agências federais e estaduais. Também criaria um processo pelo qual oficiais eleitorais poderiam receber autorização de segurança ultrassecreta, permitindo-lhes ter acesso oportuno a material confidencial (como no caso em que soubemos que a Rússia havia atacado suas máquinas). O texto estabeleceria diretrizes objetivas de especialistas para garantir a integridade de nosso processo eleitoral, incluindo, por exemplo, a necessidade de cédulas de papel. A Rússia pode ser capaz de hackear uma máquina a distância, mas não um pedaço de papel. E a lei ainda forneceria 386 milhões de dólares em concessões para melhorias na segurança cibernética.

A legislação também visa estabelecer o que é conhecido como programa de recompensa por *bugs* para a infraestrutura eleitoral. Comumente usado em empresas de tecnologia, o programa de recompensa por *bugs* é um sistema pelo qual hackers altruístas são pagos para identificar vulnerabilidades de softwares. É uma maneira economicamente eficiente de corrigir *bugs* que podem vir a ser explorados por agentes mal-intencionados. Devemos a nós mesmos testar continuamente a segurança de nosso sistema, da mesma forma que testamos o alarme contra incêndio em nossa casa. Ninguém quer esperar que a casa pegue fogo para descobrir que a bateria acabou.

Surpreendentemente, apesar do apoio bipartidário, até o momento em que este livro foi escrito o projeto ainda não havia sido votado no Senado dos Estados Unidos. Embora tenha sido apresentado quase um ano antes das eleições de meio de mandato de 2018, a Casa Branca se opôs, e o líder da maioria no Senado se recusou a apresentá-lo ao plenário. E assim eu fico, de fato, sem conseguir dormir à noite, sabendo da escala de nossas vulnerabilidades e que as ações que deveríamos tomar imediatamente foram interrompidas sem qualquer justificativa.

Também é importante lembrar que os sistemas eleitorais não são a única área em que somos vulneráveis à interferência estrangeira.

Em março de 2018, por exemplo, o Departamento de Segurança Interna (DHS) e o FBI emitiram um alerta conjunto que mostrava que os hackers russos haviam obtido acesso aos sistemas de computação de organizações e entidades governamentais dos Estados Unidos em setores que vão desde energia e água até aviação e manufatura. O DHS e o FBI descreveram as ações como uma "campanha de intrusão em várias etapas realizada por agentes cibernéticos do governo russo que visava redes de instalações comerciais e implementou *malwares*, utilizou-se de *phishing* e obteve acesso remoto a redes do setor de energia". Com esse acesso, os russos fizeram um amplo reconhecimento. Eles conseguiram adentrar o sistema de controle de pelo menos uma usina. E colocaram ferramentas nos sistemas que lhes permitiriam, em certos casos, desligar usinas de energia à vontade.

Desnecessário dizer que se trata de uma vulnerabilidade extraordinária. Milhões de americanos se lembram do apagão de agosto de 2003, quando uma sobrecarga na rede que cobre oito estados do nordeste dos Estados Unidos deixou parte do país no escuro. As principais cidades foram afetadas. Os bombeiros correram para tirar pessoas presas em elevadores. Centenas de trens ficaram parados nos trilhos, e milhares de passageiros tiveram de ser resgatados de túneis escuros da rede metroviária. As estações de tratamento de esgoto perderam energia; 490 milhões[1] de galões de esgoto não tratado vazaram somente na cidade de Nova York. O serviço de telefonia celular foi interrompido. Caixas eletrônicos foram desligados. Hospitais precisaram contar com geradores para cuidar de pacientes vulneráveis. Posteriormente, analistas concluíram que as taxas de mortalidade na cidade de Nova York[2] aumentaram 28% durante os dois dias de blecaute.

Na avaliação de ameaças mundiais da comunidade de inteligência em 2018, o diretor de inteligência nacional detalhou o aumento dos riscos para a infraestrutura crítica durante o ano seguinte. "O uso de ataques cibernéticos como ferramenta de política externa fora do conflito militar tem se limitado principalmente a ataques esporádicos de baixo nível", explica o relatório. "A Rússia, o Irã e a Coreia do Norte, no entanto, estão testando ataques cibernéticos mais agressivos que representam ameaças crescentes aos Estados Unidos e a nossos parceiros."

O Irã, que no passado atacou uma grande corporação dos Estados Unidos e roubou dados pessoais, deve continuar seu trabalho de penetração na infraestrutura cibernética do nosso país. Espera-se que a Coreia do Norte — que conduziu um ataque destrutivo à Sony em novembro de 2014, além de ter sido identificada pelo governo dos Estados Unidos como responsável por um ataque cibernético massivo no Reino Unido que paralisou o sistema de saúde britânico — use operações cibernéticas para roubar dinheiro na esteira das sanções, como aconteceu em 2016, quando retirou 81 milhões de dólares do Bangladesh Bank. A China, por sua vez, tem avançado sua capacidade de ataque cibernético desde 2015 e dirigiu ataques à indústria privada dos Estados Unidos, especialmente companhias de material bélico e empresas de TI e comunicações cujos produtos e serviços oferecem suporte a redes mundiais. Uma investigação do Escritório do Representante de Comércio dos Estados Unidos descobriu que o roubo chinês de propriedade intelectual americana[3] nos custa mais de 200 bilhões de dólares anualmente.

E ainda existem os agentes não estatais. Como indica a avaliação de ameaças do DNI: "Os criminosos transnacionais continuarão a praticar crimes cibernéticos com fins lucrativos, como roubo e extorsão contra redes dos Estados Unidos." Esse é um negócio caro. Em fevereiro de 2018, o provedor de software de cibersegurança McAfee e o apartidário Centro de Estudos Estratégicos e Internacionais divulgaram um relatório que estima o custo de crimes cibernéticos na América do Norte[4] como sendo de 140 a 175 bilhões de dólares. Também podemos esperar que atores estatais financiem tais atividades criminosas, o que representa uma forma barata e sorrateira de perseguir seus objetivos ardilosos.

A segurança cibernética deve se tornar uma de nossas maiores prioridades nesta nova era. Não basta garantir que nossas tropas tenham as melhores armas quando forem para a batalha. Também precisamos garantir que nossos militares, a comunidade de inteligência e o setor privado tenham as melhores defesas cibernéticas para se protegerem contra essas ameaças novas e em constante mudança. Segundo o general Keith Alexander, ex-diretor da NSA e o primeiro a assumir a direção do Comando Cibernético dos Estados Unidos, em 2016, os sistemas do Departamento de Defesa são investigados por hackers cerca de 250 mil vezes por hora. São seis milhões de vezes por dia.[5]

Em um mundo onde a tecnologia pode ser transformada em arma, precisamos implantar a melhor tecnologia para podermos responder à altura. E isso significa atualizar constantemente nossos esforços para estarmos sempre um passo à frente.

Lembro-me de que, quando me tornei procuradora-geral, em 2011, fiquei chocada com o que nos faltava em termos tecnológicos. Então montei uma equipe, liderada pelo procurador-geral assistente especial Travis LeBlanc, a fim de atualizar e reformular nosso sistema para que pudéssemos combater melhor o crime na era digital. Em meu primeiro ano de mandato, organizamos uma "Unidade e-Crime", que formamos com advogados e investigadores que se especializavam em crimes relacionados à tecnologia, como roubo de identidade e exploração cibernética. Passei grande parte do restante da minha gestão trabalhando para institucionalizar os avanços tecnológicos que obtivemos na Califórnia. Esses esforços culminaram na criação de um centro de crimes cibernéticos, o Cyber Crime Center,[6] que deu a todos os nossos agentes especializados em crimes tecnológicos acesso a recursos forenses digitais de ponta, tornando a Califórnia um dos primeiros estados a possuir um aparato dessa magnitude.

Mas, além de implantar nossa melhor tecnologia agora, precisamos investir nas inovações e descobertas de que precisaremos para permanecermos protegidos no futuro. Esse é um dos motivos pelos quais apresentei um projeto de lei para investir em computação quântica, uma tecnologia de ponta que colocaria os Estados Unidos na vanguarda da corrida pela superioridade tecnológica. Nossa busca por inovação não pode ser vista apenas de uma perspectiva econômica. Ela é importante também para a segurança nacional. Inclusive, esse é um dos motivos pelos quais acredito que devemos receber de braços abertos estudantes e profissionais altamente qualificados de todo o mundo para estudar em nossas universidades e trabalhar em nossas empresas.

Em última análise, acredito que precisaremos desenvolver uma doutrina cibernética. Por princípio, teremos de decidir quando e se um ataque cibernético é um ato de guerra e que tipo de resposta ele justifica.

Em 12 de janeiro de 2017, Mike Pompeo compareceu ao Comitê de Inteligência do Senado para sua audiência de confirmação como diretor da CIA. Por tradição, as perguntas nas audiências públicas são feitas em ordem de antiguidade, então, como mais recente integrante do comitê, fui a última a questioná-lo. Ao longo das audiências, ouvi meus colegas fazerem uma ampla gama de perguntas, abordando questões tradicionais que vão desde o compartilhamento e a coleta de inteligência até a prevenção de ataques terroristas nos Estados Unidos e no exterior. Quando finalmente chegou minha vez, concentrei-me em um assunto que pareceu surpreender Pompeo e outros membros do comitê. Eu queria saber como sua posição pública de rejeição à ciência em relação às mudanças climáticas impactaria seu papel no topo do aparato de inteligência dos Estados Unidos.

Especialistas de direita,[7] da Fox à Heritage Foundation, tiveram grande satisfação em chamar minhas perguntas de "burras", "ridículas" e "erradas".[8] Evidentemente, eles achavam que minhas preocupações não tinham qualquer relação com as questões de segurança nacional. Mas eles estavam errados. Elas tinham a ver com objetividade analítica e não politização da inteligência. A CIA já havia feito uma avaliação não confidencial sobre a ameaça da mudança climática. As declarações anteriores de Pompeo não haviam levado a avaliação da CIA em consideração. Como ele informaria o presidente? Deixaria que suas opiniões pessoais substituíssem as descobertas dos profissionais da CIA no que se referia à mudança climática? E, em caso afirmativo, o que isso significaria para outras ameaças terríveis contra nossa nação?

A mudança climática pode ser vista a partir de muitos ângulos. Alguns veem a questão puramente como um problema ambiental. Apontam para a destruição de habitats, o derretimento das calotas polares e a futura extinção em massa de espécies. Outros a veem como um problema de saúde pública que exige um mundo onde ar e água limpos estejam prontamente disponíveis. Há também a dimensão econômica da mudança climática: pergunte aos agricultores sobre a complexidade do trabalho deles, sobre o foco preciso e calculado nos padrões climáticos, sobre as margens incrivelmente estreitas que existem entre uma colheita bem-sucedida e uma desastrosa, e você compreenderá que eventos climáticos extremos e mudanças imprevisíveis no clima não são algo que possamos ignorar.

Mas quando falamos para generais, para membros seniores da comunidade de inteligência e especialistas em conflitos internacionais, descobrimos que eles veem a mudança climática como uma ameaça à segurança nacional — um "multiplicador de ameaças" que exacerbará a pobreza e a instabilidade política, criando condições que permitam a violência, o desespero e até o terrorismo. Um clima instável e errático produzirá um mundo instável e errático.

Por exemplo, a mudança climática levará a secas. Secas levarão à fome. A fome levará pessoas desesperadas a deixar suas casas em busca de sustento. Os fluxos maciços de pessoas levarão a crises de refugiados. As crises de refugiados levarão a tensão e instabilidade além das fronteiras.

A mudança climática também aumenta o risco de pandemias globais mortais chegarem aos Estados Unidos. O Centro de Controle e Prevenção de Doenças (CDC) relatou que, entre 2006 e 2016, o número de americanos infectados por doenças como a febre do Nilo Ocidental, a zika e a doença de Lyme mais do que triplicou. À medida que as temperaturas continuam a aumentar, as doenças estão se espalhando[9] em áreas dos Estados Unidos em que não teriam sobrevivido no passado. Na verdade, o CDC já identificou[10] nove tipos de infecções inéditas nos Estados Unidos.

A dura verdade é que a mudança climática vai causar terrível instabilidade e desespero, e isso colocará a segurança nacional americana em risco. Foi por isso que o ex-diretor da CIA John Brennan disse que, quando os analistas da agência de inteligência procuram causas mais profundas da crescente instabilidade no mundo, uma das apontadas é a mudança climática. É por isso que, como parte da estratégia de segurança nacional do presidente Obama, a mudança climática foi identificada como uma ameaça à segurança nacional da mais alta prioridade. É por isso que o Pentágono está à frente da curva no desenvolvimento de resiliência aos efeitos da mudança climática, o que inclui estratégias para proteger as dezenas de bases militares que serão afetadas pela elevação do nível do mar e eventos climáticos extremos. E foi por isso que não hesitei em perguntar à pessoa que se tornaria o diretor da CIA como e se a mudança climática seria um fator em sua estratégia para proteger o povo americano.

Não é coisa de ficção científica ou de um romance distópico ambientado em um futuro distante. A crise impulsionada pelo clima já está avançando. No fim de 2017, por exemplo, as reservas hídricas caíram tanto na Cidade do Cabo, na África do Sul, que a cidade de mais de três milhões de habitantes, a segunda maior do país, corria o risco de ficar sem água. Moradores começaram a armazenar a água do banho em baldes para que pudessem reutilizá-la em suas máquinas de lavar. Agricultores tiveram que abandonar[11] cerca de um quarto das colheitas.

É um problema que enfrentaremos nos Estados Unidos também, e é uma questão de segurança nacional nos prepararmos para isso. Precisamos de uma estratégia de segurança hídrica diversificada para garantir um abastecimento confiável e sustentável. Tendo crescido na Califórnia, entendi desde cedo que o abastecimento de água é precioso e precário. Na escola primária, meus colegas e eu estudamos ecologia. Eu me lembro da minha mãe sorrindo quando precisou me explicar a diferença entre um *conservador* e um *conservacionista*. Eu vi a seca de 1976-1977 através dos olhos de uma criança: vasos sanitários sem descarga, banhos cronometrados e gramados secos. Penso muito sobre segurança hídrica e nunca considero algo garantido.

Uma abordagem diversificada funcionaria em várias frentes simultaneamente. A conservação é a forma mais barata e eficaz de aumentar nossos recursos hídricos. Mas também precisamos atualizar nossa envelhecida infraestrutura hídrica, promover uma captação mais adequada e um melhor armazenamento de águas pluviais e fazer investimentos inteligentes em reciclagem, purificação e dessalinização.

Podemos aprender muito com amigos e parceiros que já fizeram esses investimentos — especialmente Israel, líder global em questões de segurança hídrica. Em fevereiro de 2018, viajei a Israel e visitei a planta de dessalinização Sorek, que usa osmose reversa para produzir água potável a partir da água do mar. Bebi um copo. O sabor era como o de qualquer outra água.

E isso não é tudo. Como muitos já disseram, os israelenses fizeram o deserto florescer. Em parte, esse feito só foi possível ao se recuperar com sucesso 86% de suas águas residuais e purificá-las para reutilização agrícola. Em contraste, os Estados Unidos, que produzem 32 bilhões de galões de águas residuais municipais por dia, recuperam apenas de 7% a 8%.[12] Certamente podemos fazer melhor do que isso.

Conservar a água e desenvolver projetos contra a escassez devem ser prioridade. O mesmo pode ser dito, nesta era de mudança climática, sobre a necessidade de proteção contra inundações. Na Índia, em Bangladesh e no Nepal, as inundações no verão de 2017 mataram 1.200 pessoas e afetaram mais de quarenta milhões. Quase um milhão de casas[13] foram destruídas. Em 2010, as enchentes no Paquistão atingiram 20% do país, matando mais de 1.700 pessoas e afetando pelo menos doze milhões. Nos Estados Unidos, a força destrutiva do furacão Maria deixou a ilha de Porto Rico devastada. Visitei Porto Rico em novembro de 2017 e vi parte dessa devastação em primeira mão: casas e estradas destruídas e uma comunidade em crise. Foi desolador. O número oficial de mortos[14] foi revisado de 64 para mais de 2.900, mas um relatório de cientistas da Escola de Saúde Pública T.H. Chan, de Harvard, estima que a tempestade e suas consequências tenham sido responsáveis pela morte de pelo menos 4.600 cidadãos americanos[15] em Porto Rico.

E se não são inundações, são incêndios. Os incêndios não são causados pela mudança climática, mas são exacerbados por ela. Temperaturas mais altas e períodos de seca mais longos transformam nossas florestas em gravetos. Na Califórnia sempre houve incêndios florestais, mas, por causa da mudança climática, eles estão se tornando cada vez mais frequentes e maiores. Quando eu era procuradora-geral, sobrevoei o incêndio a bordo de um helicóptero. Daquela altura, a escala da devastação ficou à vista: ruas inteiras e bairros inteiros arrasados pelo fogo. Parecia um cemitério, com chaminés como lápides.

Em agosto de 2018, fui até a Califórnia para me encontrar com os bombeiros e evacuados do incêndio no Complexo Mendocino, que queimou mais de 182 mil hectares, tornando-se o maior incêndio da história do estado.

Quando cheguei ao condado de Lake, fui a um centro de convenções onde as famílias evacuadas estavam sendo abrigadas temporariamente. Alguns deles sabiam que haviam perdido suas casas e todos os seus pertences. Outros ainda estavam sem notícias. Conheci uma mãe que estava grávida do terceiro filho. Ela estava tentando manter o ânimo da família. Lembro-me da maneira que sua filha ficou orgulhosa de me mostrar como havia arrumado os lençóis sobre as camas da Cruz Vermelha em que passaram a dormir.

Um ano antes, conheci um bombeiro que perdera a própria casa em um incêndio que estava ajudando a combater. Ele disse que sempre achou que entendia a dor de perder tudo, dada a frequência com que vira isso acontecer com outras pessoas, mas que era ainda pior do que ele imaginava. Mesmo assim, ele lembrou a si mesmo e a mim, não era tão ruim quanto as famílias que receberam ligações as quais informavam que o marido, ou o filho, havia sido um dos muitos bombeiros que perderam a vida naquele ano.

Há um tema que permeia todas essas questões, seja a segurança cibernética, seja a mudança climática, seja o controle de agressores como a Rússia e a Coreia do Norte. Embora os Estados Unidos sejam uma superpotência, existem limites reais para o que podemos fazer sozinhos. Para manter a segurança do povo americano, para garantir que nossos interesses nacionais e nossa pátria estejam protegidos, devemos trabalhar em parceria com nossos aliados — econômica, diplomática e militarmente. Devemos proteger a Otan, o tratado defensivo mais importante que o mundo já conheceu, especialmente em face da agressão cada vez mais flagrante da Rússia. Devemos voltar a aderir ao Acordo de Paris, porque somente juntos podemos reverter as tendências da mudança climática e evitar alguns de seus resultados mais terríveis. E devemos nos lembrar de que o trabalho que fazemos para proteger o povo americano também deve estar a serviço dos valores americanos. Que as ações que realizamos projetam uma mensagem para o mundo sobre quem somos.

Era essa premissa que eu tinha em mente quando Gina Haspel se apresentou ao nosso comitê em uma audiência de confirmação para substituir Mike Pompeo como diretor da CIA. Haspel, uma veterana com 33 anos de CIA, estava na agência durante uma época em que prisioneiros eram torturados. Ela havia sido questionada sobre esse trabalho por outros senadores — sobre se suas ações haviam sido legítimas, sobre se ela as autorizaria novamente.

Quando chegou minha vez de falar, salientei que aquela audiência não era sobre a incrível e inquestionável importância do serviço e do sacrifício dos homens e das mulheres da CIA, nem sobre a missão da agência, que apoio de todo o coração. A audiência, expliquei, era sobre a aptidão dela para ser diretora da CIA, e era nosso trabalho, como senadores, entender que quem escolhêssemos para o cargo enviaria um sinal a homens e mulheres da agência, ao povo americano e aos nossos vizinhos em todo o mundo sobre nossos valores e nossa autoridade moral. Com isso em mente, iniciei o que se tornou uma troca reveladora:

"Então, uma pergunta que não a ouvi responder foi: a senhora acredita que as técnicas de interrogatório anteriores eram imorais?"

Haspel fez uma pausa, considerando a resposta.

"Senadora, acredito que os oficiais da CIA a quem a senhora se refere..."

"É uma resposta de sim ou não. A senhora acredita que as técnicas de interrogatório anteriores eram imorais? Não estou perguntando se a senhora acredita que elas eram legais. Estou perguntando se a senhora acredita que eram imorais."

Ela fez uma nova pausa.

"Senadora, acredito que a CIA fez um trabalho extraordinário para evitar outro ataque a este país, considerando as ferramentas legais que fomos autorizados a usar."

"Por favor, responda sim ou não. A senhora acredita, em retrospecto, que essas técnicas eram imorais?"

"Senadora, o que acredito, sentada aqui hoje, é que apoio o padrão moral mais elevado que decidimos seguir."

"A senhora pode, por favor, responder à pergunta?"

"Senadora, acho que respondi à pergunta."

"Não, não respondeu. A senhora acredita que as técnicas anteriores, agora munida de uma visão retrospectiva, eram imorais? Sim ou não?"

"Senadora, acredito que devemos nos ater ao padrão moral delineado no manual de campo do Exército."

Pouco depois de Haspel se recusar a responder à pergunta, o falecido senador John McCain, que fora submetido a cinco anos de tortura brutal como prisioneiro de guerra no Vietnã do Norte, divulgou um comunicado dizendo que não apoiaria sua confirmação como diretora da CIA.

"Como muitos americanos, entendo a urgência que levou à decisão de recorrer aos chamados 'métodos avançados de interrogatório' depois que nosso país foi atacado", escreveu McCain. "Sei que aqueles que usaram esses métodos e aqueles que os aprovaram queriam proteger os americanos do perigo. Aprecio o dilema deles e o esforço de seu dever. Mas, como argumentei várias vezes, os métodos que empregamos para manter nossa nação segura devem ser tão corretos e justos quanto os valores a que aspiramos cumprir e promover no mundo.

"Tenho certeza de que Gina Haspel é uma patriota que ama nosso país e dedicou sua vida profissional a seu serviço e defesa", continuou ele. "No entanto, o papel da sra. Haspel na supervisão do uso de tortura pelos americanos é preocupante. Sua recusa em reconhecer a imoralidade da tortura a desqualifica. Acredito que o Senado deve exercer seu dever de aconselhamento e consentimento e rejeitar esta nomeação."

Vivemos em um mundo incerto, cheio de complexidade e perigo. Os desafios que enfrentaremos no futuro serão novos e matizados, e exigirão que nos mobilizemos com base em inteligência, não medo. Haverá, certamente, decisões difíceis a tomar, do tipo que nenhuma geração anterior teve que considerar. E, no entanto, nos fará bem lembrar o que foi que nos ajudou a proteger o povo americano e garantir a paz nas gerações que antecederam este momento. Devemos lembrar que somos uma nação de leis, que defendemos o Estado de direito. Devemos lembrar pelo que trabalhamos e, em alguns casos, sangramos: uma ordem internacional que promova a paz e a cooperação; um compromisso com a democracia, aqui e em todo o mundo; uma rejeição aos déspotas, tiranos e ditadores que governam seus países com base apenas nos próprios interesses, não nos interesses das pessoas a quem devem servir. Por mais imperfeitos que sejamos, nossa história é feita com o propósito de construir um mundo melhor, mais seguro e livre. Nos próximos anos, com todos os desafios que estão por vir, não podemos perder de vista quem somos e quem podemos ser.

## CAPÍTULO DEZ

# O que aprendi

No começo da minha carreira, um dos primeiros casos que levei a julgamento foi um de atropelamento e fuga no tribunal do juiz Jeffrey Horner, em Oakland. Para ilustrar meu argumento, imprimi um mapa em uma grande folha de papel, que fixei em um cavalete com pregadores. Eu precisava do mapa para mostrar ao júri o caminho do motorista.

Não me lembro de todos os detalhes do caso, mas me lembro desse mapa, porque não parava de me atrapalhar no que dizia respeito a norte, sul, leste e oeste. Para reconhecer minhas gafes, em algum momento do processo, fiz uma piada autodepreciativa diante do júri. Não muito depois, durante um intervalo, o juiz Horner me chamou em sua sala.

"Nunca mais faça aquilo", disse ele. "Dê um jeito de entender. Entenda."

Suas palavras ficaram comigo, junto com tantas lições que absorvi ao longo do caminho: a sabedoria fundamental da minha mãe; o incentivo e a orientação de familiares, amigos e mentores de confiança; e os exemplos poderosos que testemunhei, bons e ruins, que moldaram meu entendimento sobre o que é necessário para liderar com eficiência, o que é necessário para atingir objetivos e o que devemos uns aos outros nesse processo.

Essas lições me foram passadas por minha experiência de vida e fermentadas pela aplicação delas ao longo de minha carreira. Hoje, elas encontram expressão em uma série de frases curtas, que os membros da minha equipe ouvem com tanta frequência que provavelmente vão rir ao ler este capítulo. Em um ano, minha equipe chegou a fazer bolas antiestresse azuis, com a frase SEM FALSAS ESCOLHAS estampada em letras brancas.

Claro, não é possível reduzir a complexidade da liderança a simples slogans. Mas minha equipe e eu contamos com esses mantras como referências e guias, como pontos de partida para conversas sobre políticas e como maneiras de determinar se estamos no caminho certo. Eu os compartilho aqui porque dizem muito sobre minha filosofia e meu estilo pessoal. E talvez ajudem a moldar seu pensamento de alguma forma, assim como a sabedoria adquirida por outras pessoas ajudou a moldar o meu.

## TESTE A HIPÓTESE

Quando eu era criança, costumava acompanhar minha mãe ao laboratório, onde ela me dava trabalhos para fazer. Limpeza de tubos de ensaio, principalmente. Acho que ela provavelmente sabia desde o início que eu não a seguiria na área das ciências. Eram as humanidades e as artes que conversavam comigo, embora minha mãe, seus colegas e seu trabalho me encantassem.

Mas quando se é filha de uma cientista, a ciência tem um jeito de moldar a forma como pensamos. Nossa mãe costumava conversar comigo e com Maya sobre o método científico como se fosse um estilo de vida. Quando perguntava por que algo era como era, ela não se contentava em apenas me dar a resposta. Ela queria que eu formulasse uma hipótese, de modo a usá-la como ponto de partida para uma investigação mais aprofundada e desafiar minhas suposições. Era assim que ela fazia seu trabalho no laboratório. Os experimentos que ela fazia todos os dias tinham como objetivo descobrir se suas ideias permaneceriam de pé depois de testadas. Eram exames cuidadosos. Ela coletava e analisava os dados e então tirava conclusões dessas evidências. Se os resultados não sustentavam a hipótese, ela reavaliava tudo.

Inovação é a busca pelo que pode ser, sem o peso do que já foi. E nós buscamos a inovação não por estarmos entediados, mas porque queremos tornar as coisas mais rápidas, mais eficientes, mais eficazes e mais precisas. Na ciência, na medicina, na tecnologia, abraçamos a cultura da inovação, com hipóteses, experimentos e tudo o mais. Esperamos por erros, apenas não queremos cometer o mesmo erro duas vezes. Esperamos por imperfeições, isso é algo básico para nós. Nós nos acostumamos com a ideia de que o software precisará ser ajustado e atualizado. Não temos nenhum problema com o conceito de "correção de *bugs*" e atualizações. Sabemos que quanto mais testarmos algo, mais nitidamente entenderemos o que funciona e o que não funciona, e melhor será o produto ou o processo final.

Mas, no campo das políticas públicas, parece que temos problemas para abraçar a inovação. Isso ocorre em parte porque quando estamos nos candidatando a um cargo público e nos apresentamos aos eleitores, não é esperado que tenhamos uma hipótese; espera-se que tenhamos "O Plano". O problema é que, quando lançamos qualquer inovação, uma nova política ou um plano pela primeira vez, é provável que haja falhas e, como estamos sob o olhar do público, essas falhas provavelmente acabarão na primeira página do jornal, em letras garrafais. Quando o site HealthCare.gov travou duas horas após seu lançamento, em 2013, o problema, embora temporário, tornou-se motivo para se descrever toda a busca por cobertura de saúde acessível como loucura.

A questão é que, quando se ocupa um cargo público, realmente existe um grande risco associado a ações ousadas. Mesmo assim, creio ser nossa obrigação fazer isso. É inerente aos juramentos que fazemos.

O objetivo de se ocupar um cargo público é encontrar soluções para os problemas, sobretudo os mais intratáveis, e ter uma visão voltada para o futuro. Eu sempre disse que o capital político não rende juros. É preciso gastá-lo e estar disposto a receber o golpe. É preciso ter a disposição de testar nossa hipótese e descobrir se a solução funciona com base em métricas e em dados. A adesão cega à tradição não deve ser a medida do sucesso.

Michael Tubbs, prefeito de Stockton, Califórnia, entende essa ideia melhor do que qualquer pessoa que conheço. Ele se tornou prefeito, aos 26 anos, de uma cidade que havia sido assolada pela crise das execuções hipotecárias e levada à falência. A cidade dele ainda luta contra a grande pobreza, o crime e, agora, a alta nos aluguéis. Tubbs pediu a uma equipe de pesquisadores que identificasse novas maneiras de lutar contra a pobreza, e uma das ideias apresentadas foi um programa de renda universal. O conceito é que dar às pessoas pagamentos diretos em dinheiro pode ajudá-las a sobreviver ao mesmo tempo que impulsiona a economia. E essa era uma hipótese que ele estava disposto a testar. A cidade montou um programa piloto, iniciado em fevereiro de 2019, no qual distribuiu a um grupo aleatório de cem residentes 500 dólares por mês durante dezoito meses para serem gastos como eles quisessem. Os pesquisadores iriam entrar em contato com os participantes regularmente durante o programa. Ao fim desse período, a cidade terá um tesouro de dados que ajudará o prefeito — e inúmeros líderes políticos — a determinar a eficácia desse modelo.

Outra ideia muito discutida para ajudar a força de trabalho americana é a criação de um programa de garantia de empregos. Em vez de garantir um pagamento básico em dinheiro, uma garantia federal de empregos poderia assegurar que qualquer pessoa que queira trabalhar terá um emprego com boa remuneração e dignidade. É uma ideia que saiu direto da Declaração de Direitos Econômicos do presidente Franklin Roosevelt. É possível? Pode funcionar? Se faz parte do "Plano" que você está executando, você é obrigado a dizer que sim. Mas a melhor resposta é: "Vamos descobrir." Assinei uma legislação no Senado para criar um programa-modelo que nos ajudará a fazer exatamente isso. De uma forma ou de outra, estou confiante de que os dados provenientes de tal programa informarão nossa abordagem.

## VÁ ATÉ O LOCAL

Há uma pequena comunidade no sul da Califórnia chamada Mira Loma que fica ao norte do rio Santa Ana, na extremidade oeste do condado de Riverside. Por muito tempo, foi uma comunidade rural, um lugar de vinhedos e fazendas leiteiras, um lugar onde as pessoas adoravam andar a cavalo e criar os filhos longe da poluição industrial de Los Angeles. Mas, no fim dos anos 1980, as coisas começaram a mudar.

Com a ascensão da globalização, os Estados Unidos começariam a importar muito mais mercadorias do mundo todo, e muitos desses contêineres vindos da Ásia iam parar nos portos do sul da Califórnia. Assim, o condado vizinho de Riverside começou a aprovar grandes projetos de depósitos e centros de distribuição nos quais os caminhões deixariam a carga que pegassem nas docas. Na época em que eu era procuradora-geral, havia aproximadamente noventa desses megacomplexos em Mira Loma.

A vida de 4.500 famílias que vivem em Mira Loma foi transformada. Fazendas foram pavimentadas. O trânsito ficou insuportável. A pacata comunidade rural foi engolida por um distrito de armazenamento industrial. E o ar ficou tóxico. Todos os dias, caminhões faziam mais de quinze mil viagens pelas vias principais de Mira Loma, levando fuligem e outras partículas. Logo, Mira Loma tinha um dos maiores índices de poluição por diesel do estado — muito além dos padrões estaduais e federais de qualidade do ar.

Pesquisadores da Universidade do Sul da Califórnia conduziram um estudo que descobriu uma conexão entre a poluição e o mau desenvolvimento pulmonar e outras doenças graves em crianças de Mira Loma. A Agência de Proteção Ambiental federal já havia expressado preocupações quanto aos perigos à saúde associados a um ar tão imundo. Mas as coisas estavam piorando.

As circunstâncias de Mira Loma foram trazidas ao meu conhecimento quando eu soube que o município havia aprovado outro complexo de armazéns, o que geraria mais 1.500 viagens de caminhão pela comunidade todos os dias. Moradores entraram com um processo para impedir que isso acontecesse, argumentando que o condado não tinha levado a sério as preocupações com a saúde e não fizera o trabalho para diminuir os danos que o acréscimo de movimento causaria a uma população que já experimentava impactos perigosos à saúde. Eles argumentavam que o condado não havia seguido os padrões estaduais destinados a proteger comunidades como a deles. Depois de revisar os documentos, concordei.

"Quero entrar no processo", disse à minha equipe. "Vamos mostrar a essas famílias que o estado as protege."

Isso poderia ter sido o fim de tudo. Eu estava confiante de que, com recursos do estado por trás, a comunidade teria o que precisava para prevalecer. Mas agir não era suficiente. Compreender as circunstâncias estritamente pelas lentes de documentos de instrução e discussões com advogados não era suficiente. Eu queria ir até o local.

Ao nos aproximarmos de Mira Loma, pude ver uma enorme massa de névoa e fumaça envolvendo a comunidade e as áreas circundantes. O sol brilhava, mas com uma tonalidade cinza refratada conforme se assentava a nuvem tóxica. Quando saí do carro, a poluição fez meus olhos arderem. Dava para sentir o gosto no ar. Dava para limpar a poeira e a fuligem das superfícies com os dedos.

Entrei em uma salinha de reuniões onde os membros da comunidade se reuniram para me contar suas histórias. Uma pessoa me disse que, todos os dias, quando o vento mudava, ela começava a respirar a fumaça. Outro morador me contou que não era seguro para as crianças brincar ao ar livre. Mais da metade das famílias tinha filhos menores de dezoito anos, e eles ficavam presos em casa. Uma mulher de voz suave me disse que estava feliz por eu estar ali, porque eles estavam lutando havia muito tempo e ninguém parecia escutar.

Um homem me disse que era preciso lavar a fuligem das calçadas e limpar os varais antes de pendurar qualquer roupa. Ele se disse preocupado com as árvores de seu quintal, que haviam parado de dar frutos e estavam morrendo. E expressou sua preocupação com as pessoas da comunidade que sofriam de maiores taxas de câncer, asma e doenças cardíacas.

No início, foi tudo o que ele disse. Mas quando o microfone voltou para ele, o grupo o incentivou a contar a história mais pessoal que o havia levado à reunião.

"Para mim é difícil falar sobre isso... mas, quero dizer, farei isso para ajudar esta comunidade. Eu tinha uma filha... e ela morreu antes de completar quinze anos", começou ele, em meio às lágrimas. "E em vez de planejar seu décimo quinto aniversário... precisei planejar o funeral dela... Ela morreu de câncer de pulmão. Às vezes é difícil falar sobre isso. Mas se pode ajudar, estou apenas contando minha história."

E ajudou. A luta contra o condado seria realizada em tribunais e em salas de conferência, e nós seríamos não apenas a voz, mas o veículo por meio do qual a história da comunidade seria contada. Para realmente entender a dor que um grupo está enfrentando, não basta imaginar como deve ser. Políticas inteligentes não podem ser criadas em uma torre de marfim, e discussões não são vencidas apenas pelos fatos. O que importa é estar presente sempre que possível, pessoalmente, de olhos e de ouvidos bem atentos, conversando com quem vive mais próximo do desafio. Foi importante que tenhamos estado lá para ouvir a história daquele pai angustiado e as histórias de outras famílias em Mira Loma.

Foi importante quando visitei soldados que estavam esperando por sua próxima missão no Iraque e marinheiros em San Diego que se preparavam para servir por meses em um submarino nuclear. Uma coisa é falar sobre as necessidades das comunidades militares e de inteligência em uma sala de audiência do Senado. Outra é ir ao local e fazer conexões reais e pessoais com homens e mulheres que estão servindo. Passei muito tempo com os soldados, falei sobre suas especialidades e seus treinamentos, sobre os desafios do trabalho e como uma combinação de bravura e dever os havia conduzido àquela vida. Mas também conversamos sobre outras coisas: do que sentiam falta, o que temiam, o que haviam deixado para trás, o sacrifício que suas famílias precisavam fazer enquanto eles estavam fora. Era pessoal, e isso importava.

Foi importante quando visitei um campo de refugiados sírios na Jordânia para que pudesse ter uma visão de perto de como era a vida das pessoas presas ali — 70% delas, mulheres e crianças. Demos uma volta de carro pelo acampamento, que parecia se estender infinitamente em todas as direções, cada moradia improvisada representando uma família que havia fugido da guerra e da matança. Insisti para que saíssemos dos carros. Caminhamos por uma rua que eles apelidaram de Champs-Élysées, em homenagem à famosa avenida de Paris, e admiramos as barracas de roupas e comida.

A certa altura, três crianças correram e começaram a falar comigo. Um deles, um menino de dez anos com uma camisa de futebol azul, gostou muito de mim. Tiramos uma selfie juntos, e então ele perguntou, por meio de intérpretes, se eu iria conhecer sua família. Eu disse "Claro!", e o segui pelo acampamento até onde eles estavam morando.

Quando cheguei, uma grande família estendida estava lá para me receber. Eles tinham duas modestas moradias e haviam criado um pequeno pátio entre elas, com uma tábua como beiral. Seus avós estavam lá — a matriarca e o patriarca da família —, e foram incrivelmente receptivos quando cheguei.

"Você vai ficar para o chá?", me perguntou o avô.

"Seria uma honra", respondi.

A avó foi para os fundos da cabana, onde havia uma torneira e um pequeno fogão a gás. Em seguida, ela estava de volta, trazendo uma bandeja com lindos copos, um prato de doces e um bule de chá.

Estávamos todos sentados de pernas cruzadas, bebendo nosso chá. Eu estava pronta para perguntar tudo a respeito deles — a história de como haviam chegado lá, a experiência de viver no campo de refugiados —, quando o avô começou a falar.

"Muito bem, convidei você para a minha casa. Eu lhe dei chá. E lhe dei comida. Agora, me diga, quem é você?"

## ABRACE O MUNDANO

Bill Gates é obcecado por fertilizantes. "Eu vou a reuniões onde fertilizantes são assunto sério", escreve ele. "Leio livros sobre seus benefícios e os problemas com o uso excessivo. É o tipo de assunto de que preciso me lembrar de não falar muito em festas, uma vez que a maioria das pessoas não acha isso tão interessante quanto eu." Por que o fascínio? Ele explica que 40% das pessoas na Terra devem a vida a uma produção maior de safras, que só foi possível graças aos fertilizantes. Foi literalmente o combustível da Revolução Verde, que ajudou a tirar centenas de milhões de pessoas da pobreza.[1] O que Gates entende é que há uma grande diferença entre anunciar um plano para acabar com a fome no mundo e realmente acabar com ela. E cumprir essa distância entre uma coisa e outra depende de detalhes aparentemente mundanos, como fertilizantes, padrões climáticos e a altura do trigo.

A política é um reino em que o grande pronunciamento muitas vezes toma o lugar do trabalho meticuloso e detalhista de fazer coisas significativas. Isso não quer dizer que haja algo inerentemente errado com grandes pronunciamentos. Uma boa liderança exige visão e aspiração. Exige a articulação de ideias ousadas que movam as pessoas à ação. Mas, muitas vezes, é o domínio dos detalhes aparentemente sem importância, a execução cuidadosa das tarefas tediosas e o trabalho dedicado feito fora dos olhos do público que tornam possíveis as mudanças que buscamos.

Abraçar o mundano também significa garantir que nossas soluções realmente funcionem para as pessoas que precisam delas. Quando era procuradora-geral da Califórnia, por exemplo, e fui atrás das

Corinthian Colleges, fiquei preocupada com o que aconteceria com os estudantes que haviam sido vítimas de fraude. Os alunos tinham o direito de se transferir para outra faculdade, cancelar o empréstimo ou receber o dinheiro de volta, mas a papelada envolvida era bastante complicada. A maioria dos alunos não fazia ideia de como começar, ou mesmo que tinham essas opções, em primeiro lugar.

Havíamos vencido o caso, mas os estudantes não receberiam de fato o benefício do alívio financeiro a menos que pudessem superar a burocracia. Então, meu gabinete criou um site que conduzia os alunos, passo a passo, por esse processo complexo. Quis tornar o mais simples possível para alguém exercer seus direitos e obter auxílio real. Enquanto desenvolvíamos o site, muitas vezes eu pedia à equipe que o mostrasse para mim, e eu ia navegando pelo processo sozinha. Mais de uma vez, encontrei um obstáculo. Eu dizia: "Se eu não entendo, como os alunos vão entender?" Isso significava que a equipe precisava refazer a interface e o texto. Mas, por mais frustrante que o exercício possa ter sido, resultou em um produto melhor. Dedicar um tempo para aperfeiçoar os detalhes tornou a ferramenta mais relevante para os alunos que precisavam dela.

O que quero dizer é: precisamos nos preocupar com as pequenas coisas — porque às vezes acontece que as pequenas coisas são, na verdade, as grandes. Certa vez, li uma história sobre a diretora de uma escola de ensino fundamental de St. Louis que queria dar um jeito na excessiva evasão em sua escola. Quando conversou com os pais, percebeu que muitas crianças não tinham roupas limpas. Ou as famílias não tinham acesso a máquinas de lavar, ou não podiam pagar pelo detergente, ou a energia havia sido cortada. Os alunos ficavam com vergonha de aparecer na escola com roupas sujas. "Acho que as pessoas não falam sobre não ter roupas limpas porque dá vontade de chorar, de ir para casa, de fugir ou algo assim", explicou um aluno. "Não me sinto bem."[2]

Então, a diretora instalou uma lavadora e uma secadora de roupa na escola e convidou os alunos que haviam perdido mais de dez dias de aula para lavar a roupa no campus. De acordo com o CityLab, no primeiro ano da iniciativa, houve aumento na frequência de mais de 90% dos alunos acompanhados.

## AS PALAVRAS IMPORTAM

As palavras têm a capacidade de fortalecer e enganar, o poder de acalmar e magoar. Elas podem propagar ideias importantes e ideias equivocadas. Elas podem estimular as pessoas a agir — para o bem ou para o mal. As palavras são incrivelmente poderosas, e as pessoas com poder, cujas palavras podem ser levadas mais longe e mais rapidamente, têm a obrigação — o dever — de pronunciá-las com precisão e sabedoria. A Escritura nos diz: "Quem tem conhecimento usa as palavras com moderação, e quem tem compreensão é sereno."

Tenho plena consciência do poder potencial que vive em minhas palavras — sendo alguém que representa quase quarenta milhões de pessoas, que busca dar voz aos que não têm. Assim, quando falo, faço isso sabendo que as palavras que escolho são importantes.

Em primeiro lugar, como nomeamos as coisas e como as definimos molda a maneira como as pessoas pensam sobre elas. Muitas vezes, as palavras são usadas para degradar nossas impressões sobre os problemas ou uns aos outros. Foi por isso que insisti em uma terminologia melhor em meu trabalho com jovens exploradas sexualmente. Não era correto nos referirmos a elas como "prostitutas adolescentes". Eram jovens que estavam sendo exploradas e predadas por adultos.

Quando era procuradora-geral, apresentei um processo contra um homem que havia criado um site chamado UGotPosted.com, que convidava pessoas a fazer upload de conteúdo sexualmente explícito com seus ex-parceiros sexuais. Então, o homem que dirigia o site exigia pagamento daqueles que haviam sido explorados em troca da remoção das imagens. Na imprensa, e na linguagem comum, o ato de postar as imagens foi descrito como "pornografia de vingança". Em meu escritório, ficou classificado como "o caso de pornografia de vingança".

Eu não estava gostando daquilo. Vingança é algo que se inflige a alguém que nos prejudicou. Aquelas pessoas não haviam ofendido seus agressores. Não era vingança. Nem era pornografia. As vítimas nunca tiveram a intenção de que as imagens fossem exibidas publicamente. Era uma extorsão na internet, pura e simplesmente, por isso nos referimos ao caso como exploração cibernética. Instruí minha equipe de que não deveríamos usar o termo "pornografia de vingança". Também incentivei os meios de comunicação a não usarem o termo. E fiz isso por um motivo fundamental: as palavras fazem diferença.

Em segundo lugar, eu escolho falar a verdade. Mesmo quando é desconfortável. Mesmo quando não deixa as pessoas à vontade. Quando falamos a verdade, as pessoas nem sempre vão embora se sentindo bem — e às vezes nós não nos sentimos bem com a reação que recebemos. Mas pelo menos todas as partes vão embora sabendo que foi uma conversa honesta.

Isso não quer dizer que toda verdade incomode, ou que a intenção seja causar desconforto. Muitas verdades são incrivelmente promissoras. Estou simplesmente dizendo que a função de um político eleito não é cantar uma canção de ninar e tranquilizar o país. Faz parte do trabalho falar a verdade, mesmo em um momento que não seja acolhedor ou convidativo a ela.

## MOSTRE A MATEMÁTICA

Muitos de nós nos lembramos de fazer provas de matemática no ensino fundamental em que não bastava simplesmente responder a uma pergunta. Era preciso demonstrar o raciocínio. Assim, a professora podia ver como nossa lógica havia se desenvolvido, passo a passo. Se acertávamos a resposta, a professora sabia que não havia sido um chute. E se errávamos, ela podia ver exatamente onde e por quê — e nos ajudava a corrigir o erro.

"Mostrar a matemática" foi uma abordagem que adotei ao longo da minha carreira. Em parte, é uma metodologia que ajuda a mim e a minha equipe a testar a lógica de nossas propostas e soluções. Quando nos obrigamos a expor nossas suposições, frequentemente descobrimos que certas partes de nossos argumentos assumem formas que não deveriam. Então, voltamos e os revisitamos, revisamos, mergulhamos mais fundo a fim de que, quando estivermos prontos para apresentar uma proposta, possamos ter certeza de sua solidez.

Ao mesmo tempo, acho que os líderes que estão pedindo a confiança do público têm a responsabilidade de mostrar a matemática também. Não podemos tomar decisões por outras pessoas, mas precisamos ser capazes de mostrar como chegamos às nossas.

Foi por isso que, quando ensinava jovens advogados a formular um argumento final, gostava de lembrar a eles de que não era suficiente levantar-se na frente do júri e apenas dizer: "A resposta correta é oito." O trabalho deles era chegar lá e mostrar ao júri que dois mais dois mais dois mais dois resulta, categoricamente, em oito. Eu dizia a eles para quebrar todos os elementos. Explicar a lógica do argumento. Mostrar ao júri como haviam chegado à conclusão.

Quando mostramos a matemática às pessoas, damos a elas as ferramentas para decidir se concordam com a solução. E mesmo se não concordarem com tudo, podem descobrir que concordam com você na maior parte do caminho — uma espécie de "crédito parcial" na formulação de políticas que pode formar a base para uma colaboração construtiva.

## NINGUÉM DEVE PRECISAR LUTAR SOZINHO

Na primavera de 1966, Cesar Chavez liderou uma marcha de mais de quinhentos quilômetros de agricultores latinos e filipinos do Vale Central da Califórnia até a capital do estado, em um esforço para estimular a ação e direcionar os olhos do país às formas inescrupulosas com que os trabalhadores agrícolas estavam sendo tratados. Naquele verão, foi formado o United Farm Workers e, sob a liderança de Chavez, viria a se tornar uma das organizações de direitos civis e trabalhistas mais importantes do país.

Ao mesmo tempo, a mais de três mil quilômetros de distância, Martin Luther King Jr. liderava o Movimento pela Liberdade de Chicago. Por meio de palestras, comícios, marchas e reuniões, ele cobrou de tudo, desde o fim da discriminação habitacional até a necessidade de uma educação de qualidade para todos.

Em setembro de 1966, King enviou um telegrama a Chavez. Ele escreveu sobre as muitas frentes em que a batalha pela igualdade deve ser travada: "Nas favelas urbanas, nas fábricas exploradoras e nos campos. Nossas lutas separadas são, na realidade, uma: uma luta pela liberdade, pela dignidade e pela humanidade."

Esse é o sentimento que acredito que todos devemos abraçar. Existem muitas lutas em andamento em nosso país — contra o racismo e o sexismo, contra a discriminação com base em religião, nacionalidade e orientação sexual. Cada uma dessas lutas é única. Cada um merece atenção e esforço. E seria errado sugerir que as diferenças não importam, ou que uma solução ou uma luta sozinha resolverá todas elas. Mas, ao mesmo tempo, devemos abraçar o ponto que King ressaltou a Chavez: que essas lutas têm em comum a busca pela liberdade, pela dignidade humana básica. Black Lives Matter, vidas negras importam, não pode ser apenas uma convocação para os negros, mas uma bandeira que todas as pessoas decentes empunharão. O movimento #MeToo não pode fazer mudanças estruturais duradouras para as mulheres no local de trabalho, a menos que o esforço seja acompanhado pelos homens. Vitórias de um grupo podem levar a vitórias de outros, nos tribunais e na sociedade como um todo. Nenhum de nós — nenhum de nós — deveria ter de lutar sozinho.

E se tivermos a sorte de estar em uma posição de poder, se nossa voz e nossas ações puderem mobilizar mudanças, não temos uma obrigação especial? Ser um aliado não pode ser apenas concordar com a cabeça quando alguém diz algo com que concordamos — por mais importante que seja. Também deve ter a ver com ação. É nosso trabalho defender aqueles que não estão à mesa onde são tomadas as decisões que mudam vidas. Não apenas aquelas pessoas que se parecem conosco. Não apenas aquelas que precisam do que precisamos. Não apenas aquelas que ganharam uma audiência conosco. Nosso dever é melhorar a condição humana — de todas as maneiras que pudermos, para todos que necessitam.

## SE VALE A LUTA, É UMA LUTA QUE VALE TER

"Na segunda-feira, eu estava na frente do seu escritório!", exclamou uma manifestante chamada Ana Maria Archila ao senador republicano Jeff Flake, do Arizona, quando ele entrou no elevador. "Contei a história da agressão sexual que sofri. Contei porque reconheci na história da dra. Ford que ela está dizendo a verdade. O que você está fazendo é permitir que alguém que violentou de fato uma mulher tenha assento na Suprema Corte! Isso é intolerável!"[3]

Enquanto ela falava, o senador Flake assentiu com a cabeça, mas não fez contato visual. Em seguida, outra sobrevivente, Maria Gallagher, falou:

"Fui agredida sexualmente e ninguém acreditou em mim. Não contei a ninguém, e você está dizendo a todas as mulheres que elas não importam, que deveriam apenas ficar quietas porque, se contarem o que aconteceu com elas, você as ignorará. Foi isso que aconteceu comigo, e é isso que você está dizendo a todas as mulheres nos Estados Unidos, que elas não importam."[4]

O senador Flake continuou evitando o olhar da mulher.

"Olhe para mim quando eu estiver falando com você!", disse ela, a voz falhando. "Você está me dizendo que o ataque que eu sofri não importa, que o que aconteceu comigo não importa e que você vai deixar as pessoas que fazem essas coisas chegarem ao poder. É isso que você está me dizendo quando vota nele. Não desvie o olhar!"

As portas do elevador se fecharam, e o senador Flake se dirigiu à sala onde o Comitê Judiciário estava votando a confirmação de Brett Kavanaugh.

Eu fora nomeada para o Comitê Judiciário dez meses antes e esperava, em algum momento, fazer parte de um processo de confirmação da Suprema Corte. Mas quando Anthony Kennedy anunciou sua aposentadoria em 27 de junho de 2018, me vi entre os milhões de pessoas que ficaram chocadas e consternadas, sobretudo ao saber que o juiz Kavanaugh havia sido escolhido para substituí-lo.

Antes mesmo de sabermos o nome de Christine Blasey Ford, sabíamos pelas declarações públicas do juiz Kavanaugh, seus escritos e seu registro judicial que ele era hostil aos direitos civis, aos direitos de voto e aos direitos reprodutivos. Sabíamos que ele seria um voto confiável contra os sindicatos, contra o meio ambiente, contra a regulamentação corporativa.

Sabíamos antes do primeiro conjunto de audiências de confirmação que havia algo em seu passado que o juiz Kavanaugh e a Casa Branca tentavam esconder. Sabíamos disso porque 90% dos registros do juiz Kavanaugh foram ocultados dos membros do Comitê Judiciário.

Sabíamos, depois daquelas primeiras audiências, que Brett Kavanaugh enganara o Senado sob juramento:[5] sobre seu envolvimento com documentos roubados, sobre seu trabalho com candidatos judiciais controversos, sobre seu papel nas escutas telefônicas sem mandado da era Bush.

Sabíamos de tudo isso primeiro. E então soubemos o nome dela. E então soubemos da história dela.

Soubemos que, quando estava no ensino médio,[6] Christine Blasey Ford foi a uma reunião em uma casa com várias pessoas, onde Brett Kavanaugh se colocou sobre ela, encurralando-a e a agarrando enquanto tentava tirar-lhe as roupas. Fomos informados de que, quando ela tentou gritar, ele colocou a mão em sua boca, que ela acreditava que ele iria estuprá-la, que ela temia que ele pudesse matá-la inadvertidamente.

"Consegui me levantar e sair correndo do quarto", explicou a dra. Ford enquanto testemunhava sob juramento diante do Comitê Judiciário sobre o ataque. "Bem em frente ao quarto havia um pequeno banheiro. Corri para dentro dele e tranquei a porta. Ouvi Brett e Mark saírem do quarto rindo e descendo ruidosamente a escada estreita, batendo nas paredes ao descer.

"Esperei e, como não os ouvi subir, saí do banheiro, desci a escada correndo, atravessei a sala e saí da casa", continuou. "Lembro-me de estar na rua e sentir um imenso alívio por ter escapado da casa e por Brett e Mark não virem atrás de mim."

Eu a observei com grande admiração enquanto ela contava sua história. Diante da dra. Ford estavam todos os 21 membros do Comitê Judiciário do Senado, olhando do alto de um estrado elevado. Atrás dela estava uma plateia repleta de estranhos. À sua esquerda estava Rachel Mitchell, uma promotora do Arizona que questionaria a dra. Ford no lugar dos membros republicanos do comitê — todos homens —, que, aparentemente, duvidavam da própria capacidade de questioná-la. Também havia guarda-costas na sala, de cuja proteção a dra. Ford passou a precisar. E, claro, havia as câmeras, transmitindo cada instante, cada movimento, cada palavra pronunciada e cada lágrima derramada diante de uma audiência nacional. Aquele não era o lugar para uma pessoa ter que falar sobre o pior dia de sua vida.

E, no entanto, lá estava ela na frente de todos nós e do mundo — mesmo após ameaças de morte, mesmo depois de ter que deixar sua casa, mesmo depois de inúmeros ataques vis lançados contra ela na internet. Christine Blasey Ford foi para Washington com a noção do que chama de seu dever cívico e prestou testemunho em uma das mais extraordinárias demonstrações de coragem que já vi em minha vida.

Então o juiz Kavanaugh respondeu.

"Todo esse esforço de duas semanas foi um golpe político calculado e orquestrado", protestou Kavanaugh no comitê, "alimentado pela aparente raiva reprimida sobre o presidente Trump e a eleição de 2016, medo que foi injustamente alimentado por minha ficha judicial, vingança em nome dos Clinton e milhões de dólares em dinheiro de grupos de oposição de esquerda!".

Furioso, ele declarou que "o comportamento de vários dos membros democratas deste comitê na audiência de algumas semanas atrás foi uma vergonha". Ele continuou por 45 minutos. E aquela foi apenas sua declaração de abertura.

"Eu gosto de cerveja. Eu gosto de cerveja", disse Kavanaugh em resposta a uma pergunta do senador Sheldon Whitehouse, um democrata de Rhode Island. "Eu não sei se o senhor gosta. O senhor gosta de cerveja, senador, ou não? O que gosta de beber? Senador, o que gosta de beber?"

A senadora de Minnesota Amy Klobuchar, também democrata, perguntou:

"Então o senhor está dizendo que nunca houve um caso em que bebeu tanto que não se lembrou do que aconteceu na noite anterior ou de parte do que aconteceu?"

"É... a senhora está perguntando sobre, sabe, blecaute", disse ele, com visível frustração. "Eu não sei. A senhora já teve?"

"O senhor poderia responder à pergunta, juiz? Eu apenas... então o senhor... isso não aconteceu. Essa é a sua resposta?"

"Sim", disse ele com ar presunçoso. "E estou curioso se a senhora teve."

"Não tenho problemas com bebida, juiz", disse ela, poucos instantes depois de ter descrito como o alcoolismo afetou profundamente seu pai.

"É, nem eu", respondeu ele.

Foi, no mínimo, um momento revelador para um homem que jurou de pés juntos que sempre trata as mulheres com respeito.

Perto do fim da audiência, foi minha vez de questionar a testemunha. Como todos sabiam, a dra. Ford havia feito e passado em um exame de polígrafo. Ela convocara testemunhas externas e especialistas para depor. E, o mais importante, ela convocara uma investigação do FBI. Perguntei a Kavanaugh se ele faria o mesmo. Ele repetidamente evitou responder — assim como havia feito em muitas perguntas de meus colegas até aquele ponto. O contraste entre a sinceridade da dra. Ford e a astúcia do juiz Kavanaugh era impressionante.

Assim como sua disposição de enganar o comitê. Ele deu declarações obviamente falsas sobre o significado de certos termos que escrevera em seu anuário do ensino médio. Minimizou os principais aspectos de sua relação com a bebida. Foi desonesto quanto aos tipos de reuniões que frequentava no tempo de colégio.

E aquele temperamento. O comportamento flagrante do juiz Kavanaugh estava tão fora das normas judiciais que, nos dias após a audiência, a American Bar Association[7] reabriu sua avaliação a respeito dele, e mais de 2.400 acadêmicos assinaram uma carta aberta ao Senado dizendo que estavam "unidos, como professores de direito e estudiosos de instituições jurídicas, por acreditar que ele não havia demonstrado a imparcialidade e o temperamento judicial necessários para ocupar o mais alto tribunal de nosso país".[8]

E, no entanto, a partir do momento em que a audiência terminou, parecia que a convenção republicana estava pronta e ansiosa para seguir em frente, e que, apesar do desempenho de Kavanaugh e apesar do testemunho da dra. Ford, o comitê avançaria com uma votação. Pouco depois que o juiz Kavanaugh terminou de testemunhar na noite de quinta-feira, os líderes republicanos marcaram uma votação do comitê sobre sua indicação para a manhã de sexta-feira.

Existem muitos motivos pelos quais sobreviventes de agressão sexual não denunciam, e um deles é o medo — ou a suposição — de que ninguém acreditará neles.

"Eu calculava diariamente o custo/benefício de me apresentar e perguntava a mim mesma se não estava me atirando na frente de um trem que iria aonde estava indo de qualquer maneira", testemunhou a dra. Ford naquela manhã, "e que eu simplesmente seria aniquilada".[9]

Enquanto os senadores republicanos avançavam, esse medo parecia bastante justificado. Aqueles senadores estavam optando por não acreditar em Christine Blasey Ford, embora ela tivesse arriscado tudo para alertá-los sobre o que sabia, os tivesse procurado antes que o juiz Kavanaugh fosse nomeado e não tivesse motivo para mentir.

Eles optaram por não acreditar na dra. Ford, mesmo tendo se recusado a fazer uma investigação real, mesmo que ela tivesse informações que corroboravam e embasavam suas afirmações, embora o juiz Kavanaugh tivesse mais de uma acusadora. Para os defensores do juiz Kavanaugh, o custo de acreditar nela — o custo da verdade em si — era simplesmente alto demais.

"Isso tem a ver com poder bruto", disse eu na manhã seguinte, após liderar uma paralisação da audiência do comitê. "Vocês estão vendo isso em exibição na audiência desta manhã. Vocês estão vendo isso no processo desde o início... É uma falha deste órgão em fazer o que sempre disse se tratar, que é ser deliberativo."

Quando voltei para a sala, havia rumores. Aparentemente, o senador Flake fora afetado pelas sobreviventes que o pararam no elevador a caminho da audiência naquela manhã. Depois de consultar o senador Chris Coons, um democrata de Delaware, e outros, o senador Flake pediu um adiamento da votação final para que o FBI pudesse ter uma semana para investigar mais. Isso nos deu um alívio inesperado.

Sabemos agora que a vitória sentida naquele momento foi passageira, mas isso não diminui seu significado. Duas sobreviventes de agressão sexual paradas em frente a um elevador pareceram fazer um senador que a maioria via como irredutível mudar de ideia, garantindo uma investigação do FBI e forçando um atraso em um processo fora de controle. Naquele momento, aquelas duas mulheres corajosas foram mais poderosas do que todos os senadores democratas no Comitê Judiciário. Juntas, elas pausaram a história — e nos deram uma última chance de prevalecer.

Mas a Casa Branca tinha mais uma carta na manga. O governo limitou o escopo da investigação, determinando com quem o FBI poderia falar, até mesmo impedindo que os próprios agentes fizessem o acompanhamento com a dra. Ford e o juiz Kavanaugh. E, no entanto, para senadores importantes, o fato de ter havido uma investigação de qualquer tipo era o suficiente. Em 6 de outubro de 2018, eu estava no plenário do Senado e assisti à confirmação do juiz Kavanaugh.

Venho escrevendo essas palavras nos dias que se passaram desde então, enquanto termino este manuscrito. Como muitos americanos, ainda estou processando o que nosso país acabou de passar. Mas, por enquanto, direi o seguinte: seria um erro minimizar as consequências de ter o juiz Kavanaugh na Suprema Corte. Com essa nomeação vitalícia, ele estará em posição, junto com a maioria conservadora no tribunal, de acabar com o direito de escolha da mulher como o conhecemos; de invalidar o Affordable Care Act; desfazer a base legal pela qual as empresas são regulamentadas; desestruturar direitos fundamentais como os de voto, casamento e privacidade.

Eu me preocupo com as maneiras como seu partidarismo e temperamento contaminarão o tribunal, como afetarão sua tomada de decisão e como isso prejudicará tantos que buscam reparação nos tribunais. Eu me preocupo com o que acarretará ao próprio tribunal ter um homem com uma robusta acusação de agressão sexual entre seus juízes. Eu me preocupo com a mensagem que foi enviada mais uma vez aos americanos e ao mundo: que, em nosso país, hoje, alguém pode se enfurecer, atacar, resistir à responsabilidade e ainda assim ascender a uma posição de poder extraordinário sobre a vida de outras pessoas.

Mas eis o que não me preocupa. Eu não me preocupo com nosso compromisso com a luta por um país melhor. Eu não me preocupo que essa experiência tenha diminuído nossa vontade. Escolhemos essa luta não por termos certeza de que poderíamos vencer, mas por termos certeza de que era a luta certa. Porque isso deve ser tudo o que importa. E eu sei que não é nenhum consolo dizer o que certamente é verdade: mesmo que não tenhamos prevalecido, essa luta teve importância.

A dra. Ford não se apresentou em vão. Como disse o senador Patrick Leahy sobre a decisão dela de falar: "A coragem é contagiosa." As câmeras e os microfones que a dra. Ford nunca procurou levaram sua história e sua mensagem muito além da sala do nosso comitê, inspirando mulheres e homens a contar as histórias de ataques sexuais que sofreram muitos deles pela primeira vez. No dia em que a dra. Ford testemunhou, a linha direta nacional de agressões sexuais registrou um aumento de 200% nas ligações.[10] Mulheres ligaram para a C-SPAN a fim de compartilhar suas histórias. Escreveram artigos de opinião. Contaram para seus maridos e pais. Elas estavam falando suas verdades e, ao fazerem isso, tornando mais nítida do que nunca a difusão da violência sexual.

Eram sobreviventes que não sentiam prazer em reviver a própria dor. Muitas das pessoas que se apresentaram não tinham intenção de buscar justiça, muito menos a expectativa de recebê-la. Mas elas falaram, como as sobreviventes de Harvey Weinstein, Larry Nassar e Bill Cosby, como sobreviventes de abusos na Igreja Católica, para ajudar a garantir que essa conversa nunca mais se limite a sussurros. A violência sexual é real. É errada. Afeta tanto homens quanto mulheres. E ninguém deve sofrer em silêncio. Os rostos, as vozes, as multidões que encheram a sala de audiência e o Edifício Hart e as ruas fora da Suprema Corte, as pessoas que inundaram as redes sociais com mensagens de solidariedade e angústia partilhada, todos nos mandam ouvir, respeitar, acreditar e agir. Suas vozes, como a da dra. Ford, terão um alcance duradouro.

Na verdade, embora essa batalha tenha acabado, o alcance de seu impacto ainda está para ser visto. A história mostra que a disposição de uma pessoa em defender o que é certo pode ser a centelha que desencadeia mudanças de longo alcance. O testemunho de Anita Hill não foi suficiente para manter Clarence Thomas fora da Suprema Corte em 1991, mas trouxe a expressão "assédio sexual" para o *mainstream* e deu início a um diálogo nacional. Menos de dois meses após o depoimento dela, o Congresso aprovou a Lei dos Direitos Civis de 1991, que expandiu os recursos disponíveis para as vítimas de assédio sexual. No ano seguinte, as democratas conquistaram as eleições de 1992 de maneira avassaladora, dobrando o número de mulheres na Câmara e triplicando a representação feminina no Senado.

Eu não sou ingênua. Ando pelos mesmos corredores nos quais um senador republicano disse a sobreviventes de agressão sexual para "crescerem" e onde outro descreveu sobreviventes que protestavam como uma "turba", no mesmo momento em que o presidente a quem ele serve incitava uma multidão a humilhar a dra. Ford. Eu sei — todos sabemos — que ainda há quilômetros a percorrer antes que as mulheres tenham todo o respeito e a dignidade que merecemos. Mas estou animada com o número sem precedentes de mulheres concorrendo a cargos públicos e as muitas mais que têm crescido politicamente. Estou animada com os novos laços que estão sendo forjados através das fronteiras de raça, idade, histórico, experiência e gênero, enquanto mulheres e homens se posicionam lado a lado por justiça, igualdade e direitos básicos.

Esse progresso é o produto de um movimento. Um movimento que começou antes de Anita Hill testemunhar e que continuará muito depois que a dra. Ford se tornar uma heroína nos livros de história de nossas crianças. Ficaremos mais fortes a cada esforço, mesmo quando enfrentarmos contratempos. Tiraremos sabedoria de cada capítulo, mesmo quando essas lições forem difíceis. Enfrentaremos o que está por vir com a convicção de que a mudança é possível — sabendo que a verdade é como o sol. Sempre aparece.

## VOCÊ PODE SER A PRIMEIRA. NÃO SEJA A ÚLTIMA

Eu estava no meio de minha primeira campanha para a promotoria pública quando recebi um telefonema de uma velha amiga da faculdade,

Lisa, que trabalhava como conselheira de carreira em uma faculdade de direito das redondezas. Ela havia conhecido uma jovem negra chamada Venus Johnson, estudante do segundo ano de direito que havia crescido em Oakland, filha de um imigrante, com o sonho de se tornar promotora. Não é de surpreender que, ao ouvir a história de Venus, minha amiga pensou em mim.

Combinamos passar um dia juntas no outono de 2003, e, desde que apertei a mão de Venus, percebi um incrível senso de comunhão. Eu podia me ver nela. Ela foi gentil o suficiente para passar o dia me acompanhando enquanto eu fazia campanha e cumpria tarefas. Em um momento, acabamos comprando um presente de casamento para um amigo meu muito querido (decidi comprar roupa de cama). Em outro, passamos por uma loja em que havia um cartaz do meu oponente na vitrine.

"Venha, vamos", disse eu a Venus, pegando um dos meus cartazes do porta-malas.

Entramos, apertei a mão do dono da loja e pedi seu apoio.

"Mas... hum... Já tenho o cartaz de outro candidato na vitrine", disse ele, sem saber o que fazer comigo.

"Tudo bem", falei. "Você pode colocar o meu na vitrine também!"

Ele concordou e nós duas seguimos nosso caminho.

Durante o almoço, Venus e eu conversamos sobre os motivos pelos quais ela queria ser promotora e o tipo de trabalho que esperava fazer. Fiquei sabendo que o pai dela tivera uma longa carreira na polícia e que ela sempre se imaginou lutando em nome das vítimas. Contei ter percorrido um caminho semelhante e recomendei que ela seguisse seus instintos e ingressasse no gabinete da procuradoria distrital do condado de Alameda. Disse que teria satisfação de fazer algumas ligações indicando-a.

Ela parecia se perguntar por que eu estava fazendo aquilo por ela. Eu disse que havia algo que minha mãe costumava dizer e que sempre guardei comigo. "Você pode ser a primeira. Não seja a última." Minha mãe havia chegado onde estava graças à ajuda de mentores. Eu também chegara onde estava por causa de mentores. E pretendia ser uma mentora para o máximo de pessoas que eu pudesse ao longo de minha carreira.

Poucos anos depois de minha primeira conversa com Venus, ela conseguiu o emprego com o qual sempre sonhara na promotoria do condado de Alameda. Ela trabalhou lá por oito anos e, como eu, se especializou em ajudar vítimas de violência sexual. Conversamos regularmente ao longo desses anos. Em 2014, ela se juntou a mim no gabinete da Procuradoria-Geral e, cerca de um ano depois de trabalhar para mim em questões legislativas, eu tinha um pedido específico para ela.

Eu a chamei em meu gabinete.

"Quero que você seja minha procuradora-geral adjunta e minha chefe de gabinete."

Houve uma pausa significativa.

"Eu?", perguntou ela.

"Sim, você!"

Tive muita sorte na vida, mas não tenho certeza se alguma vez me senti tão sortuda quanto no momento em que ela aceitou. Ela foi tão maravilhosa na função quanto pensei que seria. Além de manter as coisas em movimento, fazendo contratações e garantindo que eu estivesse preparada para reuniões e coletivas de imprensa, ela ajudava a administrar uma burocracia complexa e a liderar iniciativas importantes em meu nome como consultora jurídica e política. Eu não poderia ter pedido um membro melhor da equipe.

Durante esses anos, passamos muito tempo juntas. Continuamos nos falando desde nosso tempo no gabinete da Procuradoria-Geral. Às vezes, sobre os casos que ela trabalha. Às vezes, sobre mudanças na carreira que ela estava considerando fazer. Uma vez, sobre uma receita de um caldo de galinha realmente incrível.

Venus foi parte da inspiração para um discurso que costumo fazer, especialmente diante de grupos de mulheres jovens. Gosto de induzi-las ao que chamo de Clube de Modelos.

Digo a elas que, qualquer que seja a profissão que escolham, precisam continuar erguendo as mãos, para compartilhar — e receber o crédito por — suas boas ideias e saber que elas merecem subir tão alto quanto ousarem escalar. Também digo que, quando veem outros necessitados, devem fazer o possível para ajudá-los.

Digo a elas que às vezes as integrantes do Clube de Modelos podem se sentir sozinhas. Às vezes, podem pensar: *Preciso carregar este fardo sozinha?* O fato é que elas se verão em ambientes onde ninguém mais se parece com elas. E romper barreiras pode ser assustador. Quando quebramos um teto de vidro, nos cortamos e dói. Esse processo não é livre de dor. Mas peço que olhem umas para as outras e guardem aquela imagem em suas mentes, seus corações e suas almas. Digo-lhes que se lembrem de que nunca estão naqueles ambientes sozinhas, que estamos todas lá com elas, torcendo por elas. E então, quando se levantam, quando falam, quando expressam seus pensamentos e seus sentimentos, elas devem saber que estamos bem ali naquele ambiente com elas, e nós as protegemos. Sei que Venus sempre faz isso por mim.

Vi muita coisa em meus anos de serviço público. E tudo o que aprendi não pode ser resumido. Mas cheguei aqui com a firme convicção de que as pessoas são fundamentalmente boas. E que, se tiverem oportunidade, de modo geral estenderão a mão para ajudar o próximo.

Pela história e com a experiência, aprendi que nem todo progresso é gradual ou linear. Às vezes, simplesmente vai de um platô a outro. Às vezes, recuamos tragicamente. Às vezes, avançamos e alcançamos coisas além do que pensávamos ser possível. Acredito que nosso trabalho é fornecer a força de propulsão que nos levará a um plano superior.

Ainda temos de alcançar essa união perfeita. Ao lado das grandes conquistas da experiência americana, existe uma história sombria com a qual temos que lidar no presente. Diante de fortes ventos contrários, é fácil nos cansarmos. Ficarmos sobrecarregados. Mas não podemos desistir. O início de nossa derrocada ocorre quando paramos de almejar.

Deixe-me dizer uma última verdade: apesar de todas as nossas diferenças, todas as batalhas, todas as lutas, ainda somos uma família americana e devemos agir como tal. Temos muito mais em comum do que aquilo que nos separa. Precisamos pintar um quadro do futuro em que todos possam se ver e todos sejam vistos. Um retrato vibrante de um país vibrante, onde todos são tratados com igual dignidade e cada um de nós tem a oportunidade de aproveitar ao máximo a própria vida. Essa é a visão pela qual vale a pena lutar, nascida do amor pelos Estados Unidos.

É uma luta antiga. E o que sabemos sobre isso é: as vitórias ganhas podem ser perdidas na complacência. As batalhas perdidas podem ser vencidas com um novo esforço. Cada geração tem de se comprometer novamente com o trabalho, o esforço e o verdadeiro significado da palavra "patriota". Um patriota não é alguém que tolera a conduta de nosso país, faça o que fizer; é alguém que luta todos os dias pelos ideais do país, custe o que custar.

O que vi, especialmente desde que me tornei senadora dos Estados Unidos, é que essa luta também nasceu do otimismo. Vejo centenas de sonhadores caminhando pelos corredores do Capitólio que acreditam que, se forem ouvidos, podem fazer a diferença. E vão fazer. Vejo isso nos pais que viajaram de todo o país para Washington com seus filhos com deficiência para mostrar ao Congresso o rosto daqueles que perderiam a cobertura se a Affordable Care Act fosse revogada. Vejo isso nas mulheres que lutam todos os dias pelo direito de tomar decisões sobre o próprio corpo. Vejo isso nos sobreviventes de Parkland, que marcham, lutam e se organizam por leis de segurança com armas de fogo e alcançaram vitórias significativas, as quais lhes dizem que um futuro melhor é possível.

Quando viajo por nosso país, vejo esse otimismo nos olhos de crianças de cinco, sete e dez anos que têm um senso de propósito em fazer parte da luta. Vejo e sinto isso na energia das pessoas que encontro. Sim, as pessoas estão marchando. Sim, as pessoas estão gritando. Mas elas estão fazendo isso com otimismo. É por isso que levam seus bebês junto. É por isso que meus pais me levaram em um carrinho para as marchas pelos direitos civis. Porque, por mais avassaladoras que sejam as circunstâncias, essas pessoas acreditam, assim como eu, que um futuro melhor é possível para todos nós.

O desafio diário que proponho a mim mesma é ser parte da solução, ser uma guerreira alegre na batalha que está por vir. Desafio você a se juntar a esse esforço. Para defender nossos ideais e nossos valores. Não vamos levantar as mãos em rendição quando a hora é de arregaçar as mangas. Não agora. Não amanhã. Nunca.

Daqui a alguns anos, nossos filhos e netos olharão para nós. Eles vão nos perguntar onde estávamos quando tanta coisa estava em jogo. Vão nos perguntar como foi. Não quero que apenas digamos como nos sentimos. Quero que digamos a eles o que fizemos.

# Agradecimentos

Quando me sentei para escrever sobre minha vida, não esperava que o processo se tornasse ele próprio uma experiência de vida. Durante um dos anos mais tumultuados da memória recente, minhas semanas começavam cedo e terminavam tarde, e eu passava a maior parte dos fins de semana trabalhando neste livro: relembrando as experiências profissionais que me levaram a ele, revisitando a infância que moldou minha forma de pensar e refletindo sobre o que esse ponto de inflexão representa. Escrever este livro reforçou para mim o que me atraiu para o serviço público e pelo que sempre valerá a pena lutar, e sou muito grata a todos em minha vida que me ajudaram ao longo do caminho. Há muitos de vocês a quem agradecer.

Em primeiro lugar, quero agradecer ao povo da Califórnia, que tenho a honra de representar. Obrigada por acreditar em um futuro melhor para nosso estado e nossa nação e por trabalhar tão duro para torná-lo assim. Obrigada por acreditar em mim, por depositar sua confiança em mim todos esses anos. Quero que saibam que me esforço muito para merecê-la todos os dias. E quero agradecer especialmente às pessoas que me escreveram cartas e me deixaram compartilhar trechos neste livro. Suas histórias são importantes.

Também quero agradecer à minha extraordinária equipe do Senado, em Washington e na Califórnia, pelo trabalho crucial que realiza todos os dias em nome do povo norte-americano. Sou muito grata por seu senso de propósito e sua dedicação. Sei que esse trabalho é pessoal para cada um de vocês. Em particular, quero agradecer a Tyrone Gale, que começou comigo como meu secretário de imprensa no primeiro dia no Senado e a quem perdemos recentemente para o câncer. Tyrone é insubstituível. Ele era um talento excepcional e uma pessoa extraordinária: gentil, caloroso, generoso e profundamente comprometido com o serviço público. Quem o conheceu levará sua memória adiante e tentará a cada dia seguir o exemplo que ele deixou.

Como tudo em minha vida, este livro não teria sido possível sem o amor, o apoio e a ajuda da família. Doug, obrigada por seus conselhos, incentivo e opiniões sobre este projeto. Cole e Ella, vocês são uma fonte infinita de amor e pura alegria. Ver vocês desbravarem o mundo, escolhendo os próprios caminhos, me traz muito orgulho, todos os dias, de ser sua Momala.

Maya, escrever este livro foi como reviver nossa infância. A lista de coisas pelas quais devo lhe agradecer é longa demais para estas páginas. Então, deixe-me simplesmente agradecer pelas contribuições e ideias que você ofereceu ao longo desse processo. Agradeço também por me dar Tony, que é como um irmão para mim, e por Meena. Meena, eu me lembro de você com dois anos de idade, andando pela casa, literalmente seguindo meus passos. Agora você é uma líder por mérito próprio, que traçou um caminho importante e cujos conselhos eu prezo. Agradeço por tudo, especialmente por minhas sobrinhas bebês, Amara e Leela, e o maravilhoso pai delas, Nik.

Agradeço a meu pai, que, quando eu era uma menina, me incentivou a ser destemida. Agradeço a Chittis, Sarala e Chinni e ao meu tio Balu, pelo amor que vocês compartilham comigo através de grandes distâncias. Agradeço a tia Lenore por ser uma parte tão importante da minha vida e ao tio Aubrey por compartilhar memórias daqueles primeiros dias durante o processo de escrita. E agradeço a Mimi e Denise por sempre me incentivarem.

A Chrisette e Reggie, agradeço por me incentivarem a escrever este livro no estágio mais inicial. Mencionei muitos de meus amigos pessoais mais queridos neste livro e poderia ter escrito muito mais sobre as experiências que compartilhamos. Basta dizer que sou muito grata a Amy, Chrisette, Lo, Stacey, Vanessa e a todo mundo (gente demais para mencionar aqui) com quem tive a bênção de percorrer esta jornada da vida. Quando as pessoas me perguntam o segredo da vida, digo que é ter bons amigos que se tornam sua família. Isso é o que todos vocês têm sido para mim e o que venho tentando ser para vocês. E obrigada por todos os afilhados que vocês colocaram na minha vida.

Este livro não teria sido possível sem o apoio da minha família estendida também: funcionários e ex-funcionários que estiveram ao meu lado ao longo dos anos.

Agradeço a meus conselheiros de longa data, Ace Smith, Sean Clegg e Juan Rodriguez, por sempre estarem presentes e por suas percepções e perspectivas ao longo dos anos.

Sou profundamente grata à minha ex-equipe dos meus dias como procuradora-geral e promotora pública. Todos vocês realizaram muitas coisas maravilhosas, mas continuaram como parte da família. Há muitas pessoas a quem sou grata. Agradecimentos especiais a Venus Johnson, Debbie Mesloh, Brian Nelson, Lateefah Simon, Dan Suvor, Michael Troncoso e outros por toda a ajuda neste projeto. E agradeço ainda a Josie Duffy Rice, que é como uma sobrinha para mim, por seus comentários e sugestões sobre o manuscrito. Tenho muito respeito por sua forma de ver as coisas e por suas percepções. Também quero agradecer a John Pérez, a quem ainda me refiro como Sr. Porta-Voz, bem como a Marc Elias por seus sábios conselhos.

Claro, nada disso seria possível sem a equipe extraordinária da Penguin, liderada por Scott Moyers. Scott, você foi o melhor editor que uma pessoa poderia ter pedido, e eu sempre serei grata a você por compreender a visão do livro que eu queria escrever. Agradeço à Creative Artists Agency, em particular a Mollie Glick, David Larabell, Craig Gering, Michelle Kydd Lee e Ryder White, por todo o trabalho que tiveram para fazer isso acontecer.

Quero agradecer aos meus colaboradores Vinca LaFleur e Dylan Loewe pelo compromisso, pela compaixão e, sim, pela paciência. Vocês tornaram esse processo uma alegria.

E um grande agradecimento à equipe de pesquisa e verificação de fatos deles: Brian Agler, Zach Hindin, Steven Kelly, Machmud Makhmudov, Maggie Mallon e Raul Quintana. E obrigada a Dorothy Hearst por nosso importante trabalho inicial juntas neste projeto.

Por fim, quero agradecer a todas as pessoas que amo e que não estão mais entre nós. Não sei que tipo de distribuição de livros a Penguin tem no céu, mas, tia Mary, tio Freddy, tio Sherman, sr. e sra. Shelton, tia Chris, tia Bea, Henry Ramsey, Jim Rivaldo, sra. Wilson e meus avós: este livro é uma homenagem a quanto vocês significaram para mim, quanto minha vida foi moldada por vocês, quanto vocês foram importantes.

Mamãe, você é a estrela deste livro, porque foi a razão de tudo. Já se passaram quase dez anos desde que perdemos você, e sinto muito a sua falta. Ainda é difícil aceitar a vida sem você. Mas acredito que você está olhando para nós aqui embaixo. Quando empaco diante de uma decisão difícil, pergunto: "O que mamãe diria?" E, dessa forma, você está aqui. Espero sinceramente que este livro ajude aqueles que não a conheceram a entender o tipo de pessoa que você era. O que significava ser Shyamala Harris. E o que significa ser filha dela.

# Notas

## PREFÁCIO

1 Phil Willon, "Kamala Harris Breaks a Color Barrier with Her U.S. Senate Win", *Los Angeles Times*, nov. 2016. Disponível em: <www.latimes.com/politics/la-pol-ca-senate-race-kamala-harris-wins-20161108-story.html>.

2 Thurgood Marshall, "The Meaning of Liberty", discurso feito pela conquista do Liberty Award, 4 jul. 1992. Disponível em: <www.naacpldf.org/press-release/thurgood-marshalls-stirring-acceptance-speech-after-receiving-the-prestigious-liberty-award-on-july-4-1992>.

## CAPÍTULO UM: EM NOME DO POVO

1 Donna Murch, "The Campus and the Street: Race, Migration, and the Origins of the Black Panther Party in Oakland, CA", *Souls 9*, nº 4, dez. 2007, pp. 333-45. Disponível em: <https://doi.org/10.1080/10999940701703794>.

2 Martha Biondi, *The Black Revolution on Campus* (Berkeley: University of California Press, 2012), p. 47.

3 Richard Ramella, "The Rainbow Sign Can Use Some Help", *Berkeley Gazette*, 18 abr. 1975, p. 14.

4   Scott Duke Harris, "In Search of Elusive Justice", *Los Angeles Times Magazine*, 24 out. 2004. Disponível em: <http://articles.latimes.com/2004/oct/24/magazine/tm-kamala43>.
5   Idem.

## CAPÍTULO DOIS: UMA VOZ PELA JUSTIÇA

1   *Pollution, Health, Environmental Racism and Injustice: A Toxic Inventory of Bayview Hunters Point, San Francisco* (São Francisco: Hunters Point Mothers Environmental Health and Justice Committee, Huntersview Tenants Association, and Greenaction for Health & Environmental Justice, 2012). Disponível em: <http://greenaction.org/wp-content/uploads/2012/08/TheStateoftheEnvironment090204Final.pdf>.
2   A Bill to Clarify the Rights of All Persons Who Are Held or Detained at a Port of Entry or at Any Detention Facility Overseen by U.S. Customs and Border Protection or U.S. Immigration and Customs Enforcement, S. 349, 115th Cong. (2017-2018). Disponível em: <https://www.congress.gov/bill/115th-congress/senate-bill/349>.
3   Nicolas Fandos, "A Study Documents the Paucity of Black Elected Prosecutors: Zero in Most States", *The New York Times*, 7 jul. 2015. Disponível em: <www.nytimes.com/2015/07/07/us/a-study-documents-the-paucity-of-black-elected-prosecutors-zero-in-most-states.html>.
4   The University of London, Institute of Criminal Policy Research, *World Prison Brief*. Disponível em: <www.prisonstudies.org/highest-to-lowest/prison-population-total?field_region_taxonomy_tid=All>. Acesso em: 25 out. 2018.
5   Lee Romney, "Bill Would Fight Child Prostitution", *Los Angeles Times*, 5 set. 2004. Disponível em: <http://articles.latimes.com/2004/sep/05/local/me-child5>.
6   Kevin Cartwright, "Activist Awarded for Work with Troubled Youth", *The Crisis*, 111, nº 1 (jan./fev. 2004); p. 9. Disponível em: <https://books.google.com/books?id=Ice84BEC2yoC&pg=>.
7   Carolyn Jones, "Lateefah Simon: Youth Advocate Nominated as Visionary of the Year", *SFGate*, 5 jan. 2015. Disponível em: <www.sfgate.com/visionsf/article/Lateefah-Simon-Youth-advocate-nominated-as-5993578.php>.

8   "NRRC Facts and Trends", National Reentry Resource Center, Council of State Governments Justice Center. Disponível em: <https://csgjusticecenter.org/nrrc/facts-and-trends>.

9   Bob Egelko, "Judge Thelton Henderson Ending Long Career Rallying for Oppressed", *San Francisco Chronicle*, 15 jan. 2017. Disponível em: <www.sfchronicle.com/bayarea/article/Judge-Thelton-Henderson-ending-long-career-10859424.php>; Associated Press, "Judge Thelton Henderson, Lawyer Fired for Loaning MLK a Car, Retiring", *Al.com*, 20 jan. 2017. Disponível em: <www.al.com/news/birmingham/index.ssf/2017/01/judge_thelton_henderson_lawyer.html>; e Jenifer Warren, "Judge Is No Stranger to Controversy", *Los Angeles Times*, 16 dez. 1996. Disponível em: <http://articles.latimes.com/1996-12-16/news/mn-9670_1_federal-judges>.

10  U.S. Department of Justice, Office of Justice Programs, *Back on Track: A Problem-Solving Reentry Court*, de Jacquelyn L. Rivers e Lenore Anderson, FS 00316 (Washington, D.C., set. 2009). Disponível em: <www.bja.gov/Publications/backontrackfs.pdf>.

11  Board of Governors of the Federal Reserve System, Survey of Consumer Finances, 2016 (Washington, D.C., 2016). Disponível em: <www.federalreserve.gov/econres/scfindex.htm>.

12  Nick Pinto, "The Bail Trap", *The New York Times Magazine*, 13 ago. 2015. Disponível em: <www.nytimes.com/2015/08/16/magazine/the-bail-trap.html>.

13  Kamala Harris e Rand Paul, "To Shrink Jails, Let's Reform Bail", op-ed, *The New York Times*, 20 jul. 2017. Disponível em: <www.nytimes.com/2017/07/20/opinion/kamala-harris-and-rand-paul-lets-reform-bail.html>.

14  Christopher Ingraham, "More People Were Arrested Last Year over Pot Than for Murder, Rape, Aggravated Assault and Robbery — Combined", *Wonkblog, The Washington Post*, 26 set. 2017. Disponível em: <www.washingtonpost.com/news/wonk/wp/2017/09/26/more-people-were-arrested-last-year-over-pot-than-for-murder-rape-aggravated-assault-and-robbery-combined>.

15  "Marijuana Arrests by the Numbers", ACLU. Disponível em: <www.aclu.org/gallery/marijuana-arrests-numbers>.

16  John Annese, "NYPD Ripped for 'Racially Biased Practices' After Stats Show Cops Still Targeting Minorities for Pot Arrests", *New York Daily News*, 27

abr. 2018. Disponível em: <www.nydailynews.com/new-york/nyc-crime/nypd-targeting-minorities-marijuana-arrests-2018-article-1.3957719>.

17  *33 States Reform Criminal Justice Policies Through Justice Reinvestment* (Filadélfia: Pew Charitable Trusts, nov. 2016). Disponível em: <www.pewtrusts.org/-/media/assets/2017/08/33_states_reform_criminal_justice_policies_through_justice_reinvestment.pdf>.

18  Chris Mai e Ram Subramanian, *The Price of Prisons: Examining State Spending Trends, 2010–2015* (Nova York: Vera Institute of Justice, maio 2017). Disponível em: <www.vera.org/publications/price-of-prisons-2015-state-spending-trends>.

19  Jim Salter, "Missouri Report: Blacks 85 Percent More Likely to Be Stopped", AP News, 1º jul. 2018. Disponível em: <https://apnews.com/58d9ad846ef14b93915ee26d3cf4663e>.

20  C.K., "Black Boys Are the Least Likely of Any Group to Escape Poverty", *The Economist*, 2 abr. 2018. Disponível em: <www.economist.com/democracy-in-america/2018/04/03/black-boys-are-the-least-likely-of-any-group-to-escape-poverty>.

21  Idem.

22  Janelle Jones, John Schmitt e Valerie Wilson, *50 Years After the Kerner Commission* (Washington, D.C.: Economic Policy Institute, 26 fev. 2018). Disponível em: <www.epi.org/publication/50-years-after-the-kerner-commission>.

23  American Civil Liberties Union, "Written Submission of the American Civil Liberties Union on Racial Disparities in Sentencing Hearing on Reports of Racism in the Justice System of the United States", enviado à Comissão Interamericana de Direitos Humanos, 153ª Sessão, 27 out. 2014. Disponível em: <www.aclu.org/sites/default/files/assets/141027_iachr_racial_disparities_aclu_submission_0.pdf>.

## CAPÍTULO TRÊS: AFUNDAR DE VEZ

1  Wallace Smith, *Garden of the Sun: A History of the San Joaquin Valley, 1772-1939*, org. William B. Secrest Jr., 2ª ed. (Fresno, CA: Craven Street Books, 2004).

2  Michael B. Teitz, Charles Dietzel e William Fulton, *Urban Development Futures in the San Joaquin Valley* (São Francisco: Public Policy Institute

of California, 2005), 18. Disponível em: <www.ppic.org/content/pubs/report/R_205MTR.pdf>.

3   Bonhia Lee, "Emerging from the Bust. Fresno Housing Market Is Healthiest Nationwide", *Fresno Bee*, 5 jan. 2016. Disponível em: <www.fresnobee.com/news/business/article53168660.html>.

4   U.S. Bureau of Labor Statistics, *Unemployment Rate in Fresno*, CA (MSA), retirado de FRED, Federal Reserve Bank of St. Louis. Disponível em: <https://fred.stlouisfed.org/series/FRES406UR>.

5   Alana Semuels, "The Never-Ending Foreclosure", *The Atlantic*, 1º dez. 2017. Disponível em: <www.theatlantic.com/business/archive/2017/12/the-neverending-foreclosure/547181>.

6   "Hidden Victims of Mortgage Crisis: Pets", NBC News, 29 jan. 2008. Disponível em: <www.nbcnews.com/id/22900994/ns/business-real_estate/t/hidden-victims-mortgage-crisis-pets/#.W2dfby2ZOEI>; e Linton Weeks, "The Recession and Pets: Hard Times for Snoopy", *All Things Considered*, NPR, 6 abr. 2009. Disponível em: <www.npr.org/templates/story/story.php?storyId=102238430>.

7   "2010's Record-Breaking Foreclosure Crisis: By the Numbers", *The Week*, 14 jan. 2011. Disponível em: <https://theweek.com/articles/488017/2010s-recordbreaking-foreclosure-crisis-by-numbers>.

8   Idem.

9   "'Robo-Signers' Add to Foreclosure Fraud Mess", NBC News, 13 out. 2010, <www.nbcnews.com/id/39641329/ns/business-real_estate/t/robo-signees-add-foreclosure-fraud-mess>.

10  ProsperitasMember, "Pundits Explain Why Kamala Will Never Win (Oops)", vídeo do YouTube, publicado em 7 dez. 2010. (3m00s). Disponível em: <www.youtube.com/watch?v=1HemG2iLkTY>.

11  Jon Brooks, "Video: Steve Cooley Prematurely Declares Victory Last Night", KQED News, 3 nov. 2010. Disponível em: <www.kqed.org/news/4195/video-steve-cooley-prematurely-declares-victory-last-night>.

12  Jack Leonard, "Kamala Harris Wins Attorney General's Race as Steve Cooley Concedes [Updated]", *Los Angeles Times*, 24 nov. 2010. Disponível em: <http://latimesblogs.latimes.com/lanow/2010/11/Steve-cooley-kamala-harris-attorney-general.html>

13  CBS News, "The Next Housing Shock", *60 Minutes*, vídeo do YouTube, publicado em 3 abr. 2011. (14m06s). Disponível em: <www.youtube.com/watch?v=QwrO6jhtC5E>.

14 Ryan Chittum, "*60 Minutes* with a Good Look at the Foreclosure Scandal", *Columbia Journalism Review*, 5 abr. 2011. Disponível em: <https://archives.cjr.org/the_audit/60_minutes_with_a_good_look_at.php>; e CBS News, "The Next Housing Shock".

15 Departamento de Justiça da Califórnia, "Attorney General Kamala D. Harris Convenes Roundtable with Foreclosure Victims", vídeo do YouTube, publicado em 22 nov. 2011. (15m59s). Disponível em: <www.youtube.com/watch?v=QbycqFzva5Q>.

16 Douglas J. Elliott, "The Federal Role in Housing Finance: Principal Issues and Policy Proposals", em *The Future of Housing Finance: Restructuring the U.S. Residential Mortgage Market*, org. Martin Neil Baily (Washington, D.C.: Brookings Institution Press, 2011). Disponível em: <www.brookings.edu/wp-content/uploads/2016/07/Thefutureofhousingfinance_chapter.pdf>.

17 Departamento de Justiça do Estado da Califórnia, Gabinete da Procuradoria-Geral, "Attorneys General of California and Nevada Announce Mortgage Investigation Alliance", comunicado de imprensa, 6 dez. 2011. Disponível em: <www.oag.ca.gov/news/press-releases/attorneys-general--california-and-nevada-announce-mortgage-investigation-alliance>.

18 Janis Bowdler, Roberto Quercia e David Andrew Smith, *The Foreclosure Generation: The Long-Term Impact of the Housing Crisis on Latino Children and Families* (Washington, D.C.: National Council of La Raza, 2010). Disponível em: <https://communitycapital.unc.edu/files/2010/02/Foreclosure-Generation.pdf>.

19 Aaron Reeves et al., "Increase in State Suicide Rates in the USA During Economic Recession", *The Lancet*, 380, nº 9.856 (24 nov. 2012), pp. 1813-1814. Disponível em: <www.thelancet.com/journals/lancet/article/PIIS0140-6736%2812%2961910-2/fulltext>.

20 Patrick Clark, "Most U.S. Homes Are Worth Less Than Before the Crash", Bloomberg, 3 maio 2017. Disponível em: <www.bloomberg.com/news/articles/2017-05-03/most-u-s-homes-are-worth-less-than-before-the-crash>.

21 Sarah Burd-Sharps e Rebecca Rasch, *Impact of the US Housing Crisis on the Racial Wealth Gap Across Generations* (Nova York: Social Research Council, jun. 2015). Disponível em: <www.aclu.org/files/field_document/discrimlend_final.pdf>.

22 Peter Rudegeair, Rachel Louise Ensign e Coulter Jones, "Big Banks Find a Back Door to Finance Subprime Loans", *The Wall Street Journal*, 10 abr.

2018. Disponível em: <www.wsj.com/articles/big-banks-find-a-backdoor-to-finance-subprime-loans-1523352601>.

## CAPÍTULO QUATRO: SINOS DE CASAMENTO

1   "Fed Court OKs Immediate Gay Marriages in California; SF Conducts 1st", KPIX CBS San Francisco, 28 jun. 2013. Disponível em: <http://sanfrancisco.cbslocal.com/2013/06/28/federal-court-oks-gay-marriage-to-resume-in-california-immediately>.
2   *Hollingsworth vs. Perry*, 558 U.S. 183 (2010), argumentação jurídica, 26 mar. 2013. Disponível em: <www.supremecourt.gov/oral_arguments/argument_transcripts/2012/12-144_5if6.pdf>.
3   Franklin D. Roosevelt, "Address on Constitution Day, Washington, D.C.", discurso feito em 17 set. 1937, American Presidency Project. Disponível em: <www.presidency.ucsb.edu/documents/address-constitution-day-washington-dc>.
4   Malia Wollan, "California Couples Line Up to Marry After Stay on Same-Sex Marriage Is Lifted", *The New York Times*, 29 jun. 2013. Disponível em: <www.nytimes.com/2013/06/30/us/california-couples-line-up-to-marry-after-stay-on-same-sex-marriage-is-lifted.html>.
5   Jill Tucker, "Pressuring Parents Helps S.F. Slash Truancy 23%", *SFGate*, 9 jun. 2009. Disponível em: <www.sfgate.com/news/article/Pressuring-parents-helps-S-F-slash-truancy-23-3228481.php>.
6   Departamento de Justiça do Estado da Califórnia, Gabinete da Procuradoria-Geral, "Report on California Elementary School Truancy Crisis: One Million Truant Students, Billions in Economic Harm", comunicado de imprensa, 30 set. 2013. Disponível em: <https://oag.ca.gov/news/press-releases/report-california-elementary-school-truancy-crisis-one-million-truant-students>.

## CAPÍTULO CINCO: VAMOS LUTAR

1   Farhad Manjoo, "Why Silicon Valley Wouldn't Work Without Immigrants", *The New York Times*, fev. 2017. Disponível em: <www.nytimes.

com/2017/02/08/technology/personaltech/why-silicon-valley-wouldnt-work-without-immigrants.html>.

2 Phil Willow, "Newly Elected Kamala Harris Vows to Defy Trump on Immigration", *Los Angeles Times*, nov. 2016. Disponível em: <www.latimes.com/politics/la-pol-ca-senate-kamala-harris-trump-20161110--story.html>.

3 Leila Schochet, "Trump's Immigration Policies Are Harming American Children", Center for American Progress, jul. 2017. Disponível em: <www.americanprogress.org/issues/early-childhood/reports/2017/07/31/436377/trumps-immigration-policies-harming-american-children>.

4 Randy Capps et al., *Implications of Immigration Enforcement Activities for the Well-Being of Children in Immigrant Families: A Review of the Literature* (Washington: Urban Institute and Migration Policy Institute, 2015). Disponível em: <www.urban.org/sites/default/files/alfresco/publication-exhibits/2000405/2000405-Implications-of-Immigration-Enforcement-Activities-for-the-Well-Being-of-Children-in-Immigrant-Families.pdf>; e Seline Szkupinski Quiroga; Dulce M. Medina; e Jennifer Glick, "In the Belly of the Beast: Effects of Anti-Immigration Policy on Latino Community Members", *American Behavioral Scientist*, vol. 58, nº 13. jun. 2014, pp. 1723-42. Disponível em: <https://doi.org/10.1177/0002764214537270>.

5 Leila Schochet, "Trump's Immigration Policies".

6 Caroline Scown, "Countering the Effects of Trump's Immigration Policies in Schools", Center for American Progress, 3 maio 2018. Disponível em: <www.americanprogress.org/issues/education-k-12/news/2018/05/03/450274/countering-effects-trumps-immigration-policies-schools>.

7 Idem.

8 Leila Schochet, "Trump's Attack on Immigrants Is Breaking the Backbone of America's Child Care System", Center for American Progress, 5 fev. 2018. Disponível em: <www.americanprogress.org/issues/early-childhood/news/2018/02/05/445676/trumps-attack-immigrants--breaking-backbone-americas-child-care-system>.

9 Idem.

10 Idem.

## CAPÍTULO SEIS: SOMOS MELHORES DO QUE ISSO

1. Sankar Raman, "A Cardiac Scientist with Heart", The Immigrant Story, 10 jul. 2017. Disponível em: <http://theimmigrantstory.org/scientist>.
2. Zoe Henry, "800,000 Workers, $460 Billion in Economic Output, Dozens of Entrepreneurs: What the U.S. Loses if DACA Goes Away", *Inc.*, 5 mar. 2018. Disponível em: <www.inc.com/zoe-henry/dreamer-entrepreneurs-respond-to-daca-uncertainty.html>.
3. Rocio Cara Labrador e Danielle Renwick, "Central America's Turbulent Northern Triangle", Council on Foreign Relations, 26 jun. 2018. Disponível em: <www.cfr.org/backgrounder/central-americas-turbulent-northern-triangle>.
4. Labrador e Renwick, "Violent Northern Triangle".
5. Idem.
6. "Special Rapporteur on Violence Against Women Finalizes Country Mission to Honduras and Calls for Urgent Action to Address the Culture of Impunity for Crimes Against Women and Girls", Office of the United Nations High Commissioner for Human Rights. Disponível em: <www.ohchr.org/EN/NewsEvents/Pages/DisplayNews.aspx?NewsID=14833>.
7. Sonia Nazario, "The Children of the Drug Wars", *The New York Times*, 11 jul. 2014. Disponível em: <www.nytimes.com/2014/07/13/opinion/sunday/a-refugee-crisis-not-an-immigration-crisis.html>.
8. Labrador e Renwick, "Violent Northern Triangle".
9. *Continued Rise in Asylum Denial Rates: Impact of Representation and Nationality*, Transactional Records Access Clearinghouse (TRAC) na Universidade de Siracusa, 13 dez. 2016. Disponível em: <http://trac.syr.edu/immigration/reports/448>.
10. Labrador e Renwick, "Violent Northern Triangle".
11. Anneliese Hermann, *Asylum in the Trump Era* (Washington, D.C.: Center for American Progress, 13 jun. 2018). Disponível em: <www.americanprogress.org/issues/immigration/reports/2018/06/13/452025/asylum-trump-era>.
12. Caitlin Dickerson, "Hundreds of Immigrant Children Have Been Taken from Parents at U.S. Border", *The New York Times*, 20 abr. 2018. Disponível em: <www.nytimes.com/2018/04/20/us/immigrant-children-separation-ice.html>.

13. Colleen Kraft, "AAP Statement Opposing Separation of Children and Parents at the Border", American Academy of Pediatrics, 8 maio 2018. Disponível em: <https://docs.house.gov/meetings/IF/IF14/20180719/108572/HHRG-115-IF14-20180719-SD004.pdf>.
14. Julie Zauzmer e Keith McMillan, "Sessions Cites Bible Passage Used to Defend Slavery in Defense of Separating Immigrant Families", *The Washington Post*, 15 jun. 2018. Disponível em: <www.washingtonpost.com/news/acts-of-faith/wp/2018/06/14/jeff-sessions-points-to-the-bible-in-defense-of-separating-immigrant-families>.
15. Katie Benner e Caitlin Dickerson, "Sessions Says Domestic and Gang Violence Are Not Grounds for Asylum", *The New York Times*, 11 jun. 2018. Disponível em: <www.nytimes.com/2018/06/11/us/politics/sessions-domestic-violence-asylum.html>.
16. Kamala D. Harris, "At Hearing on Family Separations, Harris Blasts Immoral Separations and Inhumane Detention of Pregnant Women", comunicado de imprensa, 31 jul. 2018. Disponível em: <www.harris.senate.gov/news/press-releases/at-hearing-on-family-separations-harris-blasts-immoral-separations-and-inhumane-detention-of-pregnant-women>.
17. Caitlin Dickerson, "Trump Administration in Chaotic Scramble to Reunify Migrant Families", *The New York Times*, 5 jul. 2018. Disponível em: <www.nytimes.com/2018/07/05/us/migrant-children-chaos-family-separation.html>.
18. "Sen. Kamala Harris Visits Otay Mesa Detention Center", NBC 7 San Diego, 22 jun. 2018. Disponível em: <www.nbcsandiego.com/on-air/as-seen-on/Sen_-Kamala-Harris-Visits-Otay-Mesa-Detention-Center_San-Diego-486286761.html>.
19. Brittny Mejia, "A 3-Year-Old Was Separated from His Father at the Border. Now His Parents Are Dealing with His Trauma", *Los Angeles Times*, jul. 2018. Disponível em: <www.latimes.com/local/lanow/la-me-ln-separation-trauma-20180627-story.html>.
20. Esmeralda Bermudez, "'I'm Here. I'm Here.' Father Reunited with Son amid Tears, Relief and Fear of What's Next", *Los Angeles Times*, 15 jul. 2018. Disponível em: <www.latimes.com/local/california/la-me-family-reunion-20180715-htmlstory.html>.
21. Lisa Desjardins, Joshua Barajas e Daniel Bush, "'My Son Is Not the Same': New Testimony Paints Bleak Picture of Family Separation", *PBS*

*NewsHour*, 5 jul. 2018 (informações atualizadas em 6 jul. 2018). Disponível em: <www.pbs.org/newshour/politics/my-son-is-not-the-same-new-testimony-paints-bleak-picture-of-family-separation>.

22 Idem.
23 Idem.
24 Eleanor O'Neil, "Immigration Issues: Public Opinion on Family Separation, DACA, and a Border Wall", blog AEIdeas, *American Enterprise Institute*, 21 jun. 2018. Disponível em: <www.aei.org/publication/immigration-issues-public-opinion-on-family-separation-daca-and-a-border-wall>.

## CAPÍTULO SETE: TODO CORPO

1 Linda Villarosa, "Why America's Black Mothers and Babies Are in Life-or-Death Crisis", *The New York Times Magazine*, 11 abr. 2018.
2 Dave A. Chokshi, "Income, Poverty, and Health Inequality", *Journal of the American Medical Association,* 319, nº 13 (2018), pp. 1312-1313. Disponível em: <https://jamanetwork.com/journals/jama/fullarticle/2677433>.
3 Jillian Rayfield, "McConnell at CPAC: Repeal Obamacare 'Root and Branch'", *Salon*, 15 mar. 2013. Disponível em: <www.salon.com/2013/03/15/mcconnell_at_cpac_repeal_obamacare_root_and_branch>.
4 Jack Gurdon, "Rand Paul: The Republican Frontrunner in Seven Quotes", *Telegraph*, 2 out. 2014. Disponível em: <www.telegraph.co.uk/news/worldnews/us-politics/11134793/Rand-Paul-the-Republican-frontrunner-in-seven-quotes.html>.
5 "25 Unforgettable Obamacare Quotes", *Politico*, 16 jul. 2013. Disponível em: <www.politico.com/gallery/2013/07/25-unforgettable-obamacare-quotes-001595?slide=11>.
6 "H.R. 1628, Obamacare Repeal Reconciliation Act of 2017", custo estimado e análise, Congressional Budget Office, 19 jun. 2017. Disponível em: <www.cbo.gov/publication/52939>.
7 U.S. Department of Health and Human Services, Office of Health Policy, *Health Insurance Coverage for Americans with Pre-Existing Conditions: The Impact of the Affordable Care Act* (Washington, D.C., 5 jan. 2017). Disponível em: <https://aspe.hhs.gov/system/files/pdf/255396/Pre-ExistingConditions.pdf>.

8 "How Prescription Drug Prices Compare Internationally", *The Wall Street Journal*, 1º dez. 2015. Disponível em: <https://graphics.wsj.com/table/GlobalDrug_1201>.

9 Rachel Bluth, "Should the U.S. Make It Easier to Import Prescription Drugs?", *PBS NewsHour*, 22 mar. 2017. Disponível em: <www.pbs.org/newshour/health/u-s-make-easier-import-prescription-drugs>.

10 "Public Opinion on Prescription Drugs and Their Prices", Henry J. Kaiser Family Foundation. Disponível em: <www.kff.org/slideshow/public-opinion-on-prescription-drugs-and-their-prices>.

11 Zack Struver, "Klobuchar Drug Importation Amendment Sees Votes Crossing the Aisle", Knowledge Ecology International, 13 jan. 2017. Disponível em: <www.keionline.org/23248>.

12 John Morgan, *A Bitter Pill: How Big Pharma Lobbies to Keep Prescription Drug Prices High* (Washington, D.C.: Citizens for Responsibility and Ethics in Washington, 2018). Disponível em: <www.citizensforethics.org/a-bitter-pill-how-big-pharma-lobbies-to-keep-prescription-drug-prices-high>.

13 Idem.

14 Idem.

15 Idem

16 Idem.

17 Jenny Gold e Sarah Kliff, "A Baby Was Treated with a Nap and a Bottle of Formula. His Parents Received an $18,000 Bill", *Vox*, 20 jul. 2018. Disponível em: <www.vox.com/2018/6/28/17506232/emergency-room-bill-fees-health-insurance-baby>.

18 Idem.

19 Sarah Kliff, "He Went to an In-Network Emergency Room. He Still Ended Up with a $7,924 Bill", *Vox*, 23 maio 2018. Disponível em: <www.vox.com/2018/5/23/17353284/emergency-room-doctor-out-of-network>.

20 "Depression Is on the Rise in the US, Especially Among Young Teens", *Science Daily*, 30 out. 2017. Disponível em: <www.sciencedaily.com/releases/2017/10/171030134631.htm>.

21 "Mental Health in America, Access to Care Data", Mental Health America. Disponível em: <www.mentalhealthamerica.net/issues/mental-health-america-access-care-data>.

22 New American Economy, "New Study Shows 60 Percent of U.S. Counties Without a Single Psychiatrist", release, 23 out. 2017. Disponível em:

&lt;www.newamericaneconomy.org/press-release/new-study-shows-60-per-cent-of-u-s-counties-without-a-single-psychiatrist&gt;.

23  Idem.

24  "The State of Mental Health in America", Mental Health America, 7 out. 2018. Disponível em: &lt;www.mentalhealthamerica.net/issues/state-mental-health-america&gt;.

25  U.S. Department of Health and Human Services, *Report of the Secretary's Task Force on Black and Minority Health*, vol. 1, Margaret M. Heckler (Washington, D.C., 1985). Disponível em: &lt;https://ia800501.us.archive.org/32/items/reportofsecretar00usde/reportofsecretar00usde.pdf&gt;.

26  Robin L. Kelly, *2015 Kelly Report: Health Disparities in America* (Washington, D.C.: Office of Congresswoman Robin L. Kelly, IL-02, 2015), 11. Disponível em: &lt;https://robinkelly.house.gov/sites/robinkelly.house.gov/files/2015%20Kelly%20Report_0.pdf&gt;.

27  Olga Khazan, "Being Black in America Can Be Hazardous to Your Health", *The Atlantic*, jul./ago. 2018. Disponível em: &lt;www.theatlantic.com/magazine/archive/2018/07/being-black-in-america-can-be-hazardous-to-your-health/561740&gt;.

28  Villarosa, "Why America's Black Mothers and Babies".

29  Do Heckler Report: "Moreover, in 1981, Blacks suffered 20 infant deaths per 1,000 live births, still twice the White level of 10.5, but similar to the White rate of 1960." U.S. Department of Health and Human Services, *Black and Minority Health*, 2; "Infant Mortality", Centers for Disease Control and Prevention. Disponível em: &lt;www.cdc.gov/reproductivehealth/maternalinfanthealth/infantmortality.htm&gt;.

30  Villarosa, "America's Black Mothers and Babies".

31  New York City Department of Health and Mental Hygiene, *Severe Maternal Morbidity in New York City, 2008-2012* (Nova York, 2017). Disponível em: &lt;www1.nyc.gov/assets/doh/downloads/pdf/data/maternal-morbidity-report-08-12.pdf&gt;; e Nina Martin e Renee Montagne, "Black Mothers Keep Dying After Giving Birth. Shalon Irving's Story Explains Why", *All Things Considered*, NPR, 7 dez. 2017. Disponível em: &lt;www.npr.org/2017/12/07/568948782/Black-mothers-keep-dying-after-giving-birth-shalon-irvings-story-explains-why&gt;.

32  David Bornstein, "Treating the Lifelong Harm of Childhood Trauma", *The New York Times*, 30 jan. 2018. Disponível em: &lt;www.nytimes.com

/2018/01/30/opinion/treating-the-lifelong-harm-of-childhood-trauma.html>.

33  Khazan, "Being Black in America".
34  Idem.
35  Robert Pearl, "Why Health Care Is Different if You're Black, Latino or Poor", *Forbes*, 5 mar. 2015. Disponível em: <www.forbes.com/sites/robertpearl/2015/03/05/healthcare-black-latino-poor/#-650c70d37869>.
36  Quinn Capers IV, "To Reduce Health-Care Disparities We Must Address Biases in Medical School Admissions", *The Hill*, 14 abr. 2018. Disponível em: <https://thehill.com/opinion/healthcare/383154-to-reduce-health-care-disparities-we-must-address-biases-in-medical-school>.
37  Pearl, "Why Health Care Is Different".
38  Villarosa, "America's Black Mothers and Babies".
39  Rob Haskell, "Serena Williams on Motherhood, Marriage, and Making Her Comeback", *Vogue*, 10 jan. 2018. Disponível em: <www.vogue.com/article/serena-williams-vogue-cover-interview-february-2018>.
40  Idem.
41  April Dembosky, "Training Doctors to Spot Their Own Racial Biases", CNN, 7 set. 2015. Disponível em: <www.cnn.com/2015/09/07/health/healthcare-racial-bias/index.html>.
42  "Diversity in the Physician Workforce: Facts & Figures 2014", Association of American Medical Colleges, 2014. Disponível em: <www.aamcdiversityfactsandfigures.org>.
43  "End Stage Renal Disease in the United States", National Kidney Foundation, estudo atualizado em jan. 2016. Disponível em: <www.kidney.org/news/newsroom/factsheets/End-Stage-Renal-Disease-in-the-US>.
44  "Low Income Linked to Higher Levels of Kidney Disease Among African Americans", National Kidney Foundation, 5 nov. 2012. Disponível em: <www.kidney.org/news/newsroom/nr/Low-Income-Linked-to-Higher-Levels-of-Kidney-Disease>.
45  Andrew Pollack, "Dialysis Equipment Maker Settles Lawsuit for $250 Million", *The New York Times*, 18 fev. 2016. Disponível em: <www.nytimes.com/2016/02/19/business/dialysis-equipment-maker-settles-lawsuit-for-250-million.html>.

46 U.S. Department of Justice, "DaVita to Pay $350 Million to Resolve Allegations of Illegal Kickbacks", comunicado de imprensa, 22 out. 2014. Disponível em: <www.justice.gov/opa/pr/davita-pay-350-million-resolve-allegations-illegal-kickbacks>.

47 Melanie Saltzman, "Ohio Sues Big Pharma over Increase in Opioid-Related Deaths", *PBS NewsHour*, 7 out. 2017. Disponível em: <www.pbs.org/newshour/show/ohio-sues-big-pharma-increase-opioid-related-deaths>.

48 Joel Achenbach, "No Longer 'Mayberry': A Small Ohio City Fights an Epidemic of Self-Destruction", *The Washington Post*, 29 dez. 2016. Disponível em: <www.washingtonpost.com/national/health-science/no-longer-mayberry-a-small-ohio-city-fights-an-epidemic-of-self-destruction/2016/12/29/a95076f2-9a01-11e6-b3c9-f662adaa0048_story.html>.

49 "Fentanyl and Related Drugs like Carfentanil as Well as Cocaine Drove Increase in Overdose Deaths", in Ohio Department of Health, *2016 Ohio Drug Overdose Data: General Findings* (Columbus, 2016). Disponível em: <https://wraparoundohio.org/wp-content/uploads/2017/09/2016-Ohio-Drug-Overdose-Report.pdf>.

50 Achenbach, "No Longer 'Mayberry'".

51 Idem.

52 Idem.

53 Paula Seligson e Tim Reid, "Unbudgeted: How the Opioid Crisis Is Blowing a Hole in Small-Town America's Finances", Reuters, 27 set. 2017. Disponível em: <www.reuters.com/article/us-usa-opioids-budgets/unbudgeted-how-the-opioid-crisis-is-blowing-a-hole-in-small-town-americas-finances-idUSKCN1BU2LP>.

54 Idem.

55 Achenbach, "No Longer 'Mayberry'".

56 Julia Lurie, "A Brief, Blood-Boiling History of the Opioid Epidemic", *Mother Jones*, jan./fev. 2017. Disponível em: <www.motherjones.com/crime-justice/2017/12/a-brief-blood-boiling-history-of-the-opioid-epidemic>.

57 Idem.

58 Idem.

59 Keith Humphries, "How Legal Drug Companies Helped Revive the Heroin Trade", *Wonkblog, The Washington Post*, 15 jun. 2018. Disponí-

vel em: <www.washingtonpost.com/news/wonk/wp/2018/06/15/how-
-legal-drug-companies-helped-revive-the-heroin-trade>.
60  Karen Kaplan, "Opioid Overdose Deaths Are Still Rising in Nearly Every Segment of the Country, CDC Says", *Los Angeles Times*, 29 mar. 2018. Disponível em: <www.latimes.com/science/sciencenow/la-sci-sn-
-opioid-overdose-deaths-20180329-htmlstory.html>.
61  Scott Higham e Lenny Bernstein, "The Drug Industry's Triumph Over the DEA", *The Washington Post*, 15 out. 2017. Disponível em: <www.washingtonpost.com/graphics/2017/investigations/dea-drug-industry-
-congress/>.
62  German Lopez, "She Paid Nothing for Opioid Painkillers. Her Addiction Treatment Costs More Than $200 a Month", *Vox*, 4 jun. 2018. Disponível em: <www.vox.com/science-and-health/2018/6/4/17388756/opioid-epidemic-health-insurance-buprenorphine>.

## CAPÍTULO OITO: CUSTO DE VIDA

1  Steven Ross, Allison Graham e David Appleby, *At the River I Stand* (São Francisco: California Newsreel, 1993), filme documentário, 56 min. Disponível em: <search.alexanderstreet.com/preview/work/bibliographic_entity%7Cvideo_work%7C1858429>.
2  Martin Luther King Jr., "All Labor Has Dignity," King Series, org. Michael K. Honey (Boston: Beacon Press, 2011).
3  Idem.
4  Tanza Loudenback, "In 33 US States It Costs More to Send Your Kid to Childcare Than College", *Business Insider*, 12 out. 2016. Disponível em: <www.businessinsider.com/costs-of-childcare-in-33-us-states-is-higher-than-college-tuition-2016-10>.
5  Michelle Jamrisko e Ilan Kolet, "College Costs Surge 500% in U.S. Since 1985: Chart of the Day", Bloomberg, 26 ago. 2013. Disponível em: <www.bloomberg.com/news/articles/2013-08-26/college-costs-surge-
-500-in-u-s-since-1985-chart-of-the-day>.
6  Jenny Luna, "Buying a Home Is Nearly Impossible for Teachers in These Cities", *Mother Jones*, 4 fev. 2017. Disponível em: <www.motherjones.com/politics/2017/02/buying-house-nearly-impossible-teachers-these-
-cities-2>.

7   U.S. Department of Labor, Bureau of Labor Statistics, "Fastest Growing Occupations", *Occupational Outlook Handbook*, 13 abr. 2018. Disponível em: <www.bls.gov/ooh/fastest-growing.htm>.

8   Brandie Temple e Jasmine Tucker, *Equal Pay for Black Women*. Washington, D.C.: National Women's Law Center, jul. 2017. Disponível em: <nwlc.org/resources/equal-pay-for-black-women>.

9   Lawrence Mishel, Elise Gould e Josh Bivens, *Wage Stagnation in Nine Charts*. Washington, D.C.: Economic Policy Institute, 2015. Disponível em: <www.epi.org/publication/charting-wage-stagnation>.

10  Idem.

11  Diana Hembree, "CEO Pay Skyrockets to 361 Times That of the Average Worker", *Forbes*, 22 maio 2018. Disponível em: <www.forbes.com/sites/dianahembree/2018/05/22/ceo-pay-skyrockets to 361 times-that-of-the--average-worker>.

12  Christopher Ingraham, "The Richest 1 Percent Now Owns More of the Country's Wealth Than at Any Time in the Past 50 Years", *Wonkblog, The Washington Post*, 6 dez. 2017. Disponível em: <www.washingtonpost.com/news/wonk/wp/2017/12/06/the-richest-1-percent-now--owns-more-of-the-countrys-wealth-than-at-any-time-in-the-past--50-years/>.

13  Harriet Torrey, "Americans' Wealth Surpasses $100 Trillion", *The Wall Street Journal*, 7 jun. 2018. Disponível em: <www.wsj.com/articles/u-s--net-worth-surpasses-100-trillion-1528387386>.

14  Quentin Fottrell, "50 Million American Houscholds Can't Even Afford Basic Living Expenses", *MarketWatch*, 9 jun. 2018. Disponível em: <www.marketwatch.com/story/50-million-american-households-cant--afford-basic-living-expenses-2018-05-18#:~:text=Some%2050.8%20million%20households%20or,based%20in%20Cedar%20Knolls%2C%20N.J>.

15  Daniela Hernandez, "Seven Jobs Robots Will Create — or Expand", *The Wall Street Journal*. Disponível em: <www.wsj.com/articles/seven--jobs-robots-will-createor-expand-1525054021>.

16  James Manyika et al., *Jobs Lost, Jobs Gained: Workforce Transitions in a Time of Automation* (Washington, D.C.: McKinsey Global Institute, 2017).

17  Karen Harris, Austin Kimson e Andrew Schwedel, "Quick and Painful: Brace for Job Automation's Next Wave", Bain and Company, 7 mar.

2018. Disponível em: <www.bain.com/publications/articles/quick-and-painful-brace-for-job-automations-next-wave-labor-2030-snap-chart.aspx>.
18  Jeff Goodell, "Welcome to the Age of Climate Migration", *Rolling Stone*, 25 fev. 2018. Disponível em: <www.rollingstone.com/politics/politics-news/welcome-to-the-age-of-climate-migration-202221>.
19  Eileen Drage O'Reilly e Alison Snyder, "Where Climate Change Will Hit the U.S. Hardest", *Axios*, 29 jun. 2017. Disponível em: <www.axios.com/where-climate-change-will-hit-the-us-hardest-1513303282-6566eea4-6369-4588-88cc-c2886db20b70.html>.
20  Goodell, "Age of Climate Migration".

## CAPÍTULO NOVE: INTELIGÊNCIA NA SEGURANÇA

1  Andrea Elliott, "Sewage Spill during the Blackout Exposed a Lingering City Problem", *The New York Times*, ago. 2003. Disponível em: <www.nytimes.com/2003/08/28/nyregion/sewage-spill-during-the-blackout-exposed-a-lingering-city-problem.html>.
2  G. Brooke Anderson e Michelle L. Bell, "Lights Out: Impact of the August 2003 Power Outage on Mortality in New York, NY", *Epidemiology*, 23, nº 2, mar. 2012, pp. 189-93. Disponível em: <www.ncbi.nlm.nih.gov/pmc/articles/PMC3276729>.
3  Sherisse Pham, "How Much Has the US Lost from China's IP Theft?", *CNN Business*, 23 mar. 2018. Disponível em: <https://money.cnn.com/2018/03/23/technology/china-us-trump-tariffs-ip-theft/index.html>.
4  James Lewis, Economic Impact of Cybercrime — No Slowing Down, (Washington: Centro de Estudos Estratégicos e Internacionais e McAfee, fev. 2018). Disponível em: <www.mcafee.com/enterprise/en-us/assets/reports/restricted/economic-impact-cybercrime.pdf>.
5  Keith Alexander, "US Cybersecurity Policy and the Role of USCYBERCOM". Transcrição de comentários na série de debates sobre políticas de segurança cibernética do Centro de Estudos Estratégicos e Internacionais (Washington, D.C., 3 jun. 2010). Disponível em: <www.nsa.gov/news-features/speeches-testimonies/speeches/100603-alenander-transcript.shtml>.

6   Departamento de Justiça do Estado da Califórnia, Gabinete da Procuradora-Geral, "Attorney General Kamala D. Harris Announces Creation of eCrime Unit Targeting Technology Crimes", comunicado à imprensa, 13 dez. 2011. Disponível em: <https://oag.ca.gov/news/press-releases/attorney-general-kamala-d-harris-announces-creation-ecrime-unit-targeting>; e Departamento de Justiça do Estado da Califórnia, Gabinete da Procuradora-Geral, "Attorney General Kamala D. Harris Announces California Cyber Crime Center Initiative in Fresno", comunicado à imprensa, 10 out. 2016. Disponível em: <https://oag.ca.gov/news/press-releases/attorney-general-kamala-d-harris-announces-california-cyber-crime-center>.

7   Hans A. von Spakovsky, "Nominated for a Cabinet Position? Liberal Senators Just Want to Know Your Position on 'Climate Change'", Heritage Foundation, 24 fev. 2017. Disponível em: <www.heritage.org/environment/commentary/nominated-cabinet-position-liberal-senators-just-want-know-your-position>.

8   Ver Andrew Seifter, "Yes, CIA Director Nominee Mike Pompeo Needs to Answer Questions About Climate Change", blog Media Matters for America, 13 jan. 2017. Disponível em: <www.mediamatters.org/blog/2017/01/13/yes-cia-director-nominee-mike-pompeo-needs-answer-questions-about-climate-change/215013>.

9   Centro de Controle e Prevenção de Doenças, "Illnesses from Mosquito, Tick, and Flea Bites Increasing in the US", comunicado de imprensa, 1º maio 2018. Disponível em: <www.cdc.gov/media/releases/2018/p0501-vs-vector-borne.html>.

10  Idem.

11  Krista Mahr, "How Cape Town Was Saved from Running Out of Water", *The Guardian*, 4 maio 2018. Disponível em: <www.theguardian.com/world/2018/may/04/back-from-the-brink-how-cape-town-cracked-its-water-crisis>.

12  Agência de Proteção Ambiental dos EUA e CDM Smith, *2017 Potable Reuse Compendium* (Washington, D.C., 2017), p. 30. Disponível em: <www.epa.gov/sites/production/files/2018-01/documents/potablereusecompendium_3.pdf>.

13  Ben Westcott e Steve George, "Asia Under Water: How 137 Million People's Lives Are Being Put at Risk", CNN, 30 ago. 2017. Disponível em: <www.cnn.com/2017/07/24/asia/climate-change-floods-asia/index.html>.

14  Leyla Santiago, Catherine E. Shoichet e Jason Kravarik, "Puerto Rico's New Hurricane Maria Death Toll Is 46 Times Higher Than the Government's Previous Count", CNN, 30 ago. 2018. Disponível em: <www.cnn.com/2018/08/28/health/puerto-rico-gw-report-excess-deaths>.

15  Ver Nishant Kishore et al. "Mortality in Puerto Rico After Hurricane Maria", *New England Journal of Medicine*, 379, n° 2, jul. 2018, pp. 162-70. Disponível em: <www.nejm.org/doi/full/10.1056/NEJMsa1803972#article_citing_articles>.

## CAPÍTULO DEZ: O QUE APRENDI

1  Bill Gates, "Here's My Plan to Improve Our World — and How You Can Help", *Wired*, 12 nov. 2013. Disponível em: <www.wired.com/2013/11/bill-gates-wired-essay>.

2  Mimi Kirk, "One Answer to School Attendance: Washing Machines", *CityLab*, 22 ago. 2016. Disponível em: <www.citylab.com/solutions/2016/08/school-attendance-washing-machines/496649>.

3  Niraj Chokshi e Astead W. Herndon, "Jeff Flake Is Confronted on Video by Sexual Assault Survivors" (Jeff Flake é confrontado em vídeo por sobreviventes de agressão sexual), *The New York Times*, 28 set. 2018. Disponível em: <www.nytimes.com/2018/09/28/us/politics/jeff-flake-protesters-kavanaugh.html>.

4  Jesus Rodriguez, "Woman Who Confronted Flake 'Relieved' He Called for Delaying Kavanaugh Vote" (Mulher que enfrentou Flake "aliviada" por ele pedir para atrasar o voto de Kavanaugh), *Politico*, de set. 2018. Disponível em: <www.politico.com/story/2018/09/28/jeff-flake-protester-kavanaugh-852971>.

5  Paul Blumenthal e Jennifer Bendery, "All the Lies Brett Kavanaugh Told" (Todas as mentiras que Brett Kavanaugh contou), *Huffington Post*, 1º out. 2018. Disponível em: <www.huffingtonpost.com/entry/brett-kavanaugh-lies_us_5bb26190e4b027da00d61fcd>.

6  "Audiência de Kavanaugh: Transcrição", *The Washington Post* (transcrição cortesia de Bloomberg Government). Disponível em: <www.washingtonpost.com/news/national/wp/2018/09/27/kavanaugh-hearing-transcript>. As referências subsequentes às informações apresentadas durante a audiência de Kavanaugh também podem ser encontradas aqui.

7 Associated Press, "American Bar Association Reopens Kavanaugh Evaluation" (Associação Americana de Advogados reabre a avaliação de Kavanaugh), *PBS NewsHour*, 5 out. 2018. Disponível em: <www.pbs.org/newshour/politics/american-bar-association-reopens-kavanaugh-evaluation>.

8 Susan Svrluga, "'Unfathomable': More Than 2,400 Law Professors Sign Letter Opposing Kavanaugh's Confirmation", blog Grade Point, *The Washington Post*, 4 out. 2018. Disponível em: <www.washingtonpost.com/education/2018/10/04/unprecedented-unfathomable-more-than--law-professors-sign-letter-after-kavanaugh-hearing>.

9 "Audiência de Kavanaugh: Transcrição."

10 Holly Yan, "The National Sexual Assault Hotline Got a 201% Increase in Calls During the Kavanaugh Hearing", CNN, 28 set. 2018. Disponível em: <www.cnn.com/2018/09/24/health/national-sexual-assault-hotline--spike/index.html>.

# Índice

*A cor púrpura* (Walker), 30
abordagem "mostre a matemática", 260-261
Academia Americana de Pediatria, 174
Ação Diferida para Chegadas na Infância (Daca), 154-155, 164-167, 175
Access to Counsel Act, 161-162
Ackerman, Arlene, 128
ações, 224
Acordo de Paris, 245-246
Affordable Care Act (ACA; Obamacare), 187-190, 208, 216, 225, 269, 275
Agência de Proteção Ambiental, 253
Agência de Proteção Financeira ao Consumidor, 98, 114
agricultores, mudança climática e, 241, 243
Aguilar, Yuriana, 165-166
Albence, Matthew, 180-181
Albuterol, 192
Alemanha nazista, 150
Alexander, Keith, 239
Alpha Kappa Alpha, 35

América Central, Triângulo Norte da, 170-184
American Bar Association, 267
American Behavioral Scientist, 152
American Foundation for Equal Rights, Fundação Americana pelos Direitos Igualitários, 118
American Medical Association, Associação Médica Americana, 175
AmerisourceBergen, 206
Angelou, Maya, 30, 140
Ano da Mulher, 145
aplicação da lei, 78-79, 143-144
  polícia, 75-80, 199
  preconceito implícito em, 76-77, 199-200
  *ver também* sistema de justiça criminal
Araujo, Gwen, 143
Archila, Ana Maria, 263
Área da Baía de São Francisco, 30
Arquivos Nacionais, 35
assistência médica, 160, 187-209, 216-218

Affordable Care Act (Obamacare), 187-190, 208, 216, 225, 269, 275
auxiliares de saúde em casa, 220
defensores do paciente e, 195
diálise, 202
disparidades raciais em, 196-200, 201
emergência, 192-193
empresas farmacêuticas e, 190-193, 207, 208-209
epidemia de opioides e, 168, 204-208
estresse tóxico e, 197
expectativa de vida e, 186-187, 196
gravidez e, 189-190, 197
Instituto Nacional de Saúde e, 200-201, 206
Medicaid, 163, 187, 188, 203
Medicare, 163, 187, 191, 200, 202
mortalidade infantil e, 196-197, 198
mortalidade materna e, 186, 198
mulheres e, 186-187, 189-190, 197
preços de medicamentos vendidos sob receita, 190-193
saúde mental, 193-194, 202-203
Site HealthCare.gov e, 251
taxas de mortalidade e, 196-197, 198
tratamento para o vício assistido por medicação, 208-209
assistência social, 45, 57, 72
ataques de 11 de setembro, 83
*Atlantic, The,* 84, 196
Aubrey, tio, 22, 24
Avaliação de ameaças mundiais, 238

Back on Track, 64-68, 75, 127, 142-144
Baldwin, James, 29, 48
bancos, 144
crise de execução hipotecária e, 82-87, 95-114
reformas e, 113
Bangladesh, 244
Bangladesh Bank, 238
Bank of America, 86, 102, 112
Barankin, Nathan, 152
Bayview-Hunters Point, 49-50, 197
Berkeley, CA, 16, 17-18, 21, 23, 24, 30
Biden, Beau, 105-106
Biden, Joe, 154
Black Law Students Association (BLSA), Associação Nacional de Estudantes de Direito Negros, 36
blecaute de 2003, 238
Boxer, Barbara, 145-146, 229
Brennan, John, 242
Breyer, Stephen, 121
Bright, Cortney, 123
Brin, Sergey, 150
Brokaw, Brian, 92
Browder, Kalief, 72
Brown, Jerry, 55, 119
Bureau of Children's Justice, Agência de Justiça Infantil, 144
Burke Harris, Nadine, 197
Burr, Richard, 235

Califórnia, 116-117, 164, 219, 243
incêndios florestais na, 244-245
população imigrante da, 164-165
Proposta 187 na, 148
Proposta 8 na, 116-123
Proposta 22 na, 116-117
California Endowment, 127, 131
Campanha dos pobres, 214
Cardinal Health, 206
Carver, George Washington, 24-25

casamento, 116-126
Castile, Philando, 78
Center for American Progress, 157
Center for Young Women's Development, 62
Center for Youth Wellness, Centro de Bem-Estar da Juventude, 197
Centro de Detenção Otay Mesa, 178-182
Centro de estudos estratégicos e internacionais, 239
Centros de Controle e Prevenção de Doenças (CDC), 206-207, 242
Chávez, Cesar, 261-262
Movimento pela Liberdade de Chicago (Chicago Freedom Movement), 262
Chillicothe, Ohio, 203-205, 208
China, 206-207, 208-209
    ataques cibernéticos da, 238
    imigrantes da, 122, 150
Chrisholm, Shirley, 30
CIA (Agência Central de Inteligência), 240-241, 242-243
    técnicas de interrrogatório na, 246, 247
cibersegurança, 230, 231, 234-240, 245
Cidade do Cabo, África do Sul, 243
Citigroup, 112
Citizens for Responsibility and Ethics in Washington (CREW), Cidadãos pela Responsabilidade e Ética em Washington, 191
Citizens United, 122
CityLab, 258-259
Clarke, LeRoy, 81
classe média, 218-219, 221, 228
Clegg, Scan, 147
Clinton, Hillary, 11, 232, 266

Clube de Modelos, 273-274
CNN, 173
Coakley, Martha, 106
Coalizão pelos Direitos Humanos dos Imigrantes de Los Angeles (Chirla), 148, 151-152
Comey, James, 153
Comitê de Inteligência, 153, 229-231, 233, 236, 240-241
Comitê Judiciário, 264-265
computação quântica, 240
Comunidade LGBTQIA+, 118, 126, 232-233
    igualdade no casamento e, 116-126
condado de Ross, 203-204
confiança, 13, 78
Congo, 175
Constituição da Califórnia, 118
Constituição, EUA, 78-79, 120, 121-122
    Décima quarta emenda, 118
    Declaração de Direitos, 71
    Primeira Emenda, 161
ContraBand, 67-68
Coons, Chris, 169, 268
Coreia do Norte, 238, 245
Corinthian Colleges Inc., 223, 225, 257-258
Corpo da Paz, 202-203
corporações, 144, 221-224, 228, 269
    recompras por, 224
Cortez-Masto, Catherine, 106
Cosby, Bill, 270
Cranston, Alan, 35
creche, 159, 217, 218, 225, 227-228
Crestor, 190, 191
crimes de ódio, 143
crise de automação, 226

crise de execução hipotecária, 82-87, 95-114, 252
crise financeira, *ver* Grande Recessão
C-SPAN, 270
cuidados de saúde mental, 193-194, 202-203
custo de vida, 217-228
Cyber Crime Center, 240

*Da próxima vez, o fogo* (Baldwin), 29
Davis, Ossie, 35
DaVita Inc., 202
Dearman, John, 67
Debevoise & Plimpton, 101
Décima quarta emenda, 118
Declaração de Direitos, 71
Declaração de Direitos dos Proprietários de Imóveis da Califórnia, 108
Declaração de independência, 126
Dee, Ruby, 35
defesa do pânico gay e trans, 143
Defesa, Departamento dos EUA, 239
Delancey Street Foundation, 88, 91
democracia, 177-178, 216-217
Departamento de Justiça da Califórnia, 101
Departamento de Justiça, EUA, 36-37, 67, 75, 108, 142
Departamento do Tesouro, EUA, 98
depressão, 193
Depressão, Grande, 222
desemprego, 84, 113, 219-220
diálise, 202
Dimon, Jamie, 107-108
direitos civis, 21, 32-33, 67, 71, 75, 120-121, 126, 147, 261-262, 275-276
direitos das pessoas transgênero, 126, 143
diretor de inteligência nacional (DNI), 239
doença de Parkinson, 192
doença renal, 201
doenças, 242
DREAM Act, 166-168, 169, 275
drogas, 57-58, 62, 66, 74, 75-76, 208-209
    epidemia de opioides, 168, 204-208
    heroína, 204, 206-207
    maconha, 73-74
    México e, 137-138
    preços de receita, 190-193
    tráfico de, 138, 170, 207
Drug Enforcement Administration (DEA), 207, 208-209
*dual tracking*, 86
Duke, Elaine, 173

Eberhardt, Jennifer, 77
economia, 221-222, 227-228
    custo de vida e, 217-228
    empregos e, *ver* trabalho, empregos
    mudança climática e, 241
    recessão, *ver* Grande Recessão
Edifício da Suprema Corte, 36, 115-116
educação, 160, 221
    custo de, 218
    evasão escolar do ensino fundamental, 127-131, 144, 258
    faculdade, 218, 223-224, 225, 227-228
    faculdades com fins lucrativos, 223-224
    proficiência em leitura, 128
    taxa de abandono do ensino médio, 128
El Salvador, 170, 180

eleição presidencial de 2016, 9-11, 147, 265-266
Rússia e, 229-230, 232-234, 235-236
Emerge America, 51
Emhoff, Cole, 135-137, 140, 153
Emhoff, Doug, 9, 10, 12, 131-140, 142, 144, 146, 149, 152-154, 158, 160
    casamento de Kamala com, 139-140
    reunião de Kamala de, 131-134
Emhoff, Ella, 135-137, 140, 153
Emhoff, Kerstin, 135, 140, 153
empregos, *ver* trabalho, empregos
empresas farmacêuticas, 190-193, 207, 208-209
epidemia de opioides, 168, 204-208
Erlich, Justin, 144
Escritório do representante de comércio dos Estados Unidos, 238-239
Estado Islâmico, 231
Estaleiro naval Hunters Point, 49-50
Estátua da Liberdade, 169
estresse, 197-198
*Eu sei por que o pássaro canta na gaiola* (Angelou), 30
evasão escolar, 127-131, 144, 258
exclusão dos IMD, 203
exploração cibernética, 260
exploração sexual, agressão e violência, 41-44, 46, 61-62, 172, 259, 270-271, 272-273
    Kavanaugh e, 264-269
    movimento #MeToo e, 262
    nas prisões, 75

faculdade, 218, 223, 225, 227
Fannie Mae, 100
FBI (Federal Bureau of Investigation), 73, 153, 237
    Kavanaugh e, 267-269
fé, 28
Federação dos Conselhos Médicos Estaduais, 206
Federal Trade Commission, comissão federal de comércio, 35
Feinstein, Dianne, 145
fentanil, 206-207, 208-209
fertilizante, 257
Flake, Jeff, 263, 268
Food and Drug Administration (FDA), 202, 205
Força de Ataque Contra a Fraude nas Hipotecas, 112
Ford, Christine Blasey, 263-271
Franklin, Aretha, 19, 26-27
Freddie Mac, 100
Freddy, tio, 22, 81, 141
Fresenius Medical Care, 202
Fresno, CA, 82-85
funcionários públicos federais, 225
Fundação Ford, 185
Furacão Harvey, 226
Furacão Maria, 244

Gabinete da Procuradoria da Cidade de San Francisco, 45-47, 63
Gabinete da Procuradoria Distrital de São Francisco:
    campanha de Harris para procuradora distrital, 47-48, 49-54, 59
    Harris como chefe da unidade criminal de carreira em, 44-45
    Harris como procuradora distrital no, 54-72, 87, 89, 127, 143
    posse de Harris como procuradora distrital, 54-55
    profissionalismo em, 69-70

Gabinete do procurador do distrito do condado de Alameda, 15, 272
  casos de drogas no, 57-58
  Harris como estagiária no, 15-17, 38
  Harris como procuradora distrital adjunta no, 38-44, 57
Gallagher, Maria, 263
Garland, Merrick, 162
Garner, Eric, 78
Gates, Bill, 257
George, Ronald, 55, 118
geração *baby boomer*, 220
globalização, 150, 253
Google, 150
Gopalan, P. V., 20
Gopalan, Rajam, 20
Gorsuch, Neil, 162
Grande Depressão, 222
Grande Recessão, 113, 114, 150, 221-224
  crise de execução hipotecária na, 82-87, 95-114, 252
  famílias negras e, 113
Griffin, Chad, 118, 123
Guatemala, 170

Habig, Jill, 144
habitação, 82-83, 126, 146
  acessibilidade de, 218-220, 225, 227
  crise de execução hipotecária, 82-87, 95-114, 252
  Declaração de Direitos dos Proprietários de Imóveis da Califórnia, 108
hackers e cibersegurança, 230, 231, 234-240, 245
Hallinan, Terence "Kayo", 47
Hamer, Fannie Lou, 22

Harris, Donald (pai), 18-22, 32, 275-276
  divórcio de, 19-20, 23
Harris, Kamala:
  campanha de procuradora distrital de, 47-48, 49-54, 59
  campanha do Senado de, 9, 11, 12, 145-147
  campanha para procuradora-geral de, 67-68, 88-94, 119, 211, 271-272
  cargo de procuradora distrital desejado por, 36
  cartas para, 217, 223
  casamento de, 139-140
  casamentos realizados por, 117, 123-125
  caso de apreensão de drogas e, 16
  como procuradora distrital, 54-72, 87, 89, 127, 143
  como procuradora distrital adjunta, 38-44, 57
  como procuradora-geral, 54-55, 76-77, 80, 127, 143-144, 164, 171-172, 207, 223, 239-240, 257-258
  como senadora, 71, 73, 161-162
  decisão pela carreira em direito de, 32-33
  eleição de procurador-geral e cerimônia de posse, 93-94
  eleição para Senado de, 11-12, 35, 147-148, 152-154
  em comitês do Senado, 154, 161, 229-231, 233, 234, 236
  em Montreal, 31-32
  empregos e estágios de, 15-17, 34, 35, 37-38

estágio no escritório da procuradoria distrital de, 15-17, 38
exame da ordem e, 38
infância de, 17-32, 70-71, 81-82
na escola de ensino fundamental, 16, 24
na faculdade, 33-36, 38
na faculdade de direito, 11, 36, 38
na unidade de crimes sexuais, 41-43
nascimento de, 17, 18
no ensino médio, 32
no gabinete da procuradoria da cidade de São Francisco, 45-47, 63
no gabinete da procuradoria do distrito de São Francisco, 44-45
nome de, 14
primeiro discurso do Senado de, 163-165
posição do procurador-geral dos Estados Unidos considerada por, 141-144
Harris, Maya (irmã), 91, 93, 94, 140, 149, 164, 185-186, 192, 211-212, 213, 250
  Campanha de promotora pública de Kamala e, 53-54
  infância de, 20-21, 23-25, 27-29, 31, 81-82
  na Fundação Ford, 185
  nascimento de, 18-19
Harris, Meena (sobrinha), 93, 117, 140, 161, 192
Harris, Shyamala Gopalan (mãe), 18-24, 26-32, 37, 38, 47, 71, 105, 125-126, 149, 159, 163-164, 185-185, 212, 213-214, 243, 249, 272, 275-276
  câncer de, 186, 194-195, 209-212

carreira como pesquisadora de câncer, 18, 20, 31, 71, 186, 200-201, 209-210, 250-251
casa de, 81-82
casamento de, 18, 19-20
comidas de, 26-27
divórcio de, 19-20, 23
e campanha e posse de Kamala como promotora pública, 49, 51, 55
morte de, 94, 211-212
Haspel, Gina, 246-247
Hassan, Maggie, 153
Heckler, Margaret, 196, 197
Henderson, Thelton, 67
heroína, 204, 206-207
Hill, Anita, 270-271
hipoteca e crise de execução hipotecária, 82-87, 95-114, 252
hipóteses, 250-251
Holder, Eric, 141-142, 144
homicídios, 59-61, 128
Honduras, 170, 171, 175, 179
Horner, Jeffrey, 249
Hotaling, Norma, 45-46
Houston, Charles Hamilton, 32-33
Howard University, 33-36, 38
*Huffington Post*, 151
Huffington, Arianna, 151
Humane Society, 85

idosos, 220
Iglehart, Dick, 44
Igreja Católica, 270
igualdade no casamento, 116-126, 269
Imigração e fiscalização aduaneira dos EUA (Immigration and Customs Enforcement, ICE), 151, 155, 157, 175, 180-181

imigrantes, imigração, 126, 146, 148-152, 154-158, 160, 163-184, 232-233
  Centro de Detenção Otay Mesa e, 178-182
  Chineses, 122, 150
  DACA e, 154-155, 164-167, 175
  do Triângulo Norte, 170-184
  DREAM Act e, 166-168, 169, 275
  falsa escolha em debate sobre, 169
  Japoneses, 122, 150
  Judeus, 150
  Latinos, 152, 157
  Muro da fronteira do México e, 168-169
  na Califórnia, 164-165
  proibição de viagens aos muçulmanos e, 160-162, 164
  requerentes de asilo, 171-173, 175, 177, 179, 180, 182
  separações familiares e, 174-184
impostos, 221-222, 225, 228
  LIFT Act, a lei tributária da classe média, 219
incêndio no Complexo Mendocino, 244-245
incêndios, 244-245
Índia, 115, 244
infraestrutura, 228
  ciberataques e, 238
Iniciativa Knight, 116
inovação, 240, 251
Instagram, 150-151
Instituto Nacional de Saúde (NIH), 200-201, 206
internet, 228
  cibersegurança e, 230, 231, 234-240, 245
  exploração cibernética e, 260
  neutralidade da rede, 225-226
  sistemas de votação e, 234-235
inundações, 244
Irã, 238
Iraque, 255
Israel, 115, 244
Itália, 137

Johnson, Venus, 271-273
Jones, LeRoi, 22
Jones, Sra., 28
Jordânia, 256
JPMorgan Chase, 86, 100, 106-108, 112

Katami, Paul, 118
Kavanaugh, Brett, 264-269
Keker, John, 92
Kelly, John, 154-157, 161, 164, 173-175
Kennedy, Anthony, 264
Kennedy, Robert F., 36-37, 142, 216
Khazan, Olga, 196
King, Coretta Scott, 147
King, Martin Luther, Jr., 21, 67, 214-216, 262
Kirkland, T. Larry, Sr., 94
kits de estupro, 143
Klobuchar, Amy, 266
Knight, William "Pete", 116
Know-Nothing Party, 150
Kraft, Colleen, 174
Krieger, Mike, 150-151
Ku Klux Klan, 36

*Lancet, The,* 113
Lankford, James, 233-236
Lar para Idosos da Comunidade Israelita, 210

Latinos, 152, 157, 164
Lauder, Estée, 150
lavagem de dinheiro, 138
Lazarus, Emma, 169
Leahy, Patrick, 270
LeBlanc, Travis, 239
Lei de Direito ao Voto, 122, 163
Lei de imigração e nacionalidade, 163
Lei de reforma e controle da imigração, 148
Lei dos Direitos Civis de 1964, 163
Lei dos Direitos Civis de 1991, 270-271
Leno, Mark, 53-54
Lenore, tia, 22, 159, 211
LIFT Act, a lei tributária da classe média, 219
Linha direta nacional de agressões sexuais, 270
Loftus, Suzy, 77
Los Angeles Times, 183
Lucy, Autherine, 123-124

maconha, 73-74
Mães de vítimas de homicídios, 59-60
Mal de Alzheimer, 192
Marcha das Mulheres, 158-160
Marshall, Thurgood, 12-13, 32-33, 123-124
Mary, tia, 21-22, 28, 32, 211
McAfee, 239
McCain, John, 169, 247
McCarthy, Eugene, 163
McCaskill, Claire, 235
McKesson Corporation, 206
McKinsey Global Institute, 226
Medicaid, 163, 187, 188, 203
Medicare, 163, 187, 191, 200, 202
Mesloh, Debbie, 55, 59, 90

método científico, 250-251
México, 137-139, 171
    muro de fronteira com, 168-169
Migration Policy Institute, 158
Milk, Harvey, 125
Minney, Teri, 204
Mira Loma, 253-255
Mitchell, Rachel, 265
Montreal, 31-32
Mother Jones, 206
Motley, Constance Baker, 32-33, 80
movimento #MeToo, 262
Movimento Black Lives Matter, 76, 77, 80, 160, 262
mudança climática, 160, 241-242
    Acordo de Paris e, 245-246
    doenças e, 241-243
    eventos climáticos extremos e, 226-227, 241-242, 244
    segurança nacional e, 240-246
mulheres, 145, 146, 160, 275
    assistência médica e, 186-187, 189-190, 197
    custo de vida e, 220-221
    democrático, 271
    movimento #MeToo e, 262
    na prisão, 75
    no Triângulo Norte, 170-171
    vítimas de violência doméstica em busca de asilo, 177, 179-180
Mylan, 192

Nações Unidas, 55
    Comitê Especial da ONU sobre Violência contra as Mulheres (UN Special Rapporteur on Violence Against Women), 171
Napolitano, Janet, 167

Nassar, Larry, 270
National Association of Attorneys General, Associação Nacional dos Procuradores-Gerais, 97
National Foundation for American Policy, 151
National Lampoon, 125
National Women's Law Center [Centro Nacional de Direitos das Mulheres], 220-221
Nelson, Brian, 95, 106, 111
Nepal, 244
neutralidade da rede, 225-226
New Deal, 163
*New York Times Magazine, The*, 72
*New York Times, The*, 10, 174, 176, 202
Newsom, Gavin, 55, 117
Nielsen, Kirstjen, 175-177
Nipo-americanos, 122, 150
New American Economy, 194

Oakland, CA, 17-18, 21, 35, 36, 82
Obama, Barack, 10, 67, 75, 113, 118, 142, 154, 162, 167, 242
Obamacare (Affordable Care Act; ACA), 187-190, 208, 216, 225, 269, 275
Office of Refugee Resettlement, Órgão de Reassentamento de Refugiados, 175
OpenJustice, 144
OTAN, 245
otimismo, 275-276
OxyContin, 205-206, 208-209

palavras, importância das, 259-260
Paquistão, 244
Partido Democrata, 51, 271
Partido Republicano, 147, 150, 162, 168, 271

Affordable Care Act e, 187, 188, 208, 216, 225
economia e, 221-222
Kavanaugh e, 267-268, 271
trabalho organizado e, 228
patriota, significado da palavra, 275
Patrulha da Fronteira, EUA, 179
Paul, Rand, 73
Paulo, apóstolo, 177
*PBS NewsHour*, 183
Pelley, Scott, 95
pena de morte, 89
Penepin, 192
Pérez, John, 109-112
Perrelli, Tom, 98
Perry, Kris, 118, 120, 123-125, 127
Pfizer, 192
PhRMA, 191
pobreza, 128, 163, 220, 223-224, 257
  sistema de justiça criminal e, 72-73
polícia, 75-80, 199
Pollar, Mary Ann, 29-30
Pompeo, Mike, 240-241, 246
pornografia de vingança, 260
pornografia, 260
Porto Rico, 244
Pravastatina, 192
preconceito implícito, 76-77, 199-200
preconceitos e disparidades raciais, 126
  estresse tóxico e, 197
  exploração russa de, 232
  Grande Recessão e, 113
  no sistema de justiça criminal, 69-70, 72, 73-74, 75-77
  no sistema de saúde, 196-200, 201
  preconceito implícito, 76-77, 199-200
  segregação, 16, 24, 33, 50, 121, 122
preços, 225

Prefeitura de São Francisco, 117, 125
Primeira Emenda, 161
prisão(ões), 63-64, 70, 75, 76, 127
    encarceramento em massa, 57, 62
    mulheres em, 75
problemas ambientais:
    Mira Loma e, 253-255
    mudanças climáticas, *ver* mudança climática
    segurança da água, 241, 243-244
Procurador(a)-Geral da Califórnia, 146
    campanha de Harris para, 67-68, 88-94, 119, 211, 271-272
    eleição e cerimônia de posse de Harris, 93-94
    força de ataque contra fraude em hipotecas, 99-100
    Harris como, 54-55, 76-77, 80, 127, 143-144, 164, 171-172, 207, 223, 239-240, 257-258
    Unidade e-Crime, 239-240
procuradores distritais, promotores, 36-37, 39, 45, 47, 56-58, 64-65, 70, 79, 143
Procurador-Geral, EUA, 141-144
proficiência em leitura, 128
programa de recompensa por bugs, 236-237
progresso, 274
proibição de viagem, 160-162, 164
proibição de viagens aos muçulmanos, 160-162, 164
promotores, procuradores distritais, 36-37, 39, 45, 47, 56-58, 64-65, 70, 79, 143
Proposta 187, 148
Proposta 8, 116 123
Proposta 22, 116-117

psiquiatras, 193-194
pública, saúde, 242
Purdue Pharma, 205
Putin, Vladimir, 232

Rainbow Sign, 29-31, 37, 214
Rapid DNA Service, 143
Reagan, Ronald, 148, 221
recessão, *ver* Grande Recessão
recompras, 224
Redfin, 219
refugiados sírios, 256-257
relacionamentos gays, 122
Relatório Kelly sobre disparidades de saúde nos Estados Unidos, 196
renda:
    programa de renda garantida, 252
    salários e vencimentos, 216-222, 225
Renne, Louise, 45
República Democrática do Congo, 175
Resner, Amy, 16, 40
Revolução Verde, 257
Rivaldo, Jim, 54, 125-126
Roberts, John, 116
*robo-signing*, 86, 100
Rodriguez, Juan, 147
Roosevelt, Franklin, 121-122, 252
Ross, Robert K., 127
Rothschild, Matthew, 54
Russell, Timothy, 78
Rússia, 153, 245-246
    e a eleição presidencial de 2016, 230, 232-234, 236
    e pirataria de organizações e entidades governamentais, 236-238
Rustin, Bayard, 126

S&P 500, 224

Salas, Angélica, 148
São Francisco, CA, 50, 55
   Bayview-Hunters Point, 49-50, 197
*San Francisco Chronicle*, 90
San Francisco State University (SFSU), 22
Sanchez, Loretta, 146-147
Santillan, Karina e Juan, 84-85
Saúde e Serviços Humanos dos EUA, Departamento de, 194
Scalia, Antonin, 162
SCIF (Sensitive Compartmented Information Facility, instalação de informações confidenciais por compartimentos), 230-231
Scott, Walter, 78
secas, 226, 242, 243
Secure Elections Act, lei eleitoral segura, 236
segregação, 16, 24, 33, 50, 121, 122
Segunda Guerra Mundial, 49, 221
segurança, *ver* segurança nacional
segurança da água, 241, 243-244
segurança de armas, 275
Segurança Interna dos EUA, Departamento de (DHS), 154-156, 161, 174, 175, 177, 180, 237
segurança nacional, 160, 229-248
   cibersegurança, 230, 231, 234-240, 245
   Departamento de Segurança Interna, 154-156, 161, 174, 175, 177, 180, 237
   e a invasão de organizações e entidades governamentais pela Rússia, 236-238
   e os esforços da Rússia para influenciar a eleição presidencial, 229-230, 232-234, 235-236
   inovação no, 240
   mudança climática e, 242
   sistemas de votação e, 234-237
   técnicas de interrogatório e, 246-247
   terrorismo, 231, 242
seguro social, 163
seleção do júri, 52-53
Senado, EUA, 163
   Campanha de Harris para o, 9, 11, 12, 145-147
   Comitê de Inteligência, 153, 229-231, 233, 236, 240-241
   Comitê de Segurança Interna, 154, 161, 173-175, 231, 236
   Comitê Judiciário, 264-265
   Harris eleita para, 11-12, 35, 147-148, 152-154
   Harris em comitês no, 154, 161, 229-231, 233, 234, 236
   Harris no, 71, 73, 161-162
   O primeiro discurso de Harris no, 163-165
Sessions, Jeff, 166, 167, 174, 177
Shelton, Arthur, 24-26, 103, 219-220
Shelton, Regina, 24-26, 28, 32, 94, 219-220
Sherman, tio, 28, 33
Silard, Tim, 64-65, 66
Silbert, Mimi, 88
Simon, Lateefah, 62-63, 66
Simone, Nina, 27, 30
Sindicato Internacional de Funcionários de Serviços (Service Employees International Union, SEIU), 159, 220
sindicatos, 110-111, 221-222, 225, 228, 261-262
sistema de fiança, 56, 71-73

*60 Minutes*, 95, 207
Smith, Ace, 88, 91, 147
Social Science Research Council, 113
Sony, 238
Sotomayor, Sonia, 121
St. Louis, 150
Stearns, Jim, 53
Steele, Andrea Dew, 51
Steinberg, Darrell, 111-112
Stier, Sandy, 118, 123-124, 127
Stockton, CA, 252
Strauss, Levi, 150
Studio Museum no Harlem, 81
SunTrust Mortgage, 112
Suprema Corte da Califórnia, 118
Suprema Corte, EUA, 15, 116, 122, 162, 168, 228
    casamento do mesmo sexo e, 116-122, 126
        Nomeação de Kavanaugh para, 264-269
Suvor, Daniel, 67-68, 144

taxa de abandono do ensino médio, 128
Teach for America, 202-203
técnicas de interrogatório, 246-247
telômeros, 198
terrorismo, 231, 242
Texas Tribune, 178
Thomas, Clarence, 270
Thousand Oaks Elementary School, 24
tiroteio em Parkland, 275
tortura, 246-247
trabalhadores de saneamento, 214-216
trabalhadores rurais, Chavez e, 261-262
trabalho, empregos, 216, 221, 225
    automação e, 226
        desemprego, 84, 113, 219-220

    faculdade e, 222-223, 227
    programa de garantia de empregos, 252-253
    salários e vencimentos em, 216-222, 225
    trabalhadores de saneamento, 214-216
    trabalho organizado e, 110-111, 221-222, 225, 228, 261-262
tráfico humano, 43, 63, 138, 143
Triângulo Norte, 170-184
Tribunal Superior do condado de Alameda, 15, 17
Troncoso, Michael, 95, 101, 106
Trump, Donald, 12, 75-76, 265-266
    posse de, 158-159
    presidente eleito, 9-12, 147
    proibição de viagens aos muçulmanos de, 160-162, 164
Tsai, Jeff, 67-68
Tubbs, Michael, 252
Twain, Mark, 190

UGotPosted.com, 259
União Americana pelas Liberdades Civis, 113
United Farm Workers, 261-262
United Way, 224
Universidade da Califórnia:
    DACA e, 167
    em Berkeley, 18, 21, 159
    Hastings College of the Law, 11, 36, 38
    São Francisco, 199
Universidade de Harvard, 244
Universidade de Michigan, 198
Universidade do Alabama, 124
Universidade do Sul da Califórnia, 253

U.S. Bureau of Engraving and Printing, 35

Vale do Silício, 151
verdade, 13-14, 260, 274-275
Viajantes da liberdade, 37
vítimas de crime, 39-40, 41, 57, 58
    Back on Track e outros programas de reentrada, 64-68, 75, 127, 142-144
    crimes de ódio e, 143
    e medo de se apresentar, 156-157, 164
    fiança por, 56, 71-73
    pobreza e, 73
    polícia, 75-80, 199
    preconceito implícito em, 76-77, 199-200
    preconceito racial em, 69-70, 72, 73-74, 75-77
    prisão em, ver prisão
    promotores em, 36-37, 39, 45, 47, 56-58, 64-65, 70, 79, 143
    sistema de justiça criminal, 16-17, 36-37, 39, 54-55, 56-58, 60-61, 64, 70-71, 79-80, 146, 160
Vogue, 198-199
votação, 121, 234-237, 269
Vox, 193

Walker, Alice, 30
Walker, Vaughn, 119
*Wall Street Journal, The*, 113-114
Wallace, Larry, 76
Warren, Earl, 15-16, 121
Warren, Elizabeth, 98-99
*Washington Post, The*, 176, 203-205, 208
Washington, George, 24-25
Weinstein, Harvey, 270
Wells Fargo, 86, 104
West, Tony, 93
Whitehouse, Sheldon, 266
Widener, Warren, 30
Williams, Malissa, 78
Williams, Serena, 199-199
Wilson, Frances, 24, 32
Wilson, Woodrow, 150
*Wire, The*, 196

Yahoo!, 150-151
Yang, Jerry, 150-151
Young, Shelley, 34-35

Zarrillo, Jeff, 118

- intrinseca.com.br
- @intrinseca
- editoraintrinseca
- @intrinseca

| | |
|---:|:---|
| *1ª edição* | JULHO DE 2021 |
| *impressão* | LIS GRÁFICA |
| *papel de miolo* | PÓLEN SOFT 70G/M² |
| *papel de capa* | CARTÃO SUPREMO ALTA ALVURA 250G/M² |
| *tipografia* | ADOBE PRO |